Sielert · Sexualpädagogik

Eine Veröffentlichung des Instituts für Sexualpädagogik Dortmund, gefördert durch Mittel des Ministeriums für Arbeit, Gesundheit und Soziales, Nordrhein-Westfalen.

Uwe Sielert

Sexualpädagogik

Konzeption und didaktische Anregungen

2. Auflage

Beltz Verlag · Weinheim und Basel

Über den Autor:

Uwe Sielert, Prof., Dr. päd., Jahrgang 1949. Er ist Professor für
Erziehungswissenschaft an der Pädagogischen Hochschule Kiel
und Vorsitzender des Instituts für Sexualpädagogik Dortmund.

Herstellung: Libri Books on Demand

Unveränderter Nachdruck der letzten Auflage

Lektorat: Richard Grübling

1. Auflage 1991
2., korrigierte Auflage 1993

© 1993 Beltz Verlag · Weinheim und Basel

(Die 1. Auflage erschien 1991 im Selbstverlag des Instituts für Sexualpädagogik Dortmund)
Satz: Stünings Werbetechnik, Krefeld
Druck und buchbinderische Verarbeitung: Druckhaus Beltz, Hemsbach
Printed in Germany

ISBN 3-407-55763-9

Inhalt

Vorwort

Nach langer Latenzphase hat Sexualpädagogik wieder eine Chance bekommen. Problemthemen wie AIDS, unerwünschte Schwangerschaft und sexueller Mißbrauch, aber auch der gewachsene gesellschaftliche Diskurs zur Sexualität haben an verschiedenen Stellen des Sozial-, Gesundheits- und Bildungswesens zu sexualpädagogischen Initiativen geführt.

Dazu gehört auch die Gründung des Instituts für Sexualpädagogik des Vereins zur Förderung der Sexualpädagogik mit seinem Sitz in Dortmund. In einem dreijährigen Handlungsforschungsprojekt entstanden von 1986 – 1988 sexualpädagogische Materialien für die Jugendarbeit in Freizeit und Schule, die parallel mit dieser Schrift veröffentlicht werden. Sie wurden in zahlreichen Modellveranstaltungen mit Jugendlichen und pädagogischen Mitarbeitern entwickelt und erprobt. Im Zusammenhang dieses Projekts und darüberhinausgehender sexualpädagogischer Studien und Fortbildungsveranstaltungen entstanden einige konzeptionelle Grundlagen für eine zeitgemäße Sexualpädagogik sowie didaktische Hilfen für die Aus- und Fortbildung von Multiplikatorinnen und Multiplikatoren.

Das vorliegende Buch ergänzt die sexualpädagogischen Arbeitshilfen für die unmittelbare erzieherische Praxis um theoretisch-konzeptionelle Grundlagen zur inhaltlichen Qualifizierung von Lehrerinnen, Sozialpädagogen, Erzieherinnen und anderen sexualpädagogisch Tätigen. Das geschieht am sinnvollsten bereits in der pädagogischen Grundausbildung, meist erst in der Fortbildung oder auch nur durch das Selbststudium der erst in Ansätzen vorhandenen fachdidaktischen Lektüre.

Für alle drei Bereiche bietet das Buch Hilfestellungen an. Es enthält konzeptionelle Grundlinien zur Begründung und Positionsbestimmung von Sexualpädagogik in Gesellschaft und Wissenschaft und entfaltet – in unterschiedlicher Intensität – ausgewählte Themenbereiche, die sich in der Praxis von Sexualpädagogik als zentral erwiesen haben. Die didaktischen Hilfen beziehen sich hauptsächlich auf erprobte Aus- und Fortbildungsveranstaltungen, nur in Ausnahmefällen auf die sexualerzieherische Praxis.

Angesichts der Vielfalt potentieller Themen und Handlungsfelder von Sexualpädagogik kann die Veröffentlichung nur der Anfang sein auf dem Weg der Erarbeitung einer umfangreicheren Konzeption und Didaktik der Sexualpädagogik. So stammen beispielsweise die meisten Erfahrungen aus dem Fortbildungswesen für Praxisfelder der Jugendhilfe. Die sind zwar – mit einigen Akzentverschiebungen – auch für die schulische Sexualerziehung und die entsprechenden Aus- und Fortbildungsgänge hilfreich, ersetzten aber keine gesonderten konzeptionellen und didaktischen Arbeiten zur schulischen Sexualerziehung.

Ich danke allen Mitarbeiterinnen und Mitarbeitern des Instituts für Sexualpädagogik, mit denen ich seit langem den theoretischen Diskurs zur Sexualpädagogik führen und in der Praxis zusammenarbeiten durfte.

Uwe Sielert

Institut für Sexualpädagogik
Huckarder Str. 12
Postfach 104117
4600 Dortmund 1

1. Anlässe für eine Neukonzeption von Sexualpädagogik

1.1 Wiedergeburt von Sexualerziehung durch die AIDS-Bedrohung

„Trotz AIDS – gib' Sexualpädagogik eine Chance!" lautete 1987 ein sexualpädagogischer Kongreß, veranstaltet von Pro Familia in Zusammenarbeit mit der Universität Dortmund. In der Dokumentation heißt es: „Nach dem sexualethischen und sexualpädagogischen Aufbruch der 60iger Jahre war mancher Neuansatz im sexualpädagogischen Alltag der 70iger Jahre verlorengegangen, droht die AIDS-Angst der Gegenwart den Rückfall in die erste Jahrhunderthälfte zu provozieren. Vor diesem Hintergrund war der Kongreß sehr wichtig, um deutlich zu machen, daß „AIDS nicht nur die Gefahr der Restauration heraufbeschwört, sondern auch eine Chance zur Durchsetzung emanzipatorischer Sexualpädagogik bietet" (Pro Familia, Landesverband Nordrhein-Westfalen, Vorwort).

Sexualpädagogik hat ihre Chance bekommen. In welche Richtung sie genutzt wird, ist vier Jahre danach noch nicht zu entscheiden. Sie kann mißbraucht werden als Instrument der Bevormundung und sie kann Heranwachsende zur eigenständigen Gestaltung ihrer Intimität be-mündigen.

Der Anlaß für dieses neue Interesse an sexualerzieherischer Praxis und sexualpädagogischer Literatur gibt zu denken. Zuerst meldeten sich in der Tat Stimmen aus jenen politischen und religiösen Lagern, die ihr Moralsystem ohnehin seit Jahrzehnten konservieren und lediglich auf passende Anlässe warten, um es einer verängstigten Bevölkerung als sicheren Verhaltenskodex vorzusetzen. Ohne Phantasie und Wirklichkeit auseinanderzuhalten und ohne sexuelle Realität zu erkennen, hieß es drohend, die sexuelle Revolution habe nun endlich ein Ende gefunden, Enthaltsamkeit und Treue seien die Rettungssprünge, die das kollektive Wegsterben der Jugend verhindern und die moralische Ordnung wieder herrichten. Endlich konnte dem immer schon Suspekten wieder gebieterisch entgegengetreten werden.

Sexualpädagogik beschränkt sich in dieser Tradition auf sexualmoralische Indoktrination und Bewältigungshilfen zur Vermeidung sexueller Anfechtungen vor und neben dem einzig sittlich gerechtfertigten Ort sexueller Betätigung: der Ehe. Auch, wenn den meisten Menschen diese Position doch zu extremistisch klingt, partizipiert sie an der allgemeinen Wiedergeburt der Sexualpädagogik, sammelt ihre Anhänger und versucht den einen oder anderen missionarischen Feldzug. So wetterten die deutschen Bischöfe zum Beispiel gegen die Kondomkampagne der regierungsamtlichen AIDS-Prävention: „Der Geschlechtsverkehr mit unbekannten und wechselnden Partnern ist menschenunwürdig" (Deutsche Bischofskonferenz 1987). Die Verbreitung von Kondomen könne nur diesem menschenunwürdigen Treiben dienen, denn Treue in der Ehe erfordere keinen Gummischutz.

Dabei bemühte sich die Bundesregierung um manchen faulen Kompromiß zwischen katholischer Sexualethik und realem Sexualverhalten. Der Sexualwissenschaftler Gunter Schmidt beschreibt den Tenor einer Broschüre für Jugendliche der Bundeszentrale für gesundheitliche Aufklärung folgendermaßen: „Jugendliche sollen möglichst lange warten mit der Sexualität, und die Mädchen sollen dies den allzu stürmischen Jungen beibiegen; wenn aber körperliche Liebe nicht mehr vermeidbar ist, sind küssen, schmusen, allenfalls Petting „angesagt"; wenn, vorausgesetzt sie oder er ist alt genug, der Sinn nach weiterem steht, wird der Weg zum richtigen Geschlechtsverkehr gewiesen: Möglichst nach gemeinsamem AIDStest, natürlich mit Kondom, in Treue und in die Ehe mündend" (Schmidt, 1989, S. 55, zu BZgA: Boys and Girls. Was Du über AIDS wissen solltest. Köln 1988).

Auch dies funktioniert nicht ohne Sexualerziehung, denn die Jugendlichen sollen in ihrer je spezifischen Lebenswelt zu allerlei Verhaltensänderungen veranlaßt werden – und zwar freiwillig, aus eigener Einsicht und Verantwortung heraus. Ein Drittel Zwangsmoral, ein Drittel Hygiene und ein Drittel Selbstbestimmung. In dieser Mischung zeigt sich regierungsamtliche Sexualerziehung in den Verlautbarungen zur schulischen und außerschulischen AIDS-Prävention – und das großzügig gefördert durch vielfältige Teilprogramme in Schule, Jugendarbeit, Erziehungshilfe, Beratung und Selbsthilfe.

Durch den fließenden Subventionsstrom gesegnet sind auch die pragmatischen Gesundheitsstrategen, denen nicht die Durchsetzung irgendeiner Sexualmoral, sondern die Volksgesundheit am Herzen liegt. Auch sie propagieren die Bedeutung von Sexualerziehung, jedoch nur als fest integrierter Bestandteil einer umfassenden, normsetzenden Gesundheitserziehung. Sexuell geboten ist das, was Gesundheit zur Folge hat und plötzlich interessieren sich sogar die Krankenkassen für Sexualerziehung und unterstützen entsprechende Aktivitäten – nur die hygienischen, versteht sich. Daß Sexualität auch eine irrational-anarchistische, eine heftige, schweißige, aggressive und risikoreiche Seite hat, wird geflissentlich ausgeklammert bzw. als gesundheitsschädlich gebrannmarkt.

Angesichts dieser Erscheinungsformen von Sexualerziehung und der offenen oder dahinter verborgenen Veränderungsstrategien ist nur zu verständlich, wenn kritische Sexualwissenschaftler sich gegen jede Form von Erziehung aussprechen und AIDS-Prävention auf ein Minimum von sachlicher Informationsarbeit beschränken wollen. Der wahre AIDS-Aufklärer gehe davon aus, – so M.Dannecker – „daß die Menschen, mit entsprechendem Wissen versehen, zu richtigen und adäquatem Handeln in der Lage sind. Diese Überzeugung unterscheidet ihn von den Gegenaufklärern, die zwar ebenfalls mit Informationen und Wissen hantieren, aber schon vorweg von der Unfähigkeit der Menschen überzeugt sind, das Wissen adäquat umzusetzen und mit den aus dem Wissen ableitbaren Aufgaben zurechtzukommen." (Dannecker 1988, Seite 73).

Die Intention dieser Haltung ist einleuchtend und richtig: Aufklärung muß Mündigkeit der Aufzuklärenden unterstellen und insbesondere der Staat sollte sich auf diese Form von Aufklärungsarbeit beschränken, um nicht bestimmte sexuelle Lebensformen vorzuschreiben. Doch das ist nur die halbe Wahrheit und in der Tat kann – wie Dannecker zugibt – dieser Imperativ nichts weiter als eine Idealforderung sein, an deren Einlösung die Menschen immer wieder scheitern werden". (Seite 75).

Sie werden grundsätzlich scheitern, wenn die andere Hälfte nicht mitgedacht wird: Nur durch Lernen kann sich der Mensch in die Lage versetzen, im Rahmen seiner jeweiligen Gesellschaft und Kultur mündig zu handeln. Für Kinder und Jugendliche bedeutet das in der Regel Erziehung. Vorausgesetzt allerdings, man versteht unter Erziehung „einerseits ein dem jeweiligen Alter angemessenes Lernangebot und andererseits das Setzen von Grenzen für den Handlungsspielraum des Kindes" (Giesecke 1987, Seite 22). Lernen bleibt in jedem Fall ein lebenslanger Prozess und auch Erwachsene benötigen Lernhilfen, um sich angesichts neuer Situationen selbstbestimmt verhalten zu können.

Der „pädagogische Takt" (Pestalozzi) des Erziehers bzw. die Sensibilität des Lernhelfers besteht darin, die Spannung zwischen unterstellter Mündigkeit und der notwendigen Be-mündigung durch Erziehung bzw. Lernen so zu gestalten, daß die Fähigkeit zur Selbstbestimmung wächst.

Daß dieser Prozeß im Bereich sexueller Sozialisation besonders häufig mißlingt, hat das Thema AIDS deutlich zu Tage gefördert. Sexualerziehung bzw. entsprechende Lernhilfen blieben bisher entweder völlig aus oder wurden in repressiver, d. h. Mündigkeit negierender Form, vermittelt.

Eine isolierte AIDS-Prävention wirkt sowohl als reine Informationsvermittlung als auch als Umerziehungsprogramm im Zusammenhang fehlender oder repressiver Sexualerziehung angstmachend bzw. angstverstärkend. Es bleibt eine Illusion, AIDS-Aufklärung von Sexualität trennen zu können. Liebe, Freundschaft, Sexualität vorwiegend unter dem Blickwinkel und aus Anlaß von AIDS zu thematisieren, muß auf dem Hintergrund des bisherigen Defizits an Sexualerziehung zu Irritationen führen, welche die ohnehin vorhandenen Verunsicherungen um ein Vielfaches verstärken.

Youth-Worker, die das in ihrer Praxis gespürt haben, verstanden ihre Arbeit weitgehend sexualerzieherisch. Das war insbesondere dann erforderlich, wenn Jugendliche aus „AIDS-Müdigkeit" ihre Ohren auf Durchzug stellten und erst dann aufhorchten, wenn Themen zur Sprache kamen, die wieder ihr Interesse weckten.

Interesse wecken begleitende Hilfen, die Informationen, Klärungen und Orientierungen bei allen Fragen versprechen, die beim sexuellen Erfahrungslernen entstehen – und das kann eine gut gemachte Sexualerziehung leisten, in der AIDS-Prävention aufgehoben ist. Für eine solche Sexualerziehung zu arbeiten, kann restaurative Entwicklungen zumindest mindern.

1.2 Suche nach Orientierung: Lust und Geborgenheit

Die Vielfalt der gesellschaftlichen Reaktionen auf die AIDS-Thematik und die notwendig gewordene Veröffentlichung der Pluralität sexueller Lebenswelten und ihrer „Sexualmoral" hat deutlich vor Augen geführt, daß es keine allgemeingültige Sexualmoral gibt, die für alle Jugendlichen in ihrem Lebensalter hilfreich und akzeptabel ist.

Die bürgerliche Sexualmoral war zwar auch in der Vergangenheit kein bruchlos akzeptiertes Moralsystem, enthielt aber eine ganze Reihe von Richtlinien, die – zumindest an der Oberfläche und auf der Anspruchsebene – Orientierungen gaben. Ihre Befolgung, aber auch der offene Widerspruch oder die heimliche Unterwanderung konnten sich an tradierten Normen ausrichten oder reiben.

Das klassische Moralsystem ist brüchig geworden, Jugendliche sind – stärker noch als Erwachsene – vom Individualisierungsprozeß unserer Gesellschaft erfaßt worden und suchen nach neuen, individuell hilfreichen Orientierungsmustern. Die in der tradierten Moral nicht vorgesehene sexuelle Lust z.b. wird selbstverständlicher akzeptiert als vor zwanzig Jahren; Bedürfnisse nach Sicherheit und Geborgenheit sind nicht geringer geworden – beides soll in den gesuchten „Leitplanken der sexuellen Orientierung" seinen Wert finden.

Die Funktionalisierung des Lebensalltags ist für ganz viele Jugendliche gewachsen. Es bleibt wenig Zeit für „Sinnvolles" im Schul- und Berufsstreß – oder der Eigensinn wird durch Arbeitslosigkeit fragwürdig. Sexualität, Intimität versprechen immer noch Sinn, doch das Gelebte entspricht kaum dem Ersehnten und die offenen Fragen nehmen zu.

Die Angebote sind vielfältig und gleichzeitig verwirrend: Schon die traditionellen Moralproduzenten, die Kirchen, produzieren – je nach institutioneller Orientierung – Unterschiedliches. Hinzu kommen die eher unterschwellig wirkende Medienwelt, die normsetzende Sexualindustrie sowie verschiedene neue Sinnproduzenten der „Newage-Bewegung". Die Konvention traditioneller Moral ist weitgehend von der Konvention der Freundschaftsclique abgelöst worden. Sie gewährt zumindest das Gefühl des „Dazugehörens". Doch Fremdbestimmung befriedigt nie vollständig die gespürten Bedürfnisse und es bleibt die Suche nach sinnvoller und glaubhafter Orientierung.

Die angemessene Wahrnehmung der Freiheit zur eigenständigen Orientierung, das Ausbalancieren eigener Sehnsüchte mit den Wünschen anderer und allgemein akzeptierten Werten, erfordert ein hohes Maß an Informationen und Orientierungswissen, einen gewachsenen Grad an Selbstreflexion und die Fähigkeit zum Diskurs, zum Gespräch mit Gleichaltrigen und Erwachsenen.

Nach der Demontage des bürgerlichen Moralbegriffs in den 60iger Jahren führte das Thema „Normen, Werte, Orientierungen" in der Theorie und Praxis von Sexualpädagogik ein Schattendasein. Jene Pädagogen und Pädagoginnen, die sich selbst als fortschrittlich, emanzipiert begriffen, thematisierten Moral überwiegend im ideologiekritischen und enttabuisierenden Sinn. Für manche wurde das Thema selbst zum Tabu, weil es nur unangenehme Assoziationen bei ihnen selbst und bei den Jugendlichen weckte.

Nur so ist zu erklären, warum in der Moraldiskussion um AIDS die an Moralität im Sinne von selbstbestimmter und selbstverantworteter Entscheidungskompetenz interessierten Stimmen erst so spät zu hören waren und relativ dünn gesät blieben. Das Thema traf viele Einrichtungen und die fortschrittlichen Bereiche der Sexualpädagogik in einem Stadium der ethisch-moralischen Latenz, des Ungeübtseins im Umgang mit Orientierungsfragen.

Sexualpädagogik der Gegenwart muß hier einen deutlichen Akzent setzen und die Ergebnisse der sozialwissenschaftlichen und philosophischen Moralforschung in ihrem Bereich verarbeiten, wenn sie Jugendsexualität hilfreich begleiten will.

1.3 Die zunehmende Beleuchtung der „dunklen Seite" der Sexualität

Die „dunkle Seite" der Sexualität oder auch ihr „anderes Gesicht" meint jene gewaltsamen oder einfach nur weggedrängten Aspekte, die gegenwärtig mit den Schlagworten „sexueller Mißbrauch, Vergewaltigung, Prostitution, Pornographie, Perversion" gekennzeichnet werden.

Der größte Teil von dem, was heute beleuchtet und an die Oberfläche befördert wird, ist nicht neu. Er gehört seit langem zur sexuellen Realität von Erwachsenen, Kindern und Jugendlichen. Das gilt vor allem für jene Anteile, die sich in den ideologisch besonders verklärten Sphären des Privaten, zum Beispiel der Familie, unentdeckt entfalten konnten.

Manche Facetten sind hinzugekommen und haben erst durch die moderne Medien- und Kommunikationstechnologie massenhafte Verbreitung gefunden: Gewaltaspekte in der Film- und Musikszene, harte Pornographie sowie Teile der Kinder- und Jugendprostitution.

Bislang wurde der Jugendschutz damit beauftragt, Kinder und Jugendliche von solchen Einflüssen fern zu halten. Sexualpädagogik konzentrierte sich lieber auf die vorzeigbare, zu fördernde Seite von Sexualität, um nicht allzusehr mit ihrem Schatten identifiziert zu werden. Zumindest gibt es kein Konzept, das den Gewaltaspekt im Zusammenhang mit der Würdigung der aggressiven Anteile von Sexualität umfassend thematisiert. Jugendliche bleiben somit den Gewaltrealitäten ausgeliefert und werden zudem noch dazu veranlaßt, sie nicht wahrhaben zu dürfen und aus dem Bewußtsein zu verdrängen.

Gerade die Ausblendung gewalttätiger Elemente aus dem pädagogischen Diskurs über das Sexuelle machte es Jugendlichen schmackhaft, provozierend auf sie aufmerksam zu machen. Weder Verleugnung noch Provokation erreichen eine grundlegende Akzeptanz und produktive Beschäftigung mit den aggressiven Aspekten von Sexualität. Erst eine solche Hereinnahme dieses Bereichs in die sexualpädagogische Arbeit würde auf Dauer die Aufspaltung in eine vorzeigbare „schöne" und eine verdrängte – und doch wirksame – „häßliche" Seite von Sexualität mindern können.

Sexualpädagogik könnte dazu beitragen, daß Menschen lernen, das „andere Gesicht" anzusehen, um sich mit den verschiedenen Facetten bei sich selbst und anderen auseinanderzusetzen.

Vieles verliert dann möglicherweise seinen angstmachenden Charakter, manches kann genauer benannt und vermieden werden. Der Umgang mit Gewaltanteilen und Aggressionen im Sexualalltag bleibt dann nicht mehr dem freien Spiel der Kräfte überlassen, sondern Jugendliche lernen bewußt zu unterscheiden, sich zu wehren, abzugrenzen oder auch die eine oder andere Facette in ihre Lebenswelt zu integrieren. So könnten Mädchen wehrhafter werden gegenüber sexuellen Übergriffen, wenn sie nicht nur reaktiv, sondern ihre Wünsche aktiv und – im positiven Sinne – aggressiv auch in der Sexualität zu leben lernten.

1.4 Impulse aus der geschlechtsspezifischen Mädchen- und Jungenarbeit

Diskussionen in der Sexualpädagogik der 60iger und 70iger Jahre richteten ihr Hauptaugenmerk auf die Bedeutung von sexueller Selbstbestimmung bzw.sittlicher Verpflichtung gegenüber der konventionellen Moral, auf die Beziehungen von Sexualität und Herrschaft sowie die daraus resultierenden Emanzipations- oder Bewahrungsinteressen.

Die veränderte Wirtschaftsmoral und gewachsenen Möglichkeiten der Empfängnisverhütung bildeten die gesellschaftlich-praktische Grundlage für diese Auseinandersetzungen und für die realen gesellschaftlichen Veränderungen im Sexualverhalten. Geschlechtsspezifische Themen spielten insofern eine Rolle, als Mädchen und Frauen von der allgemeinen Liberalisierung in spezifischer Weise und wohl auch stärker beeinflußt wurden als Jungen und Männer: Zum einen waren sie es, die durch die Pille als Verhütungsmittel ein Instrument zur Selbstbestimmung in die Hand bekamen, das ihnen die Trennung der Lust von der Ungewißheit der Schwangerschaft ermöglichte. Zum anderen trafen die neuen Tugenden der sexuellen Befreiung gerade bei ihnen auf ein seit langem tradiertes und anerzogenes Verbot der sexuellen Selbstverwirklichung. Sexualpädagogik versuchte – je nach Ausrichtung – die neu entstandenen Emanzipationsinteressen zu fördern, zu bremsen, oder bei den auftretenden Sozialisationskonflikten zu vermitteln.

Als Ergebnis dieses Prozesses kann festgestellt werden, daß die Mädchen und Frau-
en im Bereich des Sexualverhaltens in einer relativ kurzen Zeitspanne ungewöhnliche
Einstellungs- und Verhaltensänderungen in Richtung auf mehr Sexualfreundlichkeit
und größere sexuelle Aktivität aufweisen können (vgl. Clement 1986).

Der Focus geschlechtsspezifischer Themen und Probleme hat sich in den letzten zehn Jahren in der gesamtgesellschaftlichen Diskussion und sexualpädagogischen Praxis verschoben. Die Frauenbewegung hat die mädchen- und frauenspezifische Perspektive in fast allen gesellschaftlichen Bereichen beleuchtet und die Zusammenhänge von Männerherrschaft, Sexualmoral und Unterdrückung weiblicher Identität im allgemeinen aufgezeigt. Die darauf aufbauenden politischen und pädagogischen Intentionen gehen in die Richtung der Erweiterung von Mädchenräumen im weitesten Sinne. Frauen- und Mädchenarbeit wurde in vielen pädagogischen Einrichtungen etabliert, Männer- bzw. Jungenarbeit gefordert. Beide beziehen sich nicht nur auf die sozialen und machtpolitischen Aspekte der Geschlechterverhältnisse, sondern auch auf Beziehungs- und Sexualverhalten. Frauen besinnen sich auf ihren eigenen Körper, ihre eigenen Wünsche und Beziehungserwartungen und beginnen, sie in Partnerschaften und öffentlichen Diskursen offensiv zu vertreten.

Männer reagieren verunsichert, bewahrend-offensiv oder – das ist die Minderheit –
selbstreflexiv. Unterschiedliche Verständnisse von Gerechtigkeit, Verantwortung und
Selbstverwirklichung führen auf dem Hintergrund geschlechtsspezifischer Sexualisa-
tion zu Auseinandersetzungen, die im populären Schrifttum bereits als Geschlechter-
krieg etikettiert werden. Die psychologische Literatur lebt im Moment davon: „Wenn Frauen zu viel lieben"…. „Männer lassen lieben…..".

Das Zentrum der Auseinandersetzung befindet sich noch weitgehend im Bereich der Bewegungen und der medialen Öffentlichkeit. Erst langsam werden pädagogische Theorien davon beeinflußt. Es ist grundsätzlich richtig, wenn Frauen und Männer auch als Pädagogen und Pädagoginnen über ihre sexuelle Identität nachdenken und miteinander streiten, bevor pädagogische Konsequenzen gezogen werden. Von vielen Fragestellungen und Herausforderungen sind inzwischen auch Kinder und Jugendliche betroffen und manches lohnt sich, sexualpädagogisch zu reflektieren und verfestigte Rollenmuster auch im Sexualverhalten zu verlebendigen. Praktische Erfahrungen und Dokumentationen aus geschlechtsspezifischen Gruppen liegen inzwischen vor und können theoretisch auf den Begriff gebracht und ausgewertet werden.

2. Gegenwärtige Situation der Sexualerziehung und Sexualpädagogik

2.1 Partielle Enttabuisierung der Themen „Sexualität und Sexualerziehung"

Ich wage die Annahme, daß in der Bundesrepublik Deutschland die Atmosphäre für praxis- und bedürfnisorientierte sexualerzieherische Anstrengungen trotz des anfänglichen Streits um die Konsequenz der AIDS-Bedrohung günstiger geworden ist, als das in der Vergangenheit der Fall war.

Die öffentliche Aufregung um sexualpädagogische Initiativen im Anschluß an den AIDS-Schock hielt sich in Grenzen, erreichte jedenfalls nicht jene ideologische Aufladung, die in den 60iger Jahren als Folge der Schüler- und Studentenprovokationen die Medien beherrschte.

Die bereits zwischen 1918 und 1945 existierenden drei unterschiedlichen Strömungen deutscher Sexualpädagogik (Barkow 1980) prägten auch die Auseinandersetzungen in den 60iger Jahren: Die weit verbreitete konservativ-repressive Theorie und Praxis (z. B. Prohaska 1964 und Nass 1967) wurde herausgefordert durch den zeitgleich mit der „Sex-Pol-Bewegung" der Schüler und Studenten entwickelten emanzipatorischen Ansatz (z. B. Kentler 1967, 1970 und Gamm 1970), der wiederum von seiten einer „progressiven Mitte" (z. B. Oesterreich 1970 und später Kluge 1978) scharf kritisiert wurde. Bereits die Titel von Zeitschriftenaufsätzen wiesen auf die Härte der ideologischen Auseinandersetzung hin. So schrieb R. Maskus z. B. einen Aufsatz mit dem bezeichnenden Titel „Geschlechtserziehung im Meinungsstreit – zu Kentlers Widersprüchen und Ungereimtheiten" (1976).

Auseinandersetzungen zwischen bürgerlich-konservativen, emanzipatorischen und sich wissenschaftlich-neutral verstehenden empirischen Positionen gab es in allen sozialwissenschaftlichen und pädagogischen Themenbereichen. Auf dem Gebiet der Sexualpädagogik führte die Verbindung zwischen gesellschaftspolitischer Auseinandersetzung, wissenschaftstheoretischem Positionsstreit und durchbrochenem Sexualtabu zu einem besonders explosiven Gemisch. Nicht nur die politisch-soziale Ordnung, sondern auch das Moralsystem und die Grundfesten bürgerlicher Persönlichkeitsbildung schienen zur Disposition gestellt . Unterdrückte Triebwünsche, die Sorge um den eigenen Nachwuchs und Angst vor einer totalen Destabilisierung gesellschaftlicher Verhältnisse spielten in den pädagogischen Auseinandersetzungen ebenso eine Rolle wie überzogene Emanzipationshoffnungen auf eine zugleich politisch wie sexuelle Revolution (vgl. Amendt 1970).

Die Praxis der Sexualerziehung spiegelte die ideologischen Auseinandersetzungen durch medienwirksame Berichte über eine Reihe spektakulärer Aktionen mit überwiegend provozierendem Charakter. Einerseits setzten sie viel „revolutionären Schwung" und Hoffnung in Gang und zwangen verschiedene Institutionen zur Reform ihrer Inhalte, andererseits blieb auch fortschrittliche Sexualerziehung über lange Zeit mit dem Stigma des Revolutionismus behaftet und hinderte auch gutwillige Politiker und Pädagogen, sich mit diesem Thema zu beschäftigen.

Im Laufe der 70iger Jahre wichen Entrüstung und Enthusiasmus einer sich allerorts breitmachenden Ernüchterung angesichts der politischen und persönlichen Barrieren, die sich den befürchteten oder ersehnten Veränderungen entgegenstellten. Trotzdem: Manche sexualpolitischen und sexualrechtlichen Reformen sind erfolgt. Auch Sexualpädagogik profitierte von der sozialen Bewegung, indem sie offiziell in den Richtlinien der Schule fixiert wurde. Eine grundlegende Humanisierung der Sinnlichkeit durch selbstbestimmte und selbstverantwortete Sexualität ließ jedoch weiter auf sich warten.

Schmidt und Schorsch schrieben 1976, daß natürlich auch Prozesse der sexuellen Liberalisierung nach den Gesetzen allgemeinen sozialen Wandels zu beurteilen sind. Allzu rasche Veränderungswünsche und -tendenzen stoßen zwangsläufig auf gesamtgesellschaftliche und persönliche Traditionalismen. Die „Angst, die aus den neuen, die alten Normen verletzenden Verhaltensweisen entspringt, kann nur durch strenge, partielle Konformität bewältigt und abgewehrt werden. So könnte es also durchaus sein, daß sich die in Liberalisierungsprozessen angelegten Veränderungsmöglichkeiten noch nicht in vollem Umfang realisiert haben, weil sie entsprechend den Gesetzmäßigkeiten sozialen Wandels vorübergehend noch des Schutzes alter Normen bedürfen" (Seite 21). Das klingt schon recht nüchtern aber noch optimistisch. Sexualität und sexuelles Erleben sind partiell enttabuisiert worden, am wirksamsten in ihrer käuflichen, verdinglichten Form. Veränderung erfolgte auch in diesem Bereich mit Hilfe des Motors ökonomischer Verwertbarkeit. Das gilt für die Entthronung des Nacktheitstabus und die umsatzträchtige Loslösung sexueller Begierde vom romantischen Liebesideal.

Die Enttabuisierung reicht aber tiefer hinein in zwischenmenschliche Beziehungen und innerpsychisches Erleben, ohne daß damit gradlinige Ursache- Wirkungslinien behauptet werden könnten. Die Erscheinungsformen werden widersprüchlicher, konfliktträchtiger: Die kälter werdende Berufs- und Freizeitwelt läßt die Geborgenheitswünsche in sicheren Intimbeziehungen wachsen. Die Gleichförmigkeit des verwalteten Alltags nährt das Sensationsbedürfnis im sexuellen Erleben. Die mangelnde Vorhersehbarkeit individueller Lebensläufe überfrachtet die Zweierbeziehung mit Sicherheitsbedürfnissen. Gleichzeitig fördert die berufliche Mobilität die Auflösung „traditioneller Partikularismen", wie engmaschige Familien- und Verwandschaftsbeziehungen.

Angesichts allgegenwärtiger Leistungsnormen soll die Intimbeziehung eine Insel der Ruhe sein; gleichzeitig wachsen die Ansprüche an die Qualität und Quantität des Sexuallebens. Kirchlich und religiös inspirierte Sexual- und Familienideologien sind nicht mehr ungebrochen wirksam, die weniger offensichtlichen Ideologien und Verkehrsformen der ökonomisch-technologischen Basis geben neue Orientierung und produzieren Probleme (vgl. Aigner, 1986).

Die Schwierigkeiten beim Erwerb einer befriedigenden sexuellen Identität sind bis heute nicht geringer geworden. Tabus, Ideologie und Zwänge haben sich verlagert, sind weniger deutlich zu erkennen und entsprechend schwieriger zu bekämpfen. Die Formel von der „repressiven Entsublimierung" (Marcuse) hat ihre Prognosekraft also bewiesen. *Doch Entsublimierung fand immerhin auch statt – und das nicht nur zugunsten der Sexualindustrie, sondern auch zugunsten der Thematisierung von Sexualität im öffentlichen und pädagogischen Zusammenhang.*

Kaum eine Zeitschrift verzichtet auf die Herausgabe eines Themenhefts „Sexualität" und die Ratgeberseiten zu Sexual- und Beziehungsproblemen gehören zum ständigen Angebot der meisten Illustrierten. In den Buchhandlungen türmen sich Veröffentlichungen zur Gestaltung eines – wie auch immer definierten – erfüllten Sexuallebens und selbst im öffentlichen Fernsehen werden zunehmend Sendungen zur Sexualität ausgestrahlt, wenn auch immer noch von kleinkarierten Zensuranliegen begleitet.

Über die Qualität und Funktion des Diskurses läßt sich streiten. Immerhin wird öffentlich zur und über Sexualität geredet und das seit der AIDS-Aufklärung mancherorts sogar mit eindeutigem Vokabular.

Mit dieser zunehmenden Vergesellschaftung von Sexualität in beide Richtungen – ihre Kommerzialisierung und diskursiven Veröffentlichung – sind viele traditonelle Einwände gegen eine aufklärende Sexualerziehung hinfällig geworden. Sexualerziehung kann nicht mehr ernsthaft auf den familiären Intimbereich beschränkt bleiben, wenn Jugendliche sich öffentlich mit Sexualität auseinandersetzen müssen. Die Befürchtung, Sexualerziehung würde einer unnötigen oder gar gefährlichen Sexualisierung von Kindern und Jugendlichen Vorschub leisten, ist angesichts der beschriebenen Situation ebenso gegenstandslos geworden.

Zunehmend wurde deutlich, daß eine Strategie des Bewahrens lebensuntüchtig macht und der aufgeklärte Umgang mit den positiven und negativen Herausforderungen der Gesellschaft nur durch eine aktive Auseinandersetzung mit den vorhandenen Bedingungen möglich wird. Das gilt vor allem für das zur Zeit immer deutlicher werdende Thema des sexuellen Mißbrauchs.

Im Zusammenhang der Aufklärungskampagnen gegen AIDS wurden eine ganze Reihe neuer Tätigkeitsprofile für Pädagogen und Sozialwissenschaftler geschaffen (Youthworker, Schoolworker, Streetworker), die zunehmend in eine sexualpädagogische Tätigkeit einmünden. Die praktischen Programme setzten sexualpädagogisch-didaktische Kreativität frei, die sich in audivisuellen Medien und schriftlichen Arbeitshilfen dokumentiert.

Die aktuellen gesellschaftlichen Problembereiche vom Schwangerschaftskonflikt über Drogenmißbrauch, AIDS, sexuelle Belästigung, Vergewaltigung, Jugendprostitution, Pornographie, Umgang mit sexuellen Minderheiten bis zur allgemeinen Thematisierung der Geschlechtsrollen aus der Mädchen- und Jungenperspektive setzten jeweils unterschiedliche Akzente im beginnenden gesellschaftlichen Diskurs über Sexualität und Sexualerziehung, die gleichzeitig die Breite des Themenbereichs deutlich werden lassen. Kaum eine öffentliche Einrichtung hat sich der Forderung nach mehr Sexualerziehung bisher enthalten und Politiker tun zunächst so, als warteten sie auf Initiativen und praktische Modelle der pädagogischen Fachwelt und ihrer Vereinigungen.

Trotz dieser vielen Hoffnungszeichen für ein Vorankommen von Sexualerziehung in unserer Gesellschaft existieren genügend Barrieren, die ein pädagogisch-politisches Umsetzen allerorts formulierter Ansprüche verhindern.

Wichtig ist eine genauere Ursachenanalyse im je konkreten Arbeitsfeld, die am ehesten im Zusammenhang sexualpädagogischer Aktivitäten angestellt werden kann. Hinweise dazu enthält das neunte Kapitel dieses Buches. An dieser Stelle sollte zunächst die These plausibilisiert werden, daß ein Teil der Barrieren gegen Sexualerziehung heute gegenüber den 60iger Jahren an Bedeutung verloren hat, so daß Sexualerziehung eine neue Chance bekam. Es lohnt sich also, erneut über Innovationsstrategien zur Durchsetzung von Sexualerziehung nachzudenken.

2.2 Zur Situation der Sexualerziehung sowie der Aus- und Fortbildung von Pädagoginnen und Pädagogen am Beispiel der Jugendarbeit

Es ist keine leichte Aufgabe, etwas über die Situation und aktuelle Trends von Sexualerziehung in der Jugendarbeit auszusagen angesichts

- der Vielfältigkeit von offener und verbandlicher Jugendarbeit,
- der Unterschiede zwischen Konzeptionen und praktischer Arbeit,
- der Breite von Sexualerziehung, die ja nicht nur Aufklärung im engeren Sinne meint, sondern sich auf die Themen „Liebe, Freundschaft und Sexualität" allgemein erstreckt.

Es soll trotzdem der Versuch einer Situationsanalyse gemacht werden, auch, wenn es sich dabei weniger um exakte quantitative sondern eher um qualitative Aussagen handelt. Die Aussagen stützen sich auf folgende Untersuchungen und Erfahrungen:

* Eine Inhaltsanalyse von Konzepten, Protokollen und Berichten aus Zeitschriften der Jugendverbandsarbeit sowie Gruppeninterviews mit Mitarbeitern und Mitarbeiterinnen aus der offenen Jugendarbeit (Sielert 1987)

* Die 3-jährige Leitung eines Modellprojekts zur Sexualerziehung in der Jugendarbeit

* Erfahrungen aus zahlreichen MitarbeiterInnen-Fortbildungen in verschiedenen Bereichen der Jugendarbeit.

Die Beschreibung der Situation von Sexualerziehung in der Jugendarbeit steht exemplarisch für die Situation in anderen pädagogischen Arbeitsfeldern. Verglichen mit dem Kindergarten, der Schule, den Erziehungsheimen sowie der Familienbildung existieren in der außerschulischen Jugendarbeit relativ günstige Voraussetzungen für die Thematisierung von Liebe, Freundschaft und Sexualität mit den Kindern und Jugendlichen. Wenn die Rahmenbedingungen auch unterschiedlich aussehen und die jeweils praktizierte Sexualerziehung unterschiedliche Akzente setzt, so kann dennoch davon ausgegangen werden, daß die für die Jugendarbeit herausgearbeiteten Defizite auch für andere Erziehungsinstitutionen gelten.

2.2.1 Sexualität ist immer ein Thema in der Jugendarbeit

Sexualität gehört mit allen ihren Facetten zum Alltag jeder Jugendarbeit: Als Verliebtheit, Freundschaft, Liebe, Zärtlichkeit, Schwärmerei in Form von homo- sowie heterosexuellen Kontakten ebenso wie in Form von aggressiver Anmache, indirektem Sexismus und Gewalt.

* Während einer Wochenendfreizeit wollen die 16- bis 19-Jährigen gemeinsame Schlafräume benutzen.

* In einer Ferienfreizeit taucht in einer Clique 13-jähriger Jungen ein Pornoheft auf, das die Runde macht und von den meisten mit großem Interesse konsumiert wird.

* Mehrere Jugendliche stehen zusammen und unterhalten sich abwertend über „perverses" Sexualverhalten Homosexueller. Ein Mitarbeiter weiß nicht so recht, ob er reagieren soll.

* Ein türkisches Mädchen hat sich in einen deutschen Jungen verliebt und fragt eine Mitarbeiterin um Rat, ob sie die Beziehung beenden oder weiterführen soll.

* Zwei Jungen mögen sich sehr, verhauen sich aber ständig und bringen mit ihrem Streit die ganze Gruppe durcheinander.

* Die Jugendgruppe will darüber reden, wie „man überhaupt noch Sex machen kann, wenn man doch so schnell AIDS kriegt".

* Ein Mitarbeiter überrascht zwei Jungen im Zelt, die sich gegenseitig befriedigen.

* Ein Mädchen in der Clique hat noch keinen Freund. Jemand hat das Gerücht in die Welt gesetzt, sie sei deshalb lesbisch.

* Die deutschen Jungen eines Jugendzentrums wollen die Türken ausschließen, weil sie angeblich nur Mädchen ausspannen wollen.

Die Reihe der Beispiele ließe sich beliebig verlängern. Jugendliche nutzen die Chance, in der Jugendarbeit etwas mehr auszuleben, was ihnen in anderen Lebensbereichen meist verwehrt wird: Liebe und Sexualität. Beide treten in der Offenheit und Verfremdung, der Zärtlichkeit und Härte in Erscheinung, wie es familiäre Erfahrungen, mediale Vorbilder, Cliquendruck, allgemeine Lebensperspektiven und auch der religiös-kulturelle Kontext nahelegen.

Sexualität ist ein wichtiges Thema in Gleichaltrigengruppen, dem Kernelement von Jugendarbeit. Die Jugendlichen machen dabei alle möglichen, ihre bisherige Sozialisation bestätigende oder auch neue Erfahrungen:

* Das erste Sich-verlieben,

* die mehr zufälligen ersten Berührungen, die das Gefühl des Schwebens vermitteln,

* das Sich-erleben im Gruppenalltag als Mädchen oder Junge,

* die Möglichkeit, mal ohne Kontrolle von Erwachsenen zusammen und zärtlich zu sein,

* das Erleben von Geschlechtssolidarität mit anderen Mädchen und Jungen, das viel Sicherheit und Vertrauen gegeben kann,

* die Erfahrung als Mädchen, je nach sexuellem Ausdruck als Hure oder als Heilige angesehen zu werden,

* die Erweiterung des eigenen Wissens zu sexuellen Reaktionen oder auch die Bestätigung von Vorurteilen,

* die Bestätigung der Vorstellung, daß letztlich doch die Jungen den Ton angeben,

* die traumatische Erfahrung einer versuchten Vergewaltigung während einer Gruppenfahrt,

* das Wissen darum, daß nur der erfahrene Junge etwas gilt in der Clique.

2.2.2 Die Lust ist groß – das Angebot meist fade: Interessen Jugendlicher und sexualpädagogische Angebote.

Wenn die Rahmenbedingungen, die Atmosphäre, die Sensibilität der JugendarbeiterInnen es zulassen, sind Jugendliche extrem hoch motiviert, sich mit dem Thema „Liebe, Freundschaft und Sexualität" zu beschäftigen. Es werden Fragen gestellt, Unsicherheiten zugegeben; es kommen Ängste, Leid, aber auch Sehnsüchte, Spaß und erträumt Lebensentwürfe zum Ausdruck.

Der Forderung von Sigmund Freud, nicht nur das Arbeiten, sondern auch das Lieben zu lernen, entspricht einem starken Bedürfnis nach Informationen, normativer Entscheidungshilfe und sexueller Praxis. Diese punktuelle Erfahrung aus verschiedenen Bereichen der Jugendarbeit berechtigt zu der These, daß das Defizit an sexualpädagogischen Maßnahmen weniger auf ein Desinteresse der Jugendlichen, als vielmehr auf Probleme des pädagogischen Angebots zurückzuführen ist.

Jugendliche fragen in der Jugendarbeit zunächst nicht so sehr nach sachlich-biologischer Aufklärung (sie glauben, darüber in der Schule genug gehört zu haben), sondern nach Möglichkeiten, mit ihrem Körper, ihrer sexuellen Identität und ihrer Beziehungsgestaltung zurechtzukommen. Viele sind unsicher, wie sie mit ihrem Partner oder ihrer Partnerin über Sexualität, Erotik und Gefühle reden können, wie sie Treue und sexuelle Abwechslung, Sehnsüchte und konkretes Handeln miteinander in Einklang bringen können. Sie suchen nach Entscheidungshilfen, ob sie mit ihrem Freund oder ihrer Freundin zusammenziehen sollen, wie sie mit Eifersucht umgehen können, wie Sexualität in ihrer Beziehung lebendig bleiben kann.

Wenn auf diese Themen eingegangen wird, zeigt sich, daß viele sachliche Informationen noch fehlen. Beispielsweise fehlt Wissen über vorhandene Verhütungsmittel und ihre Anwendung, über Körperfunktionen und sexuelle Reaktionen wie z. B. Praktiken des Geschlechts-, Oral- und Analverkehrs, über den Orgasmus und über Sebstbefriedigung. Es fehlt vor allem jenes spezifische Wissen, das wichtig ist, sich selbst und anderen Lust zu bereiten. Die Informationsvermittlung in der Schule hat diesen Sektor wohlweislich ausgespart.

Das vorhandene Angebot macht deutlich, daß der Sexualerziehung in der Jugendarbeit nicht jene Bedeutung zugemessen wird, wie sie anderen Bereichen, etwa der politischen Bildung, zukommt. Wenn auch in Angeboten zur allgemeinen Persönlichkeitsbildung noch Aspekte des Beziehungs- und Identitätslernens auszumachen sind, so finden sich nur sehr vereinzelt Möglichkeiten der Thematisierung des engeren Bereichs sexueller Aktivität.

Das überwiegende Angebot der wenigen – im weitesten Sinne – sexualpädagogischen Veranstaltungen bezieht sich nicht auf die personnahen und spannenden Themen Jugendlicher, sondern sind in dieser Hinsicht durch eine auffallende Problemferne, durch wenig lustvolle Orientierung und eher sehr allgemeinen Charakter gekennzeichnet. Das meditative Gespräch über Liebe, der politische Diskurs zum Thema Sexismus oder die juristische Diskussion über den § 218 oder zur Frage der nichtehelichen Lebensgemeinschaften sind zwar wichtig, sie orientieren sich aber eher am Problematisierungsbedarf der jeweiligen Jugendeinrichtung, als an den drängenden Wünschen der Jugendlichen. Die meisten Veranstaltungen behandeln Sexualität als Problem und kaum als Lust- und Kraftquelle. Die Folge ist, daß manche der wenigen Angebote ausfallen, weil sich zu wenige TeilnehmerInnen finden. Manche Jugendliche haben nicht mehr die Erwartung, daß z. B. Jugendverbände für sie relevante sexualpädagogische Arbeit leisten, in der sie sich angenommen und aufgehoben fühlen.

In ganz vielen Einrichtungen gilt Sexualerziehung als Teilaspekt von Gesamterziehung. Diese Formel lautet zunächst plausibel, faktisch wird Sexualität dabei ausgeklammert statt ausreichend berücksichtigt.

Das gilt vor allem für *„das andere Gesicht der Sexualität“.* Jugendsexualität umfaßt nicht nur „Schönes", sondern auch ihre gewaltsame, verdinglichte, pornographische, geile Seite.

* Pornographie begreifen manche Jugendliche, vor allem Jungen, als Möglichkeit zur Aufklärung und Stimmulanz.

* In vielen Alltagssituationen ist die Verbindung von Gewalt und Sexualität an der Tagesordnung, von der aggressiven Anmache und einer sexistischen Sprache bis hin zu Vergewaltigungsversuchen.

* Peep-Shows und Prostitution haben ihren Reiz nicht nur für Erwachsene, sondern sind auch für Jugendliche von sehr ambivalenter Anziehungskraft.

Wenn diese Seite von Sexualität in der Jugendarbeit überhaupt aufgegriffen wird, dann nur unter dem Gesichtspunkt der Warnung und Verdrängung ins Abseits. Die allseits beobachtbare Aufspaltung von Zärtlichkeit und Geilheit wird verstärkt, indem alles Lustvolle, Geile, Heftige, Aggressive, mit Gewalt, Vergewaltigung und Ausbeutung in einen Topf geworfen und – je nach Ideologie – den kapitalistischen Verhältnissen oder der „Verderbtheit der menschlichen Existenz" angelastet wird. Dabei könnte Sexualerziehung helfen, daß unterschieden wird zwischen sexuellen Phantsien, lustvoller Geilheit einerseits und Gewaltverhältnissen in Prostitution, Pornographie und realen Beziehungen andererseits.

Noch ein anderer Bereich bleibt bisher unterbelichtet: *Die geschlechtsspezifische Arbeit mit Jungen.* Trotz Koedukation wissen Mädchen und Jungen wenig voneinander, sind kaum orientiert über möglicherweise unterschiedliche sexuelle Wünsche, Gefühle, Erlebnisweisen und körperliche Eigenarten. Koedukation hat eher den Jungen geholfen, ihre Herrschaft über Mädchen auszudehen. Der Slogan „Jugendarbeit ist Jungenarbeit" faßt das prägnant zusammen. Entsprechend ist in manchen Jugendeinrichtungen von den Mitarbeiterinnen mit einer spezifischen Mädchenarbeit begonnen worden, die – gemessen an den wenigen Jahren ihrer Wirksamkeit – zu einer beachtlichen Bewußtseinsveränderung beigetragen hat (Klees u.a. 1989). Eine gezielte Jungenarbeit bleibt jedoch bisher überfällig (Sielert 1989).

Erst im Zusammenhang mit dem Thema *AIDS* ist das Bewußtsein für die Notwendigkeit von Sexualerziehung und ist die Zahl der Angebote in verschiedenen Einrichtungen der Jugendarbeit gewachsen. Die Auswirkungen dieser Tatsache sind jedoch so vielfältig wie die weltanschaulichen und persönlichen Einstellungen zu diesem Themenbereich nahelegen. In manchen Einrichtungen gilt die Ansteckungsgefahr als Aufhänger für Partnerschaftsseminare mit dem Ziel der Einschränkung sexuellen Erfahrungslernens, andere aktivieren Sexualerziehung im allgemeinen und behandeln in diesem Zusammenhang u. a. auch AIDS. In jedem Fall gilt, daß Sexualität ausgerechnet wieder anläßlich und im Zusammenhang eines Problems thematisiert wird.

2.2.3 Ein Betätigungsfeld für Hobbyisten: Zur Situation der MitarbeiterInnen

Die meisten MitarbeiterInnen weichen dem Thema Sexualität aus, vermeiden das offene Gespräch, hätten am liebsten, daß die Jugendlichen ihre sexuellen Empfindungen und Bedürfnisse vor der Tür des Jugendheims ablegen. Zumindest gilt das für jene Aspekte, die für den Ablauf der pädagogischen Arbeit als störend definiert werden. Diese Aussage trifft auf die große Mehrheit zu und soll nicht die wenigen entmutigen, die ihre Energie in gute sexualpädagogische Arbeit stecken. Die gibt es tatsächlich auch, aber es sind EinzelkämpferInnen in einem größeren Zusammenhang von Angst und Desinteresse.

Eine Menge Ausreden kaschieren das vorhandene Defizit: „Die Jugendlichen regeln das schon selbst", „das ist kein wichtiges Thema für unseren Verband", „wir sind ein politischer Verband, da ist dieses Thema nur eine Randfrage" und „das ist jedermanns Privatangelegenheit".

Durch Supervision und gezielte Fortbildungsveranstaltungen wird deutlich, daß sehr oft die inneren Barrieren der MitarbeiterInnen (z. B. die eigene Angst vor dem Thema und eigene Unklarheiten in diesem Bereich) nach außen projiziert und den Bedingungen angelastet werden: Dem Gesetz, der Öffentlichkeit, dem Träger, den Eltern der Jugendlichen oder auch den Jugendlichen selbst, die angeblich kein Interesse äußern. Wenn sich dagegen durch Qualifizierung der Informationsstand verbessert, wenn Ängste zugegeben, wenn Erfahrungen ausgetauscht, wenn vor allem didaktische Anregungen vermittelt werden, wächst der Mut zur sexualpädagogischen Arbeit und gelten die äußeren Bedingungen plötzlich nicht mehr als unüberwindbar. Vor allem durch fachkundige Unterstützung von außen werden einzelne MitarbeiterInnen oder kleine Teams ermutigt, die vorhandenen Spielräume auszunutzen und äußere Grenzen zu erweitern.

Ermutigend ist ferner, daß die bewußte praktische Sexualerziehung an der Basis, an der sich die JugendarbeiterInnen mit den Bedürfnissen und Fragen der Jugendlichen auseinandersetzen müssen, für beide Seiten motivierend und weiterbringend ist. Die praktische Arbeit ist in allen Einrichtungen der Jugendarbeit – gleich welcher Ausrichtung – ähnlicher als das die politische Funktionärsebene vermuten läßt. Die Praxis hat wenig von der ideologischen Verbissenheit, mit der sich sexualpädagogische Positionen auf der politischen und zum Teil auch auf der wissenschaftlichen Ebene streiten.

Die Aus- und Fortbildungsmöglichkeiten zur Sexualerziehung sind bisher sehr begrenzt. Wenn im gängigen Ausbildungscurriculum für ehrenamtliche JugendleiterInnen von Sexualerziehung die Rede ist, sind vorwiegend gesetzliche Belehrungen gemeint. Eine zielgerichtete sexualpädagogische Fortbildung, etwa in Form eines Baukastensystems, fehlt grundsätzlich. Das ist umso bedenklicher, da schon in den Ausbildungstätten von pädagogischen Mitarbeitern und Mitarbeiterinnen sexualpädagogische Themen das Hobby von einzelnen Lehrenden sind und nicht zum offiziellen Ausbildungscurriculum gehören.

2.2.4 Auch in der Jugendarbeit scheut die Bürokratie die Sexualität mehr als den Tod

Die Luft für sexualpädagogische Arbeit wird in der Regel dünner, je weiter man sich von der Basis entfernt. Auch das ist eine Pauschalaussage, die nicht jede Organisation trifft. Manches Leitungsgremium hat auch Aussagen zu einer bewußten „Erziehung zur Liebesfähigkeit" in das Gesamtkonzept geschrieben und hier und da unterstützt ein Verbandsvorstand oder eine Jugendamtsleiterin auch materiell die sexualpädagogische Arbeit und stellt sich hinter einen Mitarbeiter, der Schwierigkeiten bekommen hat. Doch das sind Ausnahmen. In der Regel sieht die Situation anders aus:

* Viele hauptamtliche MitarbeiterInnen bekommen für ihre sexualpädagogische Weiterbildung erst neuerdings eine Freistellung, weil das Thema der AIDS-Prävention integriert ist. Bisher wurden sie belächelt oder behindert, wenn sie sich zu entsprechenden Veranstaltungen anmeldeten.

* Immer noch werden sexualpädagogische Veranstaltungen aus dem Programm gestrichen, weil sie die Phantasie bei einzelnen Funktionären zu sehr anregen und hinter den Themen die Verführung Jugendlicher vermutet wird.

* Finanzielle Mittel für sexualpädagogische Aktivitäten werden erst seit kurzem bewilligt, weil sie im Zusammenhang der AIDS-Prävention fließen.

* Arbeitshilfen und andere Veröffentlichungen werden oft zurückgezogen, weil sie kritische Anfragen an die Sexualmoral und Sexualpolitik enthalten, die z.B. dem subventionierenden Erwachsenenverband oder dem Sozialdezernenten nicht gefallen.

Solche repressiven Maßnahmen regen in den meisten Fällen noch eine fruchtbare Auseinandersetzung an. Viele Organisationen zeichnen sich in bezug auf sexualpädagogische Aktivitäten jedoch – trotz der Herausforderung durch AIDS – durch Friedhofsruhe aus oder durch ängstliches Hoffen, daß „dieser Kelch an ihnen vorübergehen möchte".

3. Sexualpädagogik als Wissenschaft

3.1 Anarchistische Sexualität und ordnendes Forschen

Schon das Definieren macht Probleme: Was ist eigentlich Sexualität? Wer wissenschaftlich arbeitet, kommt um Definitionen nicht herum. Wer allerdings versucht, Sexualität „auf den Begriff zu bringen", „muß definieren, was undefinierbar ist, muß Einheit schaffen, wo Widersprüche herrschen, muß auf unsere Rationalität ziehen, was dagegen opponiert" (Sigusch, 1984, Seite 46).

Wer das Widersprüchliche und Unberechenbare, die emotionale Tiefe und das Anarchistische, Transzendente im Sexuellen erfahren hat, wer ebenso mit dem Gleichförmigen, Ruhigen, Berechenbaren, Begrenzten und Vorhersehbaren vertraut ist, hat Schwierigkeiten mit manchen wissenschaftlichen Begriffen, Methoden, Deskriptions- und Analyseverfahren, Theorieelementen und Darstellungsformen. Der Blick in sexualwissenschaftliche und -pädagogische Lexika, Forschungsberichte sowie der Besuch von Fachtagungen läßt kaum vermuten, daß die AutorenInnen und ReferentInnen tatsächlich immer wissen, wovon sie reden.

Wissenschaft kann eine nützliche Form der Erkenntnis sein und somit auch zur Humanisierung des Sexuallebens von Menschen beitragen. *Aber Wissenschaft ist nur e i n e Form der Erkenntnis* und wird gerade das Sexuelle immer nur annähernd beschreiben und erklären können. Zudem gibt es Formen wissenschaftlichen Arbeitens, die menschliche Sexualität nur sehr oberflächlich beleuchten, klinisch rein sezieren, das Unwesentlichste zum Wesentlichen erklären oder im Prozeß des Beforschens ihren „Gegenstand" völlig aus den Augen verlieren.

Rudolf Müller hat in einem lesenswerten, ironisch gewürzten Essay sexualpädagogische Schriften unter solchen Gesichtspunkten kritisch beleuchtet und schreibt abschließend: „Es ging mir darum zu zeigen, wie wir Sexualpädagogen uns unserer immer schwieriger werdenden Aufgabe entledigen, wie wir uns der Komplexhaftigkeit unseres Lebens vergewissern, wie wir es erforschen, veredeln, zergliedern und zurechtkneten, bis es gefahrlos in jede Schultasche paßt." (Müller, R 1983, S. 79).

Die Besonderheit des Sexuellen lehrt aufmerksam zu sein gegenüber den anthropologischen und wissenschaftstheoretischen Grundannahmen sowie gegenüber dem „Handwerkszeug" wissenschaftlichen Arbeitens. Dabei bedürfen jene Positionen der geringeren Aufmerksamkeit, die ohnehin an ihrem Thema vorbeiarbeiten und somit keinen Schaden anrichten. Achtsamkeit ist geboten, wenn Sexuelles partiell erfaßt und in pädagogischen Programmen oder administrativen Eingriffen Verwertung findet.

Wissenschaftliche Forschungsergebnisse oder Theoriebildungen sind nie ganz vor ihrem Mißbrauch gefeit. Doch es gibt Arbeitsformen und Forschungsmethoden, die einer solchen Verwendung eher entgegenkommen als andere.

Unter diesen Aspekten sollten folgende Fragen an sexualpädagogische Theorien, Ergebnisse empirischer Forschung und Praxiskonzepte gestellt werden:

* Sind die zugrundeliegenden Begriffe einerseits aussagekräftig und andererseits ausführlich expliziert, so daß sie das Gemeinte lebendig abbilden?

* Werden zum Zweck der genaueren Analyse isolierte Phänomene des Sexuellen wieder in den größeren Kontext ihres Wirkungsfeldes gestellt?

* Sind die benutzten Forschungsmethoden komplex und vielfältig, oder werden verschiedene Zugänge miteinander kombiniert, daß sie das Thema mehrperspektivisch und mehrdimensional entfalten?

* Wird das Involviert-Sein des Forschers deutlich expliziert oder gibt die Studie den Anschein der nüchternen, unvoreingenommenen und sauberen Analyse?

* Gelten nur Zahlen, Prozentsätze und statistische Berechnungen oder auch einfühlend verstehende sowie ideologiekritische Verfahren?

3.2 Sexuelles ist anfällig für Ideologiebildung

Sexualität ist ein „heißes" Thema, durchdringt den Menschen in seiner Persönlichkeit, bestimmt die zwischenmenschlichen Beziehungen und ist Anlaß zur Errichtung von Institutionen. Sexualität animiert zu Phantasien, Wünschen, Hoffnungen und ist manchmal gekoppelt mit Leid, Schmerz und Gewalterfahrungen. Sexualität hat zu tun mit Hingabe und Kontrolle, mit Ohnmacht und Macht. Sexuelle Erfahrungen können Leben entfalten helfen oder Leben beschränken.

In der Sexualität zeigen sich Menschen verwundbar und ihre Sexualität ist anfällig für jede Form unguter Beimischungen wie Gewalt, Ausbeutung und Entfremdung. Das gilt für die einzelne sexuelle Begegnung wie für Beziehungsverhältnisse und institutionelle Bedingungen.

Michael Foucault hat sehr intensiv anhand der Sexualität die Frage erörtert, inwiefern in den abendländischen Gesellschaften die Produktion von Diskursen mit einem Wahrheitswert geladen oder eher an unterschiedliche Machtmechanismen und Institutionen gebunden sind (Foucault, 1983). Ideologiekritik zu betreiben bedeutet in diesem Sinne „die Erforschung der `polymorphen Techniken der Macht`: In welchen Formen, durch welche Kräfte, mittels welcher Diskurse schafft es die Macht, bis in die winzigsten und individuellsten Verhaltensweisen vorzudringen; auf welchen Wegen erreicht sie die seltenen und unscheinbaren Formen der Lust, und auf welche Weise durchdringt und kontrolliert sie die alltägliche Lust?" (Foucault, 1983, Umschlagtext).

Sexualpädagogische Diskurse sind nicht immun gegenüber ideologischen Tendenzen in diesem Sinne des Machtmißbrauchs. Im Gegenteil: Sexualität ist von jeher als Vehikel der unterschiedlichsten gesellschaftlichen Interessen durch pädagogische Beeinflussung benutzt worden.

Bei jeder neuen Schrift, jeder einzelnen Maßnahme sind Fragen angebracht:

* Wem dient die jeweilige Theorie, Konzeption oder Praxismaßnahme?

* Welche Aspekte von Sexualität werden besonders akzentuiert und welche unterbelichtet?

* Handelt es sich um eine bevormundende Lehre von der „richtigen Sexualität" oder wird die Auseinandersetzung um die gelungene Sexualität angeregt?

* Warum wird die sexualpädagogische Theorie oder Maßnahme gerade zum gegenwärtigen Zeitpunkt veröffentlicht?

* Wird sexuelles Leben in seiner Vielfalt gefordert oder kanalisiert und kontrolliert?

3.3 Sexualität ist mehr als Genitalität, Sexualität ist aber auch nicht alles im Leben

Im allgemeinen Sprachgebrauch meint Sexualität oder sexuelles Verhalten die Funktion von oder das Umgehen mit den Sexualorganen, meint also Genitalität oder genitales Verhalten. Positivistische Strömungen der Sexualwissenschaft trugen ebenfalls etwas dazu bei, den Bedeutungsgehalt von Sexualität in diesem Sinne zu reduzieren. Die kulturhistorisch aufweisbare Abwehr der Sinnlichkeit überhaupt, insbesondere jedoch die Abspaltung der streng tabuisierten Sexualität wurde zur Grundlage z.B. der behaviouristischen Verhaltensforscher wie Kinsey, Master und Johnson. Diese behandeln Sexualität als könne sie von der sinnlichen Erlebnismöglichkeit überhaupt gesondert erfaßt werden. (Vgl. Wyss 1981, S. 60). Sexualpädagogik beschränkt sich dann folgerichtig auf die Theorie der klassischen Aufklärung über Körperfunktionen und sexuelle Reaktionen.

Wenn einerseits das Verständnis von Sexualität nicht auf Genitalität eingeschränkt werden soll, darf es sich andererseits nicht in allgemeinen persönlichen Beziehungen verflüchtigen. Wenn der Begriff einen Sinn behalten soll, darf das Gemeinte nicht aufgehen in körperlichen, psychischen und sozialen Beziehungen zwischen Menschen. Neben der Gefahr der begrifflichen Unbrauchbarkeit drängt sich der Verdacht auf, daß die Ausdehnung des Bedeutungsgehalts von Sexualität gleichzeitig ein Programm der Verflüchtigung des Körperlichen, des Sinnlichen und der Lust fördert. Sexualpädagogik ist dann z.B. die „Theorie der Liebeserziehung" im allgemeinen. Unter dem Deckmantel der Ganzheitlichkeit droht die Leidenschaft von der Sittlichkeit erstickt zu werden, von der Priorität der geistigen Liebe.

Sexualität hat jedenfalls etwas mit Körperlichkeit zu tun. Sie ist „eine Weise kommunikativer Zuwendung, die die Leibhaftigkeit des Anderen begehrt" (Wyss 1981, S. 65).

Sexualität kann begriffen werden als allgemeine Lebensenergie, die

* *sich des Körpers bedient,*

* *aus vielfältigen Quellen gespeist wird* (körperlichen, gesellschaftlichen, sexuellen und nicht-sexuellen),

* *ganz unterschiedliche Ausdrucksformen kennt* (von der Genitalität über die Zärtlichkeit, Leidenschaft, Erotik, Geborgenheit bis zur Geilheit und allen aggressiven oder gewaltsamen Beimischungen)

* *in verschiedenster Hinsicht sinnvoll sein kann* (Identitäts-, Beziehungs-, Lust- und Fruchtbarkeitsaspekt)

Sexualpädagogik ist demnach eine spezifische Aspektdisziplin von Pädagogik insgesamt, welche die direkte und indirekte erzieherische Einflußnahme auf die sexuellen Motivationen, Ausdrucks- und Verhaltensformen sowie Einstellungs- und Sinnaspekte von Menschen wissenschaftlich reflektiert.

An pädagogische Theoriekonzepte sollten auf diesem Hintergrund folgende Fragen gestellt werden:

* Welcher Sexualitätsbegriff liegt ihnen zugrunde?

* Wird Sexualerziehung auf die klassische Körperaufklärung reduziert oder in Gesamterziehung – im schlechten Sinne – „aufgehoben"?

* Neigt das Konzept derart zu Omnipotenzphantasien, daß Sexualerziehung als Liebeserziehung alle menschlichen Probleme zu lösen beansprucht?

* Befaßt sich die Theorie nur mit den wünschenswerten Motivationen, Ausdrucksformen und Sinnaspekten von Sexualität oder enthält sie auch „das andere Gesicht der Sexualität", ihre aggressive, gewaltsame, wenig hoffähige Seite?

3.4 Sexualität erfordert und begrenzt erzieherische Begleitung

Sexualität als allgemeine Lebensenergie hat eine treibende organische Basis. Viele Sexualwissenschaftler, erst recht Erziehende scheuen sich jedoch inzwischen, vom Trieb zu reden. Die Vorstellung vom Sexualtrieb ist allzusehr mit der populären „Dampfkesseltheorie" assoziiert und hat damit ein bestimmtes männliches Sexualverhalten legitimiert. Zudem ist in biologischen Triebtheorien kein Platz mehr für Sexualerziehung, die von der grundsätzlichen Plastizität und Variabilität menschlichen Sexualverhaltens ausgehen muß.

In der Sexualpädagogik erfreut sich das Modell der „Sozio-Sexualität" weiter Verbreitung (Kentler 1973) sowie die Vorstellung, „das Sexualität, Motivation und Verhalten, gelernt und gelehrt wird" (Fricker, Lerch 1976, S. 85).

Nicht mehr vom Triebmodell ist die Rede, sondern vom „Motivationskonzept" (Schmidt, G. 1977, S. 433), von einer allgemeinen Bereitschaft zur Lust, die durch und durch gesellschaftlich gelenkt ist. Die im psychoanaltytischen Triebmodell noch enthaltene Eigenständigkeit der unergründlich-anarchischen Antriebe des Individuums gegenüber der äußeren Welt der Reize und Verbote wird derart reduziert und befriedet, daß Sexualität ganz zu verschwinden droht, aufgelöst im gelernten Verhalten. Sexualität ist entzaubert, entmystifiziert und hat damit ihre subversiven Elemente verloren.

Der kritische Sexualforscher Volkmar Sigusch weist auf die Notwendigkeit hin, auf der Differenz von Individuum und Gesellschaft zu bestehen. Und das „ nicht nur, weil sie sich ohnehin Tag für Tag aufs grauenhafteste bewahrheitet, sondern weil noch der angepaßteste und eingefügteste Mensch Empfindungen und Vorstellungen hat, die dem, was herrscht, widersprechen...." (Sigusch 1984, S. 34). Insofern sei sinnvoll, weiterhin den Triebbegriff zu gebrauchen. Es müsse jedoch dazu gesagt werden, in welchem Sinne er verstanden wird. Sigusch gebraucht den Begriff – auf den Menschen angewandt – folgendermaßen: „Trieb ist eine Unmittelbarkeit, vermittelt durch das gesellschaftliche und individuelle Leben, deren somatische, seelische, soziale Momente sich nur auf dem Papier als konstitutionelle Triebstärke, Körperzonenkitzel vergangener Reminiszenz oder rollenmäßiges Draufgängertum voneinander ablösen lassen. Anders als Tiere bringen Menschen das, worauf sich ihre Antriebe richten, nicht als ein Fertiges mit auf die Welt. Die vermittelte Unmittelbarkeit Trieb meint keine Universalie, keine ontologische Substanz, die in sich selber gründet und aus sich selbst heraus das Leben der Menschen zu gestalten vermöchte" (Sigusch, 1984, S. 34 f).

Diese Dialektik von Trieb und Gesellschaft, von Vorgegebenem, Unmittelbarem einerseits und Gelerntem, Formungsbedürftigem andererseits, bedeutet für Sexualpädagogik Möglichkeit und Begrenzung zugleich. Der Sinn pädagogischer Begleitung sexueller Identitätsentwicklung steht damit außer Frage, zumal das „Zu-lernende", die Formen sexuellen Verhaltens nicht biologisch, aber auch gesellschaftlich nicht mehr vorgegeben sind. Gleichzeitig werden Pädagogen und ihre Konzepte vor Omnipotenzphantasien bewahrt, weil das Intentionale immer wieder vom Irrationalen, vom Eigensinn sexueller Unmittelbarkeit durchkreuzt wird. Das ist kein Mangel und kein Anlaß zum Sich-beklagen über die „menschliche Unvollkommenheit". Das gilt auch, wenn Pädagogen das potentielle Scheitern ihrer Bemühungen betrauern oder die Kirche das Sexuelle überwiegend dem „Gefallensein" des Menschen zurechnet.

Sexualpädagogik muß sich auch als Wissenschaftsdisziplin methodisch und theoretisch dessen bewußt sein, daß das Sexuelle nur zum Teil verfügbar ist für forschende Neugierde oder erzieherische Beeinflussung.

Angesichts dieser – auch empirisch evidenten – Gegebenheit müßten auch jene kritischen Sexualwissenschaftler mit sexualpädagogischen Aktivitäten gelassener umgehen können, die grundsätzlich warnend den Finger erheben, wenn sich Erziehung um das Sexuelle bemüht. Sexuelle Sozialisation enthält genügend Wirkfaktoren, die sexuelle Identität zu verbiegen drohen; die erzieherisch intendierten Aspekte machen sicher den geringsten Anteil aus. Wachsende – auch sexuelle – Selbstbestimmung kommt um begleitende Hilfestellungen einer selbstreflektierten Erziehung nicht herum, so daß die Bindung der Theorie dieser Hilfestellungen an erziehungswissenschaftlichen Fragestellungen unabdingbar ist.

Sexualpädagogik als Unterdisziplin der Erziehungswissenschaft benötigt den Dialog mit der Sexualwissenschaft und ihrer jeweiligen Teildisziplinen. Dazu ist sicher das Gespräch mit der kritischen Sexualwissenschaft am fruchtbarsten, die im Rahmen ihrer eigenen Disziplin gegen die gesellschaftliche Ausbeutung des Sexuellen angetreten ist und auch der Pädagogik die Gefahr der entmündigenden Intervention immer wieder vor Augen hält. Andererseits muß sich Sexualpädagogik ihre relative Autonomie bewahren, um die vielen, sich immer wieder aktualisierenden Erkenntnisse der Sexualwissenschaft unter integrativer Perspektive in gelassener Reflektion auf die Brauchbarkeit für begleitende Lernhilfen zu prüfen.

An pädagogische Bemühungen sollten folgende kritische Fragen gestellt werden:

* Wird Sexualpädagogik direkt oder indirekt als Lösungsweg aller Jugendprobleme angepriesen oder als eine Hilfe unter anderen zur Stabilisierung von Identität begriffen?

* Ist im pädagogischen Konzept das Bewußtsein enthalten, daß menschliche Sexualität formbar, aber nicht grundsätzlich verfügbar ist?

* Wird dieses „Unverfügbare" als subversives Element auch positiv gewürdigt oder als Störvariable bekämpft?

* Verneigt sich die sexualpädagogische Theorie ehrfürchtig vor der so viel spannenderen Sexualwissenschaft oder bewahrt sie einen reflexiven Eigensinn?

* Spielt sie sich als einzig zulässiger Anwalt der Heranwachsenden auf oder läßt sie sich durch kritische Anfragen von außen korrigieren?

3.5 Sexualität und Sexualitäten

Wenn Sexualverhalten gesellschaftlich durchwirkt und individuell gelernt wird, wenn sich spezifische Teilgruppen gerade in bezug auf das Sexuelle voneinander unterscheiden, müßte weniger von Sexualität sondern mehr von „Sexualitäten" die Rede sein. Zumindest weist diese neue Begrifflichkeit auf einen Mangel des bisherigen Verständnisses von Sexualität sowohl im Alltagssprachgebrauch als auch in der wissenschaftlichen Beschäftigung mit Sexualität hin.

Wenn in allen Bereichen des gesellschaftlichen Lebens die Situation der Frauen aus weiblicher Perspektive thematisiert wird ist recht unverständlich, warum gerade im zentralen Bereich der Geschlechtsdifferenzierung, der Sexualität, noch immer die männliche als menschliche Sexualität beforscht und vermittelt wird. „Die Überbetonung der männlichen Sexualität und Lebensform und die Ignorierung der weiblichen ist so alt wie die Herrschaft von Männern über Frauen. Von der etablierten (männlichen) Sexualwissenschaft wird sie seit ihrer Entstehung vor etwa 100 Jahren bis heute in unterschiedlichen Varianten immer wieder aufs neue vorgebracht" (Pagenstecher, 1987, S. 90).

Offenbar scheut sich die offizielle Sexualwissenschaft immer noch, die sexualitätsrelevanten Ergebnisse der Frauenforschung zur Kenntnis zu nehmen. Wenn zum Beispiel von Homosexualität die Rede ist, wird wie selbstverständlich an schwule Lebensweisen gedacht und lesbische Liebe ausgeklammert, wie Lising Pagenstecher anhand einiger Beispiele aus der Geschichte und aktuellen Situation der Sexualwissenschaften illustriert (vgl. Pagenstecher, 1987, S. 92 ff).

Daß Männer und Frauen als hetero-bi- und homosexuell liebende Menschen in je unterschiedlichen Lebenswelten ihre sexuelle Identität mit spezifischen Akzenten ausprägen, ist Grund genug, den pragmatischen Begriff der Sexualitäten zu benutzen. Was in der Sexualwissenschaft zumindest schon ansatzweise bekannt ist und erforscht wird, klingt für die Sexualpädagogik noch recht fremd. Schwer genug fällt es manchem ihrer Vertreter, sich vom Heilsweg der unreflektierten Koedukation zu lösen und der Unterschiedlichkeit von Mädchen- und Jungensexualität durch geschlechtsspezifische Arbeit zu entsprechen. Wie ungewohnt ist dann der Gedanke, schwule und lesbische Sexualität zum Thema sexualpädagogischer Forschung und Theoriebildung zu machen! Dazu müßte sich Sexualpädagogik erst einmal von der eigenen Homophobie befreien, die ihr den Einzug in pädagogische Institutionen auf Kosten der homosexuell liebenden Jugendlichen ermöglicht hat.

Die Fragen an sexualpädagogische Arbeiten liegen auf der Hand:

* Werden beim Thema „Mädchensexualität" weibliches Erleben und Gestalten sexueller Identität berücksichtigt oder lediglich männliche Maßstäbe angelegt?

* Oder wird umgekehrt fordernde, lustbetone Jungensexualität mit Hilfe ganzheitlich-personaler Mädchensexualität bewertet und zensiert?

* Werden Mädchen und Frauen benutzt, um sexualpädagogisch gegen die lustvoll-geile Seite des Sexuellen zu Felde zu ziehen?

* Kommt in sexualpädagogischen Werken zum Ausdruck, daß das jeweilige Thema auch aus homosexueller Perspektive beleuchtet wurde? Werden Aussagen über Homosexualität in schwule und lesbische Liebe unterschieden?

3.6 Wissenschaftstheoretische Aspekte sexualpädagogischer Arbeit

„Wendungen" und Positionskämpfe innerhalb der Sexualpädagogik lassen sich in Anlehnung an die Strömungen in der Geschichte der pädagogischen Wissenschaftstheorie beschreiben. Je nach Besonderheit und Entwicklungsstand des jeweiligen Gegenstandsbereichs bzw. der entsprechenden Teildisziplin spielen bestimmte Akzentuierungen eine Rolle.

So ist nicht zu übersehen, daß die gesellschaftspolitisch brisante und zugleich tabuisierte Sexualität ihre besonderen wissenschaftstheoretischen Blüten entfaltet und den Positionsstreit extremisiert hat.

Es drängt sich der Verdacht auf, daß sich eher Einstellungen zur Sexualität verändert und ihre Träger zum Streit veranlaßt haben, als daß theoretische und methodologische Probleme bearbeitet worden sind. Eine solche Annahme wird gestützt durch die Tatsache, daß sich Sexualpädagogik bisher an Fachhochschulen oder Universitäten nicht angemessen etablieren konnte und bis heute zu den Hobbys einiger praktisch oder wissenschaftlich arbeitender Pädagogen gehört.

Wenn man nun davon ausgeht, daß sich wissenschaftstheoretische und methodologische Probleme nicht ohne Ansehen des Gegenstandsbereichs diskutieren lassen, auf den sie sich beziehen, so muß der Reflexionsstand der Sexualpädagogik als äußerst defizitär beschrieben werden. Norbert Kluge hat in seinem Handbuch der Sexualpädagogik die wenigen Arbeiten zusammengestellt und systematisiert, die zumindest in Ansätzen dem Anspruch empirischer oder theoretischer Forschung entsprechen. Dabei ist auffällig, daß die meisten Veröffentlichungen tatsächlich nicht über Ansätze hinausgekommen sind und eher sexualerzieherische Alltagstheorien im schlechten Sinne, oberflächliches Tatsachenwissen oder programmatische Zielkonzepte enthalten. Hinter allem sind zudem spezifische erwachsenentypische Erkenntnis- und Handlungsinteressen offensichtlich, die etwas mit Phantasien, Befürchtungen und Wünschen zur Jugendsexualität zu tun haben.

Das gilt ohne Frage für die Tradition der *normativen Sexualpädagogik*, die – auf dem Boden der katholischen Morallehre stehend – als „Prinzipienwissenschaft" das gesamte erzieherische Geschehen an allgemeingültigen tabuisierend-behütenden sowie repressiven Zielen auszurichten versucht. Wenn diese Pädagogik in der allgemeinen wissenschaftlichen und bildungspolitischen Diskussion auch keine Bedeutung mehr hat, so muß im sexualpädagogischen Bereich doch sehr wohl mit ihrer Aktualität gerechnet werden. So fußen zum Beispiel die erst 1983 erschienenen Verlautbarungen der Kongregation für das katholische Bildungswesen zum Thema „Orientierung zur Erziehung in der menschlichen Liebe – Hinweise zur geschlechtlichen Erziehung" auf diesem Pädagogikverständnis (Sekretariat der Deutschen Bischofskonferenz 1983).

Sowohl in den Sozialwissenschaften als auch in der Allgemeinen Pädagogik bemüht sich vor allem der *erfahrungswissenschaftlich-empirische Ansatz*, aus den Traditionen der spekulativen Philosophie oder Theologie zu entfliehen durch enge Orientierung an den sozialen bzw. pädagogischen Tatsachen. Wert- und Zielfragen wurden – soweit sie nicht als Objekt empirischer Forschung galten – weiterhin der Philosophie bzw. Erziehungslehre überlassen; das eigentlich Wissenschaftliche bestand in der Überprüfung operationalisierter Hypothesen mittels empirischer Erhebungsmethoden und statistischer Auswertungsverfahren.

So sehr sich diese wissenschaftstheoretische Richtung mit ihren Varianten vom naiven Empirismus bis zum kritischen Rationalismus in der sozialwissenschaftlich orientierten Sexualwissenschaft auch etablieren konnte, in der Sexualpädagogik blieben empirische Untersuchungen die Ausnahme. Das ist sicherlich zu bedauern, da repräsentative Erhebungen sexualpädagogisch relevanter Tatsachen zu einer Auseinandersetzung mit pädagogischer Wirklichkeit anregen.

Andererseits ist nicht einsichtig, inwiefern allein das Fehlen empirischer Untersuchungen dafür verantwortlich ist, „das es der Sexualpädagogik noch nicht gelungen ist, einen Forschungsstand vorzuweisen, den andere vergleichbare Disziplinen der Erziehungswissenschaft inzwischen erreicht haben" (Kluge, 1984, S. 32). Zumindest sollte nach der Qualität empirischen Forschens gefragt werden, die sich letztlich nicht an den forschungsimmanenten Kriterien der Objektivität und Repräsentativität mißt, sondern an der Frage, ob die rohen Daten theoretisch gehaltvoll interpretiert werden. Andernfalls wiederholt Sexualpädagogik, was Sigusch zu Recht der empirischen Sexualforschung vorwirft: „Tatsächlich sind die Daten der Empiriker roh, weil unbeseelt. Die unüberschaubaren sexuellen Manifestationen werden auf einige wenige reduziert, die allgemeine Konvention und Scientific Community aufdrängen oder vorschreiben: Dating, Petting, Koitus, Ende der Durchsage. Obgleich auch alle anderen Manifestationen konventionalisiert sind, sobald sie als Manifestation imponieren, folgt doch die Tabelle des Empirikers gehorsam den vorrangigen Befehlen der Konvention und zementiert sie dadurch. Daß jede sexuelle Performation Ausführung ist, ein Sexualakt mit Intention, bleibt der Frage des Empirikers „Wann hatten Sie zum ersten Mal Sex mit einem Mann?" äußerlich (Sigusch, 1988, S. 17).

Nun existiert in der Pädagogik eine lange Tradition geisteswissenschaftlich-hermeneutischer Arbeit, die in sinnvoller Kombination mit empirischer Untersuchung sich dem „Sexualakt mit Intention" sehr wohl forschend nähern könnte.

Daß menschliche Sexualität nicht ohne Bezug auf Sinn, und somit auch nicht ohne Bezug auf Werte, Tugenden und Normen erforscht werden kann, leugnen heute allenfalls noch platte Empiristen. Sexualität kann un-sinnig, wahn-sinnig, wider-sinnig, niemals aber sinn-los sein.

Da „das substantielle Wissen um das, das richtig ist, jedoch ein für allemal vorbei ist" (Hegel), und die Frage nach den universell gültigen Wertmaßstäben nicht mehr identisch ist mit der individuellen Verwirklichung eines gelungenen Lebens (vgl. Habermas, 1983, S. 191 ff), mangelt einer normativen Sexualpädagogik jedes demokratische Bewußtsein sowie jener Realitätsbezug, der das Etikett „Wissenschaft" erst sinn-voll macht.

Aufbauend auf der pädagogischen Basistheorie Diltheys und ihrer Weiterentwicklung durch Pädagogen wie Nohl, Spranger, Litt, Flitner, Weniger und Bollnow, existierten zumindest ein begriffliches Grundgerüst und eine brauchbare Methode des Verstehens menschlichen Verhaltens und pädagogischer Prozesse, die auch das Verhältnis von Theorie und Praxis bestimmten. Pädagogischer Alltag wird dort als sinnhafter Alltag verstanden und die Aufgabe pädagogischer Theorien besteht darin, die erzieherische Alltagspraxis mittels hermeneutischer Verfahren in ihrer Sinndimension zu verstehen.

Um das Beispiel von Sigusch fortzusetzen: „Der Empiriker stellt also fest, daß X-prozent der Befragten „Sex mit einem Mann hatten". Was aber verstehen die Befragten darunter? Zärtlichkeit, Körperkommunikation, Liebesbeweis, isosexuelles Erlebnis oder gar Homosexualität? Wie haben sie es erlebt? Welche Bedeutung hatte und hat das Erlebnis für sie? Was berechtigt Sexualforscher, diese hinsichtlich Intention und Bedeutung, Genese und Auswirkung höchst differenzierten Manifestationen unter einem Aufkleber zusammenzufassen? Ich denke, die herrschende Ordnung, die ja darauf hinaus läuft, das Ungreifbare greifbar zu machen und das Unüberschaubare überschaubar" (Sigusch, 1988, S. 17).

Damit dieser verstehende Nachvollzug der vorhandenen Gegebenheiten diese nicht lediglich abbildet und damit verdoppelt, tritt in der hermeneutischen Methode das Interpretieren hinzu. Es geht dabei darum, dem im Alltag Handelnden den ihm selbst vielleicht verborgenen, nicht bewußten Sinn seines Handels zu entschlüsseln. Pädagogische Theorie ist aber gleichzeitig engagierte Reflexion, weil sie den Alltag nicht nur zu verstehen und zu interpretieren versucht, sondern gleichzeitig auch dessen Veränderung am Maßstab seiner real besseren Möglichkeiten anstrebt.

Das Problem der traditionellen Hermeneutik im Sinne Diltheys besteht jedoch darin, daß ihr zentrales Erkenntnisverfahren unklar bleibt. Der Interpretationsbegriff als etwas Außerpraktisches, der ja gerade das Vorhandene aufklären soll, bleibt diffus und ideologieanfällig. Immerhin besteht die Gefahr, daß die vorhandene Wirklichkeit allein in den Zusammenhang des gesellschaftlich machtvollen Sinnzusammenhangs gestellt wird.

Die ungelöste Frage der Hermeneutik Diltheyscher Prägung besteht nämlich darin, wie das methodische Vorgehen aussehen soll, wenn derjenige, der verstanden werden soll, sich selbst nicht mehr versteht (und das kommt angesichts der Eigentümlichkeit des Sexuellen ja relativ oft vor) oder – wissenschaftlicher ausgedrückt – „das hermeneutische Ko-Subjekt könnte in den unverstandenen Momenten seines verzerrten subjektiven und kulturellen Selbstverständnisses allenfalls abgebildet, wiedergespiegelt werden" (Drießenbacher und Müller, 1984, S. 1257).

Selbst, wenn die im vorgegebenen Beispiel von Sigusch kritisch gemeinten Fragen an den subjektiven Sinn eines Sexualaktes methodisch eingefangen worden sind, bleibt die Notwendigkeit der Interpretation des subjektiven Erlebens anhand einer expliziten Theorie sexuellen Lebens in der Gesellschaft: „Entscheidend ist also die Interpretation, die nur möglich ist, wenn andere Erfahrungen und ein Begriff zur Verfügung stehen, entlang dessen (sowohl dem rohen empirischen Material als auch dem subjektiven Sinn U.S.) eine Bedeutung abgerungen werden kann, eine Interpretation, die mit den Konventionen nicht äquivok ist" (Sigusch, 1988, S. 17).

Bevor in der Erziehungswissenschaft allgemein (vgl. Thiersch, 1966) und in der Sexualpädagogik im besonderen sich eine Vermittlung von empirisch-analytischen und hermeneutischen Erkenntnisverfahren anbahnen konnte (Scarbath, 1967), wurde diese weitere scheinbar wissenschaftsimanente Ausdifferenzierung Ende der 60iger Jahre durch die Polarisierung von gesellschaftskritischer und gesellschaftskonformer Sozialwissenschaft überlagert.

Auf der einen Seite wurden positivistische oder tradionell hermeneutische (von Habermas 1969 und Gadamer 1965 des „heimlichen Positivismus" bezichtigte) Positionen verteidigt (Maskus, 1974, 1975, 1976, Pohl, 1973), auf der anderen Seite formierte sich die *emanzipatorische Sexualpädagogik* mit dem durch Habermas inspirierten Interesse der Integration von hermeneutischer, empirischer und kritischer Pädagogik (Kentler, 1970, Gamm 1970).

Abgesehen von einigen zeitbedingten, durch die sogenannte Sex-Pol-Bewegung geprägten Funktionalisierungen der Sexualerziehung und abgesehen von den Überschätzungen der Erklärungskraft und des Prognosegehalts emanzipatorischer Sexualerziehung können vor allem die Arbeiten von Kentler als erster brauchbarer Versuch einer kritischen Sexualerziehung gewertet werden, die weitreichende Reaktionen in Theorie und Praxis auslösten und bis heute die Tradition emanzipativer Sexualpädagogik bestimmen (Gamm, 1977, Marburger/Sielert 1980, Koch 1989).

Wie den meisten Werken der „emanzipatorischen Wende" der Pädagogik fehlte auch der emanzipativen Sexualerziehung die Thematisierung ihrer eigenen Forschungspraxis. Auf dieser Ebene fiel es in der Tat nicht schwer „gerade in wissenschaftstheoretischer und methodologischer Hinsicht Einwände gegen das Kentlersche Sexualerziehungskonzept zu erheben" (Kluge, 1984, S. 36).

Angesichts der Trias von hermeneutischer, empirischer und kritischer Pädagogik legte Kentler offenbar seinen Schwerpunkt auf das dritte Teileelement. Unbestreitbar bedeutete genau das einen „Schritt nach vorn" und zwar sowohl in die Richtung einer *kritisch-empirischen Forschung* als auch einer *kritisch-hermeneutischen Alltagstheorie*, die auf dem Hintergrund der Weiterentwicklung methodologischer und wissenschaftstheoretischer Diskussionen in der Allgemeinen Pädagogik auch in der Sexualpädagogik fruchtbar werden kann. Beides steckt jedoch noch in den Kinderschuhen.

Als neuestes bemerkenswertes Ergebnis empirischer Schulforschung sind die Studien von Glück, Scholten und Strötges zu werten. Dabei handelt es sich um die erste Untersuchung im deutschsprachigen Raum, die Einstellungen und Kritik zur Sexualerziehung und Sexualmoral von Lehrern, Eltern und Schülern auf breiter Basis erforscht hat und die Ergebnisse in Praxisanstöße und Handlungsmöglichkeiten umsetzt. (Glück 1990)

Als kritisch-empirische Grundlagen für eine darauf aufzubauende Theorie der Sexualpädagogik dienen auch verschiedene aktuelle Veröffentlichungen zur Jugendsexualität, so z.B. von Clement, 1986 und Neubauer (1990). In beiden Fällen handelt es sich jedoch um empirisch-sozialwissenschaftliche Arbeiten, die in Bezug auf ihre sexualpädagogischen Konsequenzen von den Autoren nicht ausgewertet wurden.

Eine *kritisch-hermeneutische Alltagstheorie* der Sexualpädagogik bedarf nicht nur genügend empirisch-analytischer Evidenz, sondern muß darüberhinaus strukturelle und prozedurale Voraussetzungen zur Gewinnung von Handlungskompetenz derjenigen

Personen erforschen, die in der sexualpädagogischen Praxis agieren. Während in anderen pädagogischen Bereichen bereits von einer „Alltagswende" in der wissenschaftstheoretischen Orientierung gesprochen werden kann, fehlt in der Sexualpädagogik eine entsprechende Forschungstradition.

Von der Alltagswende kann allenfalls in ganz vordergründigem, noch gar nicht methodologischen Sinne gesprochen werden. Seit den 70iger Jahren ist „Alltag eingekehrt" in Theorie und Praxis der Sexualpädagogik. Die sexual- und gesellschaftspolitisch motivierte Erregtheit hat abgenommen, man bescheinigte sich Lernprozesse: „Kentler selbst hat in den vergangenen Jahren gezeigt, daß er bereit ist, hinzuzulernen und seine Theorie zu modifizieren" (Kluge, 1984, S. 36).

Positionen der „gemäßigten oder progressiven Mitte" traten in den Vordergrund. „'Mitte', das bedeutet Abstand zu allem Extremen. 'Progressiv' drückt das Schritthalten mit der Entwicklung auf gesellschaftlichem und kulturellem, wissenschaftlichem und erzieherischem Gebiete aus" (Oesterreich, 1976, S. 10). Kluge, der seine Sexualpädagogik selbst in diesen Zusammenhang einordnet, schreibt dazu: „Mittlere Positionen sind zwar kaum geeignet, spektakulär auf die Zeitgenossen zu wirken; sie erfüllen jedoch eine wichtige Aufgabe, Programmatik und Pragmatik zu verbinden und durch ihre Kritik an Extrempositionen meistens einen realistischen Beitrag für die Praxis zu leisten" (Kluge, 1984, S. 39).

Alltagswende meint als wissenschaftstheoretischer Hinweis jedoch noch etwas anderes: Nach dem bildungspolitischen Aufbruch in den 70iger Jahren und den großen programmatischen Entwürfen emanzipatorischer Pädagogik und curricularen Innovationstheorien wurde deutlich, daß „die Seele des Alltags" nicht nachkam. Die vielen Reforminitiativen verfingen sich im Gestrüpp der Administration, und auch der pädagogische Alltag unterlag vielfältigen Eigengesetzlichkeiten, die sich nicht einfach gleichschalten ließen. Das Ergebnis war eine Neubestimmung des Theorie-Praxis-Verhältnisses: „Wissenschaft und Alltag haben beide ihr Recht, werden sich aber noch nicht gerecht... Wissenschaftliche Probleme erwachsen aus dem Alltag, können von diesem, der durch Routine und Stereotypisierungen zusammengehalten wird, aber nicht gelöst werden. Insofern fragt Wissenschaft radikal über den Alltag hinaus... und verläßt die Perspektive alltäglicher Selbstverständlichkeiten, um die hinter dem Alltag liegenden diesen gleichwohl bestimmenden Bewegungen zu erforschen... Umgekehrt ist Wissenschaft da, wo sie die Struktur des Alltags weder kritisch entschlüsselt noch sich durch sie korrigieren lassen kann, zur praktischen Bedeutungslosigkeit verurteilt. Das radikalisierte Fragen über Wissenschaft hinaus muß auch vom Standpunkt des Alltags aus möglich sein" (Drießenbacher und Müller, 1984, S. 1254).

Drießenbacher und Müller verstehen die pädagogische „Wendung zum Alltag" als vorläufigen Endpunkt einer dreiphasigen Entwicklung der Pädagogik, „in dem die Resultate der 'realistischen' und der 'emanzipatorischen Wendung' aufgehoben, aber nicht liquidiert worden sind" (Ebenda S. 1254). Mit der wissenschaftstheoretischen

Begründung dieses vorläufigen Endpunkts läßt sich an den – bereits in den 60iger Jahren, also vor der politischen Polarisierung der Pädagogik – vorhandenen Ansätzen einer kritischen Hermeneutik anknüpfen. Drießenbacher und Müller formulieren dieses Programm einer in der Tradition der Aufklärung stehenden, Erklären und Verstehen vermittelnden wissenschaftstheoretischen Konzeption für die Sozialpädagogik (und das gilt ebenso für die Sexualpädagogik) folgendermaßen: „Zu erklären hat sie die Ursachen gesellschaftlichen und individuellen Handelns – zu Verstehen dagegen die Gründe, den Sinn, den die Subjekte mit ihrem Handeln verbinden; beides, Erklären der Ursachen und Verstehen der Gründe menschlichen Handelns wären so miteinander zu vermitteln, daß – um es pointiert auszudrücken – die Subjekte instandgesetzt werden, die Erklärungen der ihnen bislang nicht bewußten Ursachen zu verstehen; oder anders gefaßt: Ursachen in Gründe zu transformieren" (Drießenbacher und Müller, 1984, S. 1238).

Daß dabei noch eine Reihe ungelöster Probleme wissenschaftstheoretisch zu bearbeiten bleiben, wird nicht verschwiegen: Eine für das wechselseitige Verstehen von Wissenschaftlern und Adressaten notwendige „Methodologie des Fremdverstehens" liegt erst als Entwurf vor und die Frage der gewalt- und herrschaftsfreien und nicht-dezisionistischen Einigung angesichts der sich notwendigerweise widerstreitenden Interessen zwischen allen Beteiligten ist weitgehend noch ungeklärt (vgl. Ebenda, S. 1260).

Das sind im wesentlichen auch die Probleme von Handlungsforschung, die für einen solchen wissenschaftstheoretischen Ansatz von großer Bedeutung ist. So kommen auch Glück und Schliewert in einem Artikel über Forschungsmethoden der Sexualpädagogik nach eingehender Auseinandersetzung mit streng experimentellen und anderen quantitativen Methoden zu folgendem Ergebnis: „Handlungsforschung mit begleitender Beobachtung und / oder Tiefeninterviews sind für die sexualpädagogische Forschung derzeit die geeigneteren Methoden" (Glück, Schliewert, 1984, S. 72).

Angesichts der noch kaum ausreichenden Erfahrung mit Handlungsforschungsprojekten und den vielen offenen methodologischen und forschungspraktischen Fragen ist auch dieses Konzept kritisch zu überdenken. Andererseits muß konstatiert werden, daß die bisherigen methodischen und wissenschaftstheoretischen Arbeiten in dieser Forschungsstrategie die Nähe zum Konzept der kritischen Hermeneutik nahelegen (Heinze 1975, Horn 1979 und Moser 1975).

Eigene Erfahrungen in einem Modellprojekt zur Sexualerziehung in der Jugendarbeit haben die Brauchbarkeit von Handlungsforschung für die Theorie und Praxis von Sexualerziehung erwiesen (Sielert u.a. 1990).

4. Sexualität – „Einheit des Widersprüchlichen"

4.1 Definitionsprobleme

Sexualerziehung hat Sexualität zum Thema. Sexualität zu definieren macht jedoch einige Mühe. Sie umfaßt zuviel und zu Widersprüchliches, ist weitgehend dem Irrationalen und Unbewußten verhaftet. Kurz: Die Widerborstigkeit dessen, was menschliche Sexualität darstellt, sträubt sich gegen jede rational einsichtige Benennung. Doch Definitionen kommen ohne Systematisierung, ohne Begrenzung des Gemeinten, ohne Rationalität der Sprache nicht aus. Und jede Verständigung bedarf eines Mindestmaßes an Übereinkunft bei der Benennung des gemeinsamen Themas, weil nur so Unklarheit, Mißverständnisse und unnötiges Aneinandervorbeireden vermieden werden können.

Der folgende Versuch, Sexualität als Thema zu entfalten, ist ein Kompromiß zwischen Eindeutigkeit und Offenheit. Er berücksichtigt die aktuelle sexualwissenschaftliche Forschung, setzt thematische Akzente, läßt Freiheit zur Modifikation und Veränderung. Vieles kann nur dialektisch umrissen werden als ein Spannungsverhältnis, welches auch das Unbenennbare zumindest erahnen läßt. Sexualität läßt sich nicht in einem Satz definieren, allenfalls die Dimensionen und Themen, die den Begriff erschließen lassen:

Sexualität kann begriffen werden als allgemeine Lebensenergie, die sich des Körpers bedient, aus vielfältigen Quellen gespeist wird, ganz unterschiedliche Ausdrucksformen kennt und in verschiedenster Hinsicht sinnvoll ist.

4.2 Quellen sexueller Energie

Die Frage nach den Quellen sexueller Energie hat eine lange Geschichte. Die Theorien pendeln zwischen den beiden Extremvorstellungen der Sexualität als „*Geschlechtstrieb*" einerseits und der nur gelernten und gesellschaftlich vermittelten „*sexuellen Motivation*". Es sind jene Extreme des Biologismus bzw. Soziologismus, die sich auch angesichts anderer Themen wie zum Beispiel der Intelligenz und der Geschlechtsdifferenzen zwischen Männern und Frauen wiederfinden lassen. Die Entscheidung für die jeweils eine oder andere Position hat erhebliche politische und pädagogische Konsequenzen. Der Hang zum Biologismus trägt die Tendenz in sich, bestehende Unterschiede zu zementieren und den Status Quo zu stabilisieren. Der einseitige Soziologismus, also die Behauptung des nur gesellschaftlich Gelernten, verführt zu einer Haltung, welche die Eigenständigkeit des Individuums zugunsten unendlicher pädagogischer und politischer Manipulation aufhebt.

So hat die sogenannte „Dampfkesseltheorie", die Konstatierung eines sich ständig aufladenden Sexualtriebs, der gelegentlicher Befriedigung bedarf, zur Rechtfertigung männlicher Triebhaftigkeit, von Vergewaltigung, von genitaler Fixierung und Beschränkung von Sexualität auf die Jugend- und Erwachsenenphase beigetragen. Die konträre Position neigt zur Eliminierung des Sexuellen und damit auch zur Negation von Subjektivität als eigenständige und eigenwertige Kraftquelle. Was lediglich erlernt und anerzogen ist, was lerntheoretisch durch Konditionierung zustande kommt, ist auch unendlich manipulierbar. Es kann auch wieder verlernt und weg-konditioniert werden.

Beide Grundpositionen sagen etwas aus über den historischen Zusammenhang ihrer Entfaltung. Die Blütezeit der Triebtheorie war geprägt durch die Bekämpfung sexueller Triebenergie, die Versuche zur Sublimierung und die gleichzeitige Erkenntnis, daß sich das Sexuelle immer wieder „freipreßt", was einigen Bevölkerungsgruppen, insbesondere den Männern, auch öffentlich zugestanden wurde.

Die lerntheoretischen Erklärungsversuche sind ein Reflex auf Tendenzen der industriellen Konsumgesellschaft, in der das Sexuelle für Verkaufsinteressen manipuliert und zur Aufrechterhaltung rational-funktionaler Arbeitsprozesse instrumentalisiert wird.

Beide Positionen enthalten einen Kern brauchbaren Erklärungswissens, der den heutigen Erkenntnisstand über sexuelle Energiequellen wiedergibt und für pädagogische Konsequenzen relevant ist. Bei genauerem Hinsehen wird offensichtlich, daß die vorhandene körperlich gespeiste sexuelle Energie vielfältig kulturell durchsetzt und überformt auftritt und gleichzeitig fast alle menschlichen Äußerungen und sogar Gegenstände sexualisiert werden. Die Manipulation und kulturelle Überformung sexueller Energie (es ist durchaus angebracht vom Trieb zu reden) konnte zwar bis in die geheimsten Winkel des Menschen eindringen, das Lüsterne jedoch nicht vollkommen eliminieren. Auch in den noch so entfremdeten und verbogenen Befriedigungs- und Befriedungsangeboten der sexuellen Konsumindustrie steckt ein Fünkchen Widerstand gegen die totale Funktionalisierung des Individuums, das zumindest die Sehnsucht nach größerem sexuellen Lustgewinn wachhält.

Die dialektische Betrachtung des Sexuellen als Trieb und erlerntes Verhalten zugleich wird der komplexen Wirklichkeit und dem subjektiven Erleben der Menschen am ehesten gerecht. Sie verhindert zugleich die Ausschaltung des individuellen Eigensinns und die Unterschätzung gesellschaftlicher Formungsprozesse. Sie bewahrt Pädagogik entsprechend vor Omnipotenzphantasien und macht sie zugleich nicht bedeutungslos.

Sexualität ist also ein – von allen anderen Lebensäußerungen des Menschen nicht isoliertes – Triebgeschehen, das durch sexuelle Motivationen vielfältiger Art modelliert und variiert wird. Sexuelle Motivation kann aus sehr vielen, zunächst nicht sexuellen Wünschen, Sehnsüchten, Affekten und Konflikten erwachsen bzw. kann diese sexualisieren.

So erlebt ein Junge beispielsweise die „Eroberung" eines begehrten Mädchens in seiner Freundschaftsgruppe als lebendiges Zeichen seiner Männlichkeit und genießt dieses Gefühl im Körperkontakt durch besonders intensive Lust und starke sexuelle Befriedigung. Ein Identitätsaspekt, die Selbstbestätigung, sexualisiert sich in diesem Fall und bestimmt die Intensität der Leidenschaft.

Nicht selten ist von dem streitsüchtigen Ehepaar die Rede, das nach anstrengender heftiger Auseinandersetzung sich ebenso leidenschaftlich und lustvoll liebt und damit die Aggression sexualisiert auslebt (vgl. Schmidt in Kentler 1984, S. 302 ff.).

Eine fruchtbare Arbeitsbeziehung drängt schon mal nach mehr Gemeinsamkeit im sexuellen Kontakt und wird auch dort als lebensschöpferisch erlebt – ein Beispiel für die Möglichkeit, einen Beziehungsaspekt zu sexualisieren.

Mannigfaltige soziale und politische Bestimmungsfaktoren nehmen auf zwischenmenschliches, auch sexuelles Erleben Einfluß. Erwerbslosigkeit als Erfahrung gesellschaftlicher Ächtung kann nicht nur die Lebenslust mindern, sondern gleichzeitig den Mut und die Lust zur sexuellen Befriedigung. Umgekehrt kann lebendig gelebte Sexualität über ihre beziehungsstiftende Dimension für solidarisches Handeln auf der politischen Ebene sensibel machen. Schon die Erfahrung des Verliebtseins kann dünnhäutiger und störbarer machen im Hinblick auf erlebte Gewaltverhältnisse, in denen andere Menschen gefangen gehalten werden. Neben der Lust fürchten Herrschaftssysteme und pädagogische Institutionen diese kraftspendende, oft anarchistische Seite von Sexualität mehr als den Tod. Wo es eben möglich ist, wird sie ignoriert oder nur in amputierter Form als Nächstenliebe oder auf Ehe bezogene Gatten- und Kinderliebe zugelassen (vgl. Sölle 198).

4.3 Ausdrucksformen und Sinnkomponenten von Sexualität:

Das Verwobensein sexueller Energie mit allen anderen Lebensäußerungen und Rahmenbedingungen menschlicher Existenz ermöglicht eine Entfaltung der Frage nach dem Sinn von Sexualität (vgl. Bartholomäus 1978).

Der *Identitätsaspekt* meint in seiner elementarsten Bedeutung die Erfahrung des eigenen Ichs als eine eigenständige und zur Selbstbestimmung fähige körperliche und seelisch-geistige Einheit. Sexualität ermöglicht das Geben und Nehmen von Selbstbestätigung als Bedingung zur Selbstliebe und als Voraussetzung, auch andere in ihrem Selbst zu achten.

Der *Beziehungsaspekt* betont die Möglichkeit, im Kontakt zu anderen Menschen Wärme und Geborgenheit zu geben und zu empfangen. Sexualität als intime Begegnung kann das Bedürfnis nach Dauer, nach Vertrautheit, nach „Wiedererkennen" bzw. „Heimat-haben" wecken.

Der *Lustaspekt* deutet auf Sexualität als Kraftquelle hin, die Lebensmut erhöhen und in der Leidenschaft und Ekstase ihren kraftvollsten Ausdruck finden kann.

Die lebensspendende Kraft von Sexualität ist mit ihrem *Fruchtbarkeitsaspekt* angesprochen. Die Zeugung eines Kindes ist nicht die einzige, wenn auch sehr wichtige und plastische Form, Leben zu spenden.

Die summarische Benennung dieser verschiedenen Sinnkomponenten von Sexualität verführt zu der Haltung, daß gelungene Sexualität nur dann gegeben ist, wenn alle vier Sinnaspekte von Sexualität gemeinsam erlebt werden. In der Tat spricht einiges dafür, daß Menschen mit sich selbst und mit anderen Probleme bekommen, wenn sie auf lange Sicht nur einen dieser Aspekte entwickeln können. Das gilt für Menschen, deren Sexualität die einzige Quelle der Selbstbestätigung bleibt ebenso wie für jene, die sich auf die Lust des anderen einlassen, um Geborgenheit zu bekommen und auch für jene, die Liebe in Beziehungen in Kauf nehmen, um Lust zu leben . Das gilt letztlich auch für die Menschen, welche Sexualität nur leben, um Kinder zu zeugen.

Das Problem liegt in der dauerhaften Fixierung auf eine dieser Sinnkomponenten, nicht in der Tatsache, daß eine bestimmte Komponente im Vordergrund steht. Im Laufe der biographischen Entwicklung von Kindern und Jugendlichen werden die genannten Sinnkomponenten häufig in einer spezifischen Reihenfolge durchlebt und auch nur durch die zeitweilige Konzentration auf einen einzigen Aspekt entfaltet. Mehrheitlich steht zu Beginn der sexuellen Karriere der Identitätsaspekt im Vordergrund, vor allem die Neugierde am eigenen und fremden Körper sowie die Frage der eigenen Bedeutung für andere und die Bedeutung anderer für die eigene Person. Bei Mädchen und Jungen unterschiedlich gewinnt anschließend der Beziehungs- oder der Lustaspekt größere Bedeutung und erst relativ spät wird die kraftspendende Funktion der Sexualität als Fruchtbarkeit entdeckt und ausgelebt. Diese Reihenfolge ist zwar typisch, gilt aber nicht für jede individuelle Entwicklung. Entscheidend sind letztlich die vielfältigen Rahmenbedingungen und Einschränkungen oder Erlaubnisräume, die sexuelle Entfaltung gewährleisten oder behindern.

Wenn in diesem Zusammenhang von gelungener Sexualität die Rede sein soll – und Pädagogen sowie Pädagoginnen kommen um eine solche Utopie nicht herum – dann kann das Verhältnis der einzelnen Sinnaspekte zueinander am treffensten mit dem Begriff der „dynamischen Balance" gekennzeichnet werden. Auch im Laufe erwachsener Sozialisation gerät die Balance immer wieder aus dem Gleichgewicht und einzelne Funktionen drängen sich in den Vordergrund. Nur durch diese Dynamik kann auf einer jeweils höheren Eben möglicherweise wieder eine neue Balance hergestellt werden.

Sexualität reduziert sich nicht auf Genitalität. Zärtlichkeit, Leidenschaft, Ergriffensein, Erotik, Sensualität, Geilheit, aber auch „Heimat-haben" und Fürsorge setzen im sexuellen Erleben jeweils unterschiedliche Akzente. Jeder einzelne dieser Aspekte kann im Alltagsleben dominant werden oder mit anderen zusammenwirken. Es sprechen viele Erfahrungen für die These, daß jeder Mensch als Subjekt in allen Weisen der Zuwendung als unteilbare Einheit anwesend ist. So läßt sich erklären, warum selbst in prostitutive Beziehungen Bedürfnisse nach Nähe und Zärtlichkeit einfließen oder in mancher religiös verklärten Schwärmerei Anteile körperlich genitaler Lust anwesend sind.

Ausdrucksformen von Sexualität sind auch jene Legierungen aus Sexualität und Gewalt, die erst in den letzten Jahren öffentlich verhandelt werden. Gemeint sind ver-

schiedene Formen des Sexismus bis zur Vergewaltigung und zum sexuellen Miß-
brauch von Kindern und Jugendlichen.

4.4 Dynamische Balance zwischen Vereinzelung und Ganzheitlichkeit

Nach ihren heimlichen Sehnsüchten befragt, äußern die meisten Jugendlichen in se-
xualpädagogischen Veranstaltungen und auch empirischen Erhebungen eine Utopie
ganzheitlicher Sexualität, bei der die vielen Sinnaspekte und Ausdrucksformen mög-
lichst gemeinsam erlebt werden. Auch viele, die vorgeben, längst nicht mehr den
„Märchenprinzen" oder die „Traumfrau" zu suchen, träumen insgeheim „ganz tief
drinnen" doch von der leidenschaftlich-geilen Beziehung, die gleichzeitig Heimat
spendet und mit einem Menschen möglichst lebenslang gelebt wird.

Sie ist eine Utopie, diese Balance der vielfältigen Aspekte von Sexualität. Nicht aber
im Sinne des „Opium für`s Volk", sondern eine Realutopie, die produktive Sehnsucht
freisetzt und sexualerzieherischer Arbeit als wichtige Orientierung dient.

Gleichzeitig wird die Vereinzelung erfahren:

Die Abspaltung
  – der Lust von der heimatspendenden Liebe,
  – der Neugierde am fremden Körper von der Sorge um ihn,
  – der Zärtlichkeit von der Fruchtbarkeit,
  – der Solidarität von der Selbstbestätigung und
  – der verzehrenden Sehnsucht von der befriedigenden körperlichen Begegnung.

Schon die Begriffe „Abspaltung", „Vereinzelung" und „Trennung" sind negativ besetzt und erst recht werden viele der genannten Teilerfahrungen des Gesamtzusam-
menhangs von Sexualität als leidvoll erfahren oder moralisch diskriminiert. Aber nicht
alles, was dem Ganzheitsideal widerspricht, ist als lästige Einschränkung der heimlichen Sehnsucht durch das Realitätsprinzip zu werten. *Dynamik und Weiterentwick-*
lung der menschlichen und individuellen Liebes- und Sexualitätsgeschichte kommen
gerade durch Vereinseitigung zustande, durch isoliertes Lusterleben, unerfüllte Lie-
bessehnsucht oder leidenschaftliche Solidarität. Unbalancen ermöglichen das tiefe
und konzentrierte Erleben eines Teilaspekts und wecken zugleich das Bedürfnis nach
Ganzheit, nach der Balance der sich oft widerstrebenden Ausdrucksformen oder Sinnaspekte von Sexualität. Die dem Jugendalter oft noch zugestandenen Unbalancen hören auch im Erwachsenenalter nicht auf. Nach einer fade gewordenen Ehebeziehung
tritt nicht selten die reine Lust in den Vordergrund des Wünschens und Erlebens.
Trotzdem bleibt die Utopie der ganzheitlichen Paarbeziehung ideal und reales Bedürfnis. Wenn`s gut geht, wird sie auf qualitativ veränderten Ebenen immer wieder punk-
tuell erlebbar.

Die Spannung zwischen dieser Sehnsucht und den erlebten Teilaspekten von Sexuali-
tät ist unabdingbar und ist gut so. Widersprüche, Vereinseitigungen bedeuten Dyna-

mik; ständige Ganzheitlichkeit bedeutet Totalität und damit Stillstand, Tod. Lebendige Sexualität lebt von den Widersprüchen, von der subversiven Lust in der Ehe und von der subversiven Ehe im Reich der puren Lust.

4.5 Gesellschaftliche Barrieren gegen lebendige Sexualität

Es gibt genügend Barrieren, die den lebendigen Prozeß der dynamischen Balance unterbrechen. Lebendige Sexualität geschieht innerhalb bedingender innerer und äußerer Grenzen – Erweiterung dieser Grenzen ist möglich.

„Lebendige Sexualität ist in einer nekrophilen Gesellschaft wie der unserigen nicht möglich", mahnen kritische Sexualwissenschaftler. Aber die Diagnose trifft die Wirklichkeit nicht total. Sie kann zudem verführen, die Barrieren gar nicht in Augenschein zu nehmen, erst gar nicht an die Grenze der Lebendigkeit heranzugehen, sondern weit vorher stehen zu bleiben und sich bestenfalls im gemütlichen Elend einzurichten.

Vieles steht in der Tat einer lebendigen Sexualität entgegen:

* Die Tendenz zur Vereinzelung und Funktionalisierung zwischenmenschlicher Beziehungen,

* die Widersprüche zwischen vorgegaukelter romantischer Liebe und der vermarkteten abgespalteten Lust,

* die traditionell fixierten Geschlechtsrollen mit ihrem Machtgefälle und der ungleichen Verteilung von Aktivität und Passivität, zugestandener Lust und der Fähigkeit zum Gefühlsausdruck,

* eine immer noch wirksame Sexualmoral, die den Sinn von Sexualität auf Fortpflanzung reduziert,

* die Spaltung der Sexualität in eine schöne, heilige und eine aggressiv-geile, sündige Seite.

Dazu kommen viele konkrete Besonderheiten der je individuellen Lebenslage:

* Mangelndes Selbstbewußtsein z.B. aufgrund von Arbeitslosigkeit,

* körperliche Schwierigkeiten,

* mangelnde Gelegenheit zum Kontakt mit anderen Menschen,

* bewußte Akzentsetzungen im eigenen sexuellen Leben zugunsten anderer Ziele

und vieles andere mehr.

Es spricht einiges für die These, daß real gelebte Sexualität im Alltag der meisten (zumindest heterosexuell liebenden) Menschen eher unfreiwillig bescheiden, standardisiert, oberflächlich, angstbesetzt als lustvoll, lebensschöpferisch und beziehungsstiftend erlebt wird.

Die Gründe dafür liegen auf ganz verschiedenen Ebenen. Sie sind kaum allein in einer *repressiven Sexualmoral* zu verorten. Diese hat zumindest immer dafür gesorgt, daß Sexualität im Untergrund lebendig blieb als subversive Kraft, als heimliches Geschehen, gesellschaftlich verachtet und gerade deshalb so faszinierend. Viele Früchte dieser Dynamik waren und sind immer noch inhuman, weil Repression Gegengewalt provoziert, die sich gerade dort verheerend auswirkt, wo sich Menschen schutzlos und verletzlich zeigen. Manche unheilvolle Allianz von Sexualität und entgleister Aggression geht auf das Konto dieses Zusammenhangs. Verlebendigung der Sexualität hieße in diesem Fall, gegen die äußeren ideologischen Verengungen und ihre verinnerlichten Zwänge zu arbeiten, politisch und pädagogisch, wie es in den 60iger Jahren begonnen wurde.

Trotz sichtbarer Wirkungen dieser Emanzipationsarbeit leiden Menschen unter ihrem Sexualleben. Weniger der Umstand der Unterdrückung und Kanalisierung sexueller Energie wird heute beklagt als vielmehr *Langeweile und Lustlosigkeit.* Sexualität scheint im Leben vieler Menschen einfach abgestorben zu sein oder wird nur noch als sportliches Ereignis zur Spannungsreduktion gewertet. Besonders gewitzte Konservative sehen darin sogar ein Ergebnis sexueller Befreiung in den 60iger Jahren, denn erfahrungsgemäß sei letztlich das Verbotene, das, „was uns scharf macht". Ohne das Fünkchen Wahrheit darin in Abrede zu stellen, liegen die Barrieren gegen eine kraft- und lebenspendende Sexualität noch woanders. Lebendigkeit kann eingesperrt, kanalisiert und aus dem öffentlich Erlaubten verdrängt werden. Effektiver ist jedoch, sie ihrer Wurzeln zu berauben, sie von den Quellen abzuschneiden, aus denen sie gespeist wird.

Unser zivilisierter Alltag verlangt eine große Portion Sachlichkeit, Berechnung, Sicherheit und Teilnahmslosigkeit. Lebendige und kraftspendende Sexualität ist nur durch Verwandlung, Verzauberung, Risiko, durch Anstrengung und Hingabe, durch Kampf und Verständigung und Verstehen möglich. Alles das ist voller Unsicherheiten, voller Aufregung und somit auch voller Störungen des programmierten Lebens. Leidenschaftliches Sich-einlassen, Sich-hingeben ist gefährlich und bringt aus dem Gleichgewicht des Gewohnheitsalltags. Erregung, die durch Pornokonsum gekauft wird, ist kurz und schmerzlos, berührt nicht besonders tief. Erregung als Ergriffensein von Liebesleidenschaft verrückt uns in unserem Alltag, erschüttert uns nachhaltig. Sie zu erleben kostet Mut, Wachsamkeit und Anstrengung; schafft aber zugleich den Zugang zu den Wurzeln unserer Lebendigkeit im Gefühl.

Die neuen Grenzen, die eine lebendige Sexualität umstellen, sind Berechnung und Absicherung, das Monopol der Selbständigkeit mit der einhergehenden Angst vor Hingabe sowie die Käuflichkeit, die bequem macht. Wer nicht bereit ist, sich für die Befriedigung seinere Liebesbedürfnisse und seine Sexualität anzustrengen, erntet ein Leben

„auf Sparflamme". Satt und lethargisch, eingepfercht in eine vom Verstand dominierte Beziehungskiste.

4.6 Didaktische Anregungen

D 1 :Fragebögen zur eigenen Einstellung und zum Erleben von Sexualität

Aus den nachfolgenden Arbeitsblättern können – je nach theoretischem Schwerpunktinteresse – einzelne Fragebögen ausgewählt und der Gesamtgruppe zur Beantwortung vorgelegt werden. Die TeilnehmerInnen sollten darauf hingewiesen werden, daß die Arbeitsblätter anonym ausgefüllt und nicht wieder abgegeben werden. Zur eigenen Konzentration und als Gesprächshilfe sollte jede-r seine bzw. ihre Antworten schriftlich festhalten.

Nach der individuellen Bearbeitung der Fragebögen (nach ca. 20 Minuten) teilen sich die TeilnehmerInnen in Kleingruppen auf. Es ist ratsam, den Beteiligten die Wahl der Gesprächsgruppe zu überlassen, damit sich Personen des Vertrauens finden und die Angstschwelle gemindert wird, miteinander auch über Intimes zu reden.

Die Gruppen erhalten die Anregungen,

– sich über die je individuelle Beantwortung der Fragen auszutauschen,

– ähnliche und unterschiedliche Eindrücke, Empfindungen und Gedanken zu äußern

und

– sich gegenseitig anzuregen, über die mögliche Differenz zwischen den verbalen Äußerungen und dem tatsächlichen Verhalten nachzudenken.

Die Ergebnisse bzw. spezifischen Eindrücke werden anschließend ins Plenum eingegeben. Dazu gibt es immer verschiedene Möglichkeiten. An dieser Stelle soll eine Variation vorgestellt werden:

In dem Raum, in dem sich die Großgruppe trifft, wird innerhalb des großen Stuhlkreises noch ein kleiner Stuhlkreis zusammengestellt, der für jede Gruppe (je nach Anzahl der Kleingruppen) einen oder zwei Stühle und einen zusätzlich freien Stuhl enthält. Aus jeder Gruppe setzen sich ein bis zwei Vertreter in den Stuhlkreis, so daß in der Mitte eine neue Kleingruppe entsteht, in der ein Gespräch geführt werden kann. Die TeilnehmerInnen im Außenkreis dürfen zunächst nicht mitreden.

Wer mitmachen will, kann den leeren Stuhl in der Mitte einnehmen. Wer aus der Kleingruppe ausscheiden will, setzt sich wieder in den Außenkreis und macht damit den Sitzplatz für einen neuen Gesprächsteilnehmer oder eine Gesprächsteilnehmerin frei.

Das Thema des Auswertunggesprächs kann etwa folgendermaßen lauten:

„Was geht mir aus dem Kleingruppengespräch noch durch den Kopf, was möchte ich den anderen mitteilen?"

Erfahrungsgemäß ist es sinnvoll, schon am Ende der Kleingruppenphase auf dieses Auswertungssetting hinzuweisen und einen oder zwei „Mutige" zu finden, die im Innenkreis anfangen. Wichtig ist der Hinweis, daß es nicht um protokollarische Gruppenberichte geht, sondern ganz subjektive Eindrücke und Erfahrungen aus dem vorhergehenden Gespräch.

Nach einer Gesprächsphase von 15 bis 20 Minuten ist es ratsam, den Kreis in der Mitte aufzulösen und das Gespräch im Plenum noch eine Weile fortzusetzen.

Ob eine TeamerIn sich als ModeratorIn in die Mitte setzt, hängt von der Situation ab. Manchmal wirkt das eher störend; oft kann er/sie aber auch sinnvoll Anregungen geben, um das Gespräch in Gang zu halten.

Fragen zu den Quellen sexueller Energie

* Wie stark empfindest Du Deinen eigenen Sexualtrieb?

* Hast Du Deine sexuelle Energie im Laufe des Lebens unterschiedlich gespürt?

* Könntest Du ab heute auf Sexualität als Lustquelle verzichten?

* Hast Du selbst den Eindruck, in Deinem Leben sexuelle Energie zur Motivation für andere soziale und kulturelle Aspekte eingesetzt zu haben?

* Was fördert, was hindert Deine sexuelle Triebkraft?

* Wozu hast Du in Deinem Leben Sexualität benutzt?

Fragen zu den Sinnkomponenten der Sexualität.

* Welchen Sinn hat Deiner Meinung nach Sexualität?

* Welche Bedeutung hatten in Deinem bisherigen Leben die Aspekte der Selbstbestätigung, der Ich-Du-Beziehung, der Lust, der Fruchtbarkeit im Sinne von Sexualität als Kraftquelle?

* Gab es oder gibt es Momente, in denen Du alle diese Aspekte zusammen erlebt hast?

* Was hälst Du von der Position, daß Sexualität nur der Fortpflanzung zu dienen habe?

* Können homosexuelle Beziehungen fruchtbar sein?

Fragen zu den Ausdrucksformen von Sexualität.

* Wie kann sich Sexualität Deiner Meinung nach ausdrücken?

* Welche der folgenden Ausdrucksformen sind Dir im Moment am wichtigsten: Geilheit, Zärtlichkeit, Erotik, Geborgenheit?

* Was hälst Du von der Meinung, daß Männer Liebe in Kauf nehmen, um Sex zu bekommen und Frauen Sex in Kauf nehmen, um Liebe zu bekommen?

* Kann Abenteuersexualität, also reine Lust, für Dich befriedigend sein bzw. eine Beziehung voller Geborgenheit aber ohne sexuelle Lusterfahrung?

* Welche gewaltsamen Ausdrucksformen von Sexualität machen Dir am meisten Angst?

* Welche der folgenden Sexualpraktiken sind Dir am entferntesten: Telefonsex, Sadomasochismus, Peep-Show, Gruppensex?

Fragen zur dynamischen Balance zwischen Vereinzelung und Ganzheitlichkeit.

* Was bedeutet der Begriff „Ganzheitlichkeit" für dich?

* Wie äußert sich Verliebtheit bei Dir?

* Wenn Du Dir es wünschen könntest: Möchtest Du Liebe und Sexualität zusammen erleben?

* Welche Erfahrungen oder Beobachtungen im menschlichen Alltag machen deutlich, daß verschiedene Aspekte von Sexualität nicht ganzheitlich erlebt werden?

* Wie ging es Dir damit, mal vornehmlich körperliche Neugierde, eine schwärmerische Beziehung, Leidenschaft, „platte Lust" oder Zärtlichkeit erlebt zu haben?

* Es gibt verschiedene Möglichkeiten, der eigenen Sehnsucht nach ganzheitlicher Liebe gerecht zu werden: Erwartungen an eine einzige Beziehung, Leben verschiedener Aspekte von Sexualität mit verschiedenen Partnern, Wechsel zwischen Beziehungen, in denen jeweils ein Aspekt im Vordergrund steht. Was kennst Du von Dir selbst?

* Kennst Du glückliche Momente von ganzheitlich erlebter Sexualität und glückliche Augenblicke der Dominanz eines bestimmten Aspektes?

Fragen zu den Grenzen lebendig gelebter Sexualität.

* Was verhindert in der Gesellschaft das Leben lebendiger Sexualität?

* Welche Besonderheiten der individuellen Lebenslagen haben Deine eigene Sexualität behindert, welche haben sie gefördert?

* Hast Du Erfahrung damit, einschränkende Barrieren überwunden zu haben?

* Würdest Du Deine eigene Sexualität eher als gebremst und eingeschränkt oder eher als nicht so bedeutsam, vielleicht sogar als langweilig einschätzen?

* Welche Irritationen, „Verzauberungen" im Alltag kennst Du, die durch Sexuelles im weitesten Sinn ausgelöst wurden?

* Woran können wir gemeinsam arbeiten, damit Beschränkungen für lebendige Sexualität geringer werden?

* Welche Grenzen gelebter Sexualität sind nicht oder nur ganz schwer zu ändern?

* Kennst Du Barrieren gelebter Sexualität, die Du als sinnvoll ansehen würdest?

D 2 : Dialog der Sinnaspekte von Sexualität.

Die Gesamtgruppe wird nach den vier Sinnaspekten von Sexualität (Identität, Beziehung, Lust, Fruchtbarkeit) in vier Kleingruppen aufgeteilt. Jede Gruppe unterhält sich zunächst über die Bedeutung ihres jeweiligen Aspekts. Wichtig ist dabei die Frage nach den Problemen, die auftreten können, wenn die befriedigende Gestaltung des jeweiligen Sinnaspekts nicht gelingt.

Nach 45 Minuten kommen die Gruppen wieder zusammen und senden jeweils einen oder zwei VertreterInnen auf das Podium, um den jeweiligen Aspekt im Gespräch vertreten zu lassen. Ein Teamer oder eine Teamerin übernimmt die Gesprächsleitung. In der ersten Runde sollte jede-r VertreterIn eine kurze Einführung in die Bedeutung des jeweiligen Sexualitäts-Aspekts geben. Anschließend könnte ein Streit darüber entstehen, welche Aspekte letztendlich am wichtigsten ist.

Die folgenden provozierenden Fragen der Gesprächsleitung fördern die Auseinandersetzung:

* Gibt es nicht genügend Menschen, die ohne körperliche Lust auskommen oder auskommen müssen und trotzdem befriedigend leben?

* Entwickelt sich wirkliche Selbstbestätigung und Identität nicht allein in einer dauerhaften Zweierbeziehung, so daß diese an erste Stelle gesetzt werden muß?

* Kann nicht der Fruchtbarkeitsaspekt durch den der Lust ersetzt werden, zumal es ja auch glückliche Beziehungen ohne Kinder gibt?

* Ist nicht der Beziehungsaspekt nur für die Mädchen und Frauen wichtig?

* Ist der Identitätsaspekt nur für jene wichtig, die kein ausreichendes Selbstbewußtsein haben?

Eine andere Möglichkeit der Rückmeldung von Kleingruppenergebnissen an die Gesamtgruppe besteht darin, daß die wesentlichen Elemente auf irgend eine kreative Weise präsentiert werden:

– durch eine kurze Spielszene,
– durch eine Pantomime,
– durch eine Collage.

Erfahrungsgemäß bedürfen die Kleingruppen dazu relativ viel Zeit, um das Besprochene in die jeweilige Darstellungsform umzusetzen.

5. Jugendsexualität

5.1 Zu den Schwierigkeiten, Aussagen über Jugendsexualität zu machen.

Meinungen über Jugendliche heute sind kontrovers, meist sehr griffig formuliert und im Brustton der Überzeugung vorgetragen. Das gilt ganz besonders für Aussagen zum Sexualverhalten, weil Sexualität allemal spannend und umstritten ist. Sie erregt schnell öffentliches Aufsehen – vor allem dann, wenn Jugendliche sich ihrer provokant bedienen. Die journalistischen „Leckerbissen" stehen im Mittelpunkt der medialen Öffentlichkeit. Was werbewirksam verwertbar ist, steht uns alltäglich vor Augen. Gleichzeitig ist das tatsächliche Verhalten der Menschen und vor allem das Reden darüber so sehr der Öffentlichkeit entzogen, daß die Phantasie freien Lauf hat.

Immer wieder lebt die traditionsreiche These auf, *daß Jugendsexualität in dem einen oder anderen Sinne zu verwahrlosen drohe:* Jugend konsumiere Sexualität heute wie einen Hamburger oder einen Fast-Food. Ganz im Sinne der Wegwerfgesellschaft sei Sexualität – von Liebe getrennt – zur Ware geworden. Variantenreiche Selbstbefriedigung, Zur-Schau-Stellung des nackten Körpers und häufiger Partnerwechsel seien Zeichen dieser Entwicklung.

Etwas tiefschürfenderer heißt es: *„Die Lust ist befreit, aber der Sinn ging verloren".* Verzicht, Verantwortung, Verläßlichkeit und Familiensinn hätten keine Bedeutung mehr. Im Vordergrund stünden allein die Lust und die sexuelle Selbstverwirklichung. Wichtige, vom Christentum geprägte Grundwerte wie die Achtung des werdenden Lebens, würden einfach mißachtet. Orientierungslosigkeit sei die Folge.

Wieder andere Jugend-Kritiker mokieren sich über die „Wende-Jugend": *Die Jugend von heute drohe im gemütlichen Elend der Überflußgesellschaft zu ersticken, sei angepaßt und beuge sich gerade im Angesicht von AIDS wieder verstärkt kirchlicher Moral und staatlicher Ordnung.* Mädchen dächten schon früh an Heim und Familie, Jungen an ihre künftige Karriere. Der Kampf um sexuelle Freiheit und persönlich-politische Emanzipation in den 60iger Jahren sei heutigen Jugendlichen nur noch aus den Erzählungen ihrer Lehrer und Lehrerinnen bekannt.

Manche Erwachsene sehen sehr wohl positive Entwicklungen im Sexualverhalten Jugendlicher. Sie legen ihr Augenmerk auf die *Wiederentdeckung des Körpers und der Sinne, auf die Betonung von Zärtlichkeit und Solidarität* in verschiedenen Gruppierungen der alternativen und neuen religiösen Bewegungen.

Viele Erwachsene vertreten aber auch eine weniger ausgeprägte Position. Sie stellen fest, daß heute offenbar vieles möglich ist und wissen das nicht so recht zu bewerten. Der Sex werde wohl übertrieben, die Bindung zu leicht genommen; im übrigen bleibe

Jugend Jugend, eine Zeit des Austobens und des Ausprobierens. Das sei früher auch schon so gewesen. Und wo Grenzen überschritten werden da müsse man schon mal eingreifen.

Neben diesen vereinfacht skizzierten Bildern von „Jugendsexualität heute" gibt es eine Vielzahl von Mischformen, die wiederum je nach pesönlicher Entwicklung, Einstellung und Erfahrung des Betrachters oder der Betrachterin eine besondere Ausprägung erfahren. Je nach dem, wie die eigene Jugendzeit erlebt wurde, werden heutige Erscheinungsformen beurteilt: Eigene Entbehrungen, verschüttete Gefühle und enttäuschte Erwartungen können dabei zu feindseligen Haltungen führen.

Oft wird jenes jugendliche Verhalten besonders hart verurteilt, das man sich früher nicht erlauben durfte oder auch noch heute mit großer Mühe unterdrückt. Oder umgekehrt: Dieses Verhalten wird bei Jugendlichen heute ganz besonders gern gesehen und gefördert; ganz nach dem Motto „sie sollen es einmal besser haben als wir".

Viele Erwachsene haben Angst, daß die wertvollen Ziele und erreichten Veränderungen, die ihnen selbst wichtig geworden sind, verraten werden. Es sind meist Ziele für die sie gekämpft, Zeit und Energie geopfert haben und für die sie noch heute eintreten. Dabei ist das Weitergeben von generationsspezifischen Zielen und Positionen immer schwieriger geworden.

In kurzer Zeit ändern sich bereits die Einstellungen und Maßstäbe in der Arbeitswelt, in der Wohn-, Freizeit- und Medienkultur. Entsprechend müssen immer neue Antworten gefunden werden auf Fragen zur Liebe, zur Körperlichkeit, zum Zusammenleben. Jede Generation hat dabei viel mit sich selbst zu tun und nur begrenzte Zeit und Energie, sich in jeweils andere Altersgruppen einzufühlen.

Hinzu kommt das immer schon wirksame Bestreben Jugendlicher, sich abzugrenzen und den Erwachsenen realistische Einsicht in ihre sexuelle Lebenswelt zu verweigern. Das ist selten böse Absicht, eher das Interesse, etwas „eigenes" für sich zu haben und gerade im sensibelsten Bereich, der Intimität, sich selbst bestimmen zu können. „Wenigstens die Träume lassen wir uns nicht nehmen" – heißt es – und Sexualität hat im Jugendalter viel mit Träumen, Wünschen und Sehnsüchten zu tun.

Zerrbilder von „Jugendsexualität heute" entstehen auch ohne Absicht schon deshalb häufig, weil es ein Miteinander der Generationen kaum noch gibt. Es ist beschränkt auf das Leben in der Kleinfamilie, und auch hier ist die Zeit des gemeinsamen Tuns, der gemeinsamen Gespräche und des Miteinander-Erlebens auf wenige Stunden in der Woche begrenzt.

Das Gespräch über wirklich bedeutsame Themen braucht aber Zeit und Interesse. Wechselseitige Einfühlung und Verstehen sind schwieriger geworden, weil Jugendliche und Erwachsene in voneinander getrennten „Kommunikationskulturen" leben.

5.2 Didaktische Anregungen

D 3: Meinungsbild über Positionen zur Jugendsexualität

Als Einstieg in das Thema „Positionen zur Jugendsexualität" können folgende allgemeine Aussagen auf Poster an die Wand geschrieben werden:

* Die Lust ist befreit, aber der Sinn ging verloren.
* Jugend beugt sich gerade heute wieder kirchlicher Moral und staatlicher Ordnung.
* Jugendliche kämpfen für den Körper und die Sinnlichkeit gegen Verregelung und Ordnung.
* Jugend bleibt Jugend – eine Zeit des Austobens und Ausprobierens.

(Je nach Zielgruppe können die dort vermutlich vorhandenen Positionen auch konkreter formuliert werden)

Jede-r TeilnehmerIn bekommt ca. zehn Klebepunkte je Farbe zum Ausdruck der Zustimmung oder Ablehnung (z. B. rot: lehne ab, grün: stimme zu). Die Punkte werden je nach Gewichtung unter die jeweiligen Sätze geklebt.

Die Gruppe hat damit einen Anlaß, über diese globalen Aussagen zu reden, sie zu begründen und auszudifferenzieren. Dabei ist wichtig herauszuarbeiten, wer bei seiner/ihrer Meinung welche Jugendlichen vor Augen hat und welcher möglicherweise auch richtige Kern in den jeweiligen Aussagen steckt.

D 4: Expertenbefragung zur Jugendsexualität

Als allgemeiner Einstieg in das Thema Jugendsexualität kann eine Expertenbefragung dienen. Die Experten sind in diesem Fall Jugendliche, die den Pädagogen und Pädagoginnen als Informanten zur Verfügung stehen. Jugendliche reden „in eigener Sache" und für sich selbst. Damit kann vermieden werden, daß wieder einmal „über Jugendliche" und nicht mit Jugendlichen geredet wird.

Der MitarbeiterInnen-Gruppe wird nur angekündigt, daß es sich um Experten handelt, die über Verhalten Jugendlicher im Bereich Liebe, Freundschaft, Sexualität befragt werden können.

Als jugendliche Experten sollte eine Kleingruppe ausgesucht werden, die in der Lage ist, über sich selbst zu reden und zu diesem Experiment bereit ist. Das sind nicht immer nur Gymnasiasten, sondern durchaus Jungen und Mädchen aus unterschiedlichen Schultypen. Sollten es aber – weil sonst niemand dazu motiviert werden konnte – doch wieder „redetüchtige" und „reflexionsgewohnte" Jugendliche sein, so ist das immer noch besser, als Jugendliche bei diesem Thema „außen vor" zu lassen. Ideal wäre natürlich, Jugendliche aus veschiedenen „Teilkulturen" zu befragen, weil nur so die tatsächliche Diffenziertheit von Jugendsexualität zum Ausdruck kommt.

Es reicht oft, daß die Jugendlichen befragt werden. Wenn sie in dieser Form ernst genommen werden, fühlen sie sich meist nicht ausgefragt. Möglich ist aber auch, eine zweite Runde anzuschließen, in der die Jugendlichen zurückfragen können und die Pädagogen und Pädagoginnen z.B. etwas über ihre eigene Jugend erzählen.

Für alle gilt, daß nicht alles beantwortet werden muß, daß Intimgrenzen geachtet werden. Andererseits sollten die GesprächsleiterInnen darauf achten und dazu ermuntern, daß möglichst konkret gefragt und geantwortet wird.

D 5: Hausaufgaben für Pädagogen und Pädagoginnen

Zur Vorbereitung eines Fortbildungsseminars oder zwischen zwei Fortbildungseinheiten ist folgender Arbeitsauftrag sinnvoll:

Jeder führt mit wenigstens einem/einer Jugendlichen ein längeres intensives Gespräch über Liebe, Freundschaft und Sexualität. Die Auswahl der Jugendlichen sollte dabei den Pädagogen und Pädagoginnen überlassen bleiben, da sie am ehesten wissen, wer zu einem solchen Interview bereit sein könnte.

Als Anregung kann die „Hausaufgabe" mit einem Interviewleitfaden versehen werden:

* Woher kommen die Informationen, kommt Rat zu diesen Themenbereichen? (Vater, Mutter, LehrerIn, Arzt/Ärztin, PfarrerIn, JugendarbeiterIn, andere Erwachsene, Medien, Zeitschriften, Filme, Freund und Freundinnen)

* Allgemeines Verständnis von Begriffen wie Sexualität, Liebe, Freundschaft.

* Idealvorstellungen von Freundschaften und Liebesbeziehungen (Verhältnis von Liebe und Sexualität, wichtige Werte, Vertrauensgrenzen, Offenheit und Geheimnis, Nähe und Distanz, Treue und Untreue).

* Anzahl, Dauer, Art bisheriger Beziehungen.

* Schilderung von – möglicherweise zurückliegenden – Beziehungen vom ersten Kontakt über die Annäherung, die Art der Beziehung, Sexualität, möglicherweise Schwangerschaftsverhütung, Unstimmigkeiten, Trennung.

* Meinung zu Geschlechtsrollen: Junge – Mann – Männlichkeit – Männeraufgaben und Mädchen – Frau – Weiblichkeit – Frauenaufgaben.

* Aussagen über bisherige negative Erfahrungen und Enttäuschungen. Wann wäre Begleitung von Erwachsenen sinnvoll?

* Verständnis von Gewalt, was wird als gewaltsam erlebt? Wie ist Widerstand möglich.

* Bedeutung von AIDS für das eigene Sexualvehalten.

* Einstellungen zu Prostitution, Pornographie, was ist pervers (eigene Grenzen)?

* Wunschvorstellungen über zukünftige Beziehungsform: Alleine Leben, feste Beziehung „ohne Trauschein", Ehe, Familie, Kinder.

* Meinungen zu Trennung, Ehescheidung.

5.3 Schwerpunkte jugendlichen Sexualverhaltens in einzelnen Altersphasen und Teilkulturen.

Die Lebensbedingungen von Jugendlichen haben sich in den letzten 20 Jahren wesentlich verändert. Das ist nicht ohne Auswirkungen auf das Sexualverhalten geblieben. Jugend ist nicht mehr eindeutig begrenzt durch Kindheit und Erwachsensein, sondern hat sich in verschiedene Entwicklungsphasen mit fließenden Übergängen ausdifferenziert. (Die im folgenden zur Untermauerung der Aussagen eingestreuten Zahlen empirischer Untersuchungen stammen aus: Schmid-Tannwald 1983, Clement 1981 und Neubauer 1990).

Die 12- bis 14-jährigen Teens sind vorwiegend mit ihren körperlichen Veränderungen konfrontiert, die heute früher einsetzen als vor 20 Jahren. Mädchen erleben heute ihre erste Regelblutung durchschnittlich mit 13,5 Jahren und damit ein Jahr früher als ihre Mütter. Die eigentliche Ablösung vom Kindheitsalter findet in dieser Phase statt. Die Teens erobern sich nach und nach ihre eigenen Freiräume gegenüber der Familie und hüten ihre eigenen intimen Geheimnisse, machen ihre ersten homo- und heterosexuellen Erfahrungen in ihren immer wichtiger werdenden Freundschaftsgruppen. Aus diesen sogenannten Peergroups mit ihren eigenen Normen entwickeln sich erste längerfristige Freundschaften. Sowohl die Erfahrungen mit ihrer eigenen sexuellen Entwicklung und den entstandenen Beziehungen als auch der freizügigere Zugang zum Thema Sexualität in den Medien und der unmittelbaren Lebenswelt erfordern schon von den Teens ein hohes Maß an Entscheidungs- und Handlungskompetenz, die ihrerseits wiederum nur durch entsprechendes Sach- und Orientierungswissen befriedigend erworben werden.

Jugendliche einer Konfirmandengruppe hatten während einer Veranstaltungsreihe zum Thema Liebe, Freundschaft, Sexualität großes Interesse, über folgende Fragen zu reden (Auszug):

Wie verhält man sich zu einem Freund, wenn man allein mit ihm in einer Wohnung ist?

Wie sagt man seinen Eltern, daß man einen Freund hat?

Wie verhält man sich dann gegenüber seinen Mitschülern und seiner Umwelt?

Was macht man, wenn man ungewollt schwanger geworden ist?

Wie kommt es zum Schlafen? Aus welchen Situationen?

Wie verhalte ich mich, wenn er mit mir schlafen will?

Was heißt das Modewort „Petting" eigentlich? Wie geht das?

Macht Schwulsein Spaß?

Was soll ich machen, wenn ich mit 17 Jahren immer noch keinen Freund habe?

Was macht man, wenn man einen Jungen gut findet, der einen aber nicht mag?

Wieviel Vertrauen soll man geben – bis zum Nachlaufen?

Was ist eigentlich Bisexualität?

Ist Selbstbefriedigung Sünde?

Ist es eine Sünde, wenn man mit einer Nutte schläft?

Dürfen wir schon in unserem Alter Geschlechtsverkehr haben?

Ist Gruppensex Sünde?

Wo gibt es Verhütungsmittel?

Was ist der Unterschied zwischen Necking und Petting?

Muß Sexualität zur Liebe gehören, wenn ja, warum?

Auf welchen Bedingungen beruht Liebe?

Ist Abtreibung Mord?

Wenn man seine Regel hat, darf man dann mit einem Jungen schlafen? usw.

Viele Fragen beziehen sich auf aktuelles Erleben, andere auf Zukunft, manche haben auch nur einen Sinn, wenn man die dahinterliegende Fragestellung zu deuten weiß. Meist ist es eine Orientierungsfrage, die sachlich verpackt vorgebracht wird.

Die Eltern waren überwiegend sprachlos über das, was ihre Kinder alles schon kannten und erklärt haben wollten. Manches hatten sie auch schon mit ihnen besprochen (mehr zumindest als ihre eigenen Eltern je zu diskutieren gewagt hätten) aber das meiste blieb aus der familiären Kommunikation ausgespart, aus der schulischen wohl auch, denn da geht es in erster Linie um biologische Vorgänge. Als Aufklärungsquellen und Orientierungsmittel bleiben Jugendzeitschriften und natürlich die Freundschaftsgruppe mit ihren stark maßgebenden Verhaltensnormen.

Am Turbulentesten erleben die *Jugendlichen zwischen 15 und 17 Jahren* das sexuelle Lernen. Verschiedene Stadien sexueller Erfahrung durchleben Jungen und Mädchen heute früher als vor 20 Jahren. So ist das durchschnittliche Alter, in dem der erste Geschlechtsverkehr erfahren wird, innerhalb einer Generation bei Mädchen um zwei Jahre und bei Jungen um eineinhalb Jahren vorgerückt. Die Hälfte der Mädchen hat heute mit 16 Jahren und die Hälfte der Jungen mit rund 16,5 Jahren mindestens einmal Geschlechtsverkehr gehabt.

Entsprechend werden auch andere Formen sexueller Aktivität durchschnittlich früher erlebt. Aus einer vergleichenden Studentenbefragung von 1966 und 1981 geht hervor, daß sich der Zeitpunkt der ersten Selbstbefriedigung bei Jungen um ein halbes Jahr vorverlegt hat, bei Mädchen sogar um mehr als eineinhalb Jahre. Bei beiden Geschlechtern hat auch die Häufigkeit der Selbstbefriedigung insgesamt zugenommen.

Jugendliche sind heute toleranter als vor 10 Jahren. So wurde – zumindest für Studenten – nachgewiesen, daß nur ganz wenige Selbstbefriedigung für unzulässig oder gar verwerflich halten. Sexuelle Vorerfahrungen des Partners oder der Partnerin werden von einer großen Mehrheit zugestanden und von einem Viertel der Frauen sogar bevorzugt.

Viele aufregende, lustvolle, auch schmerzliche Erfahrungen kamen seit der Pubertät hinzu, viele Entscheidungen mußten gefällt werden, auf viele diffuse Gefühle und konkrete Fragen gibt es noch keine Antworten.

Eine Gruppe Jugendlicher schrieb zu Beginn eines gemeinsamen Wochenendes folgende Fragen auf Kärtchen, um sie zusammen mit den Jugendarbeitern und Jugendarbeiterinnen zu diskutieren (Ausschnitt):

Kann mir ein Junge Unterleibskrebs machen, wenn er seinen Schwanz nicht richtig wäscht?

Was sind natürliche Verhütungsmethoden?

Was meint eigentlich Fellatio oder Cunnilingus?

Was machen Schwule eigentlich noch so, wenn sie nicht in den Hintern vögeln?

Wie kann man eigentlich herauskriegen, ob jemand schwul ist?

Soll ich meinen Freund verlassen, weil er mit einer anderen geschlafen hat?

Was meinen eigentlich die Frauen dazu, wenn ich mich als Mann sexy kleide?

Meine Freundin ist wahrscheinlich früher mal mißbraucht worden, kann ihr jemand helfen, damit umzugehen?

Kann ich eigentlich später alles noch erleben, was ich jetzt verpasse?

Sind Ehen eigentlich alle so langweilig wie die von meinen Eltern?

Die Liste ließe sich beliebig verlängern, die Themen nehmen zu, die Fragen werden immer genauer.

Die Aufklärungsquellen haben sich ebenso etwas erweitert: Das eine oder andere Buch ist hinzugekommen, die Aufklärungsbroschüre über AIDS, vielleicht auch ein Aufklärungsfilm, manchmal auch ein Porno, der ein paar Fragen beantwortet und viele erzeugt hat, vor allem die Clique bleibt weiter der wichtigste, (nicht immer zuverlässige) Informationslieferant.

Die Gruppe der *18- bis 21jährigen gehört zu den jungen Erwachsenen.* Ihr Hauptmerkmal besteht darin, daß sie in ihrer sexuellen Entwicklung bereits weitgehend erwachsen, materiell aber zum Großteil noch von der Familie abhängig sind. Viele sexuelle Erfahrungen sind intensiviert, differenzierter geworden. Die elterliche Kontrolle ist nur noch für wenige spürbar. Die Möglichkeiten, Sexualität zu leben, haben sich wesentlich erweitert, obwohl nur wenige alleine leben oder mit dem Partner oder der Partnerin zusammenziehen können.

Die meisten jungen Erwachsenen haben über einen längeren Zeitraum mit demselben Menschen Kontakt und nutzen die erste langjährige Freundschaft als Möglichkeit, sich langsam vom Elternhaus abzusetzen.

Obwohl die Ehe als Institution immer häufiger kritisch diskutiert wird und obwohl die meisten jungen Erwachsenen auch andere Lebensformen tolerieren, ist der Rückgang der Heiratsabsichten nicht so erheblich, wie man vermuten könnte. 70 – 80 Prozent äußerten 1983 eindeutig einen Heiratswunsch, etwa 10 Prozent mehr Jungen als Mädchen. (Die Frauen sind offenbar vorsichtiger geworden, die Männer noch eher ihrem traditionellen Rollenmuster verpflichtet).

Über 90 Prozent aller jungen Erwachsenen betrachten das Vater- oder Muttersein als wichtige Station ihres Lebensfahrplans. Nur 7 Prozent wollen keine Kinder.

Die typischen Fragen lassen wiederum auf mehr und differenziertere Erfahrungen schließen.

In getrennten Frauen- und Männergruppen wurden während einer Ferienfreizeit mit dem Thema „Liebe und Sexualität"von Schülern und Schülerinnen der evangelischen Schülerarbeit folgende Fragen gestellt:

Was ist eigentlich d`ran am vaginalen Orgasmus, stimmt es, daß sich der Freud den nur ausgedacht hat?

Ich habe mal gehört, daß es auch einen analen Orgasmus geben soll?

Wie kann ich eigentlich einen Mann dazu bringen, daß er etwas mehr über seine Empfindungen beim Miteinanderschlafen mitteilt?

Sind Männer eigentlich immer gekränkt, wenn sich Frauen nach seinem Orgasmus dann selbstbefriedigen, damit sie auch einen haben?

Bin ich eigentlich normal, wenn ich als Frau bei einem Porno erregt werde?

Wieso befriedige ich als Mann eigentlich immer nur die alltäglichen Bedürfnisse meiner Freundin und nicht ihre Träume?

Welchen Typ Mann wollen die Frauen eigentlich? Wie ich`s mach, es ist immer verkehrt.

Sind eigentlich alle Menschen dazu fähig, ohne die feste Klammer der Ehe miteinander zu leben?

Ganz viele junge Erwachsene hatten Fragen, die sie sich in der Gruppe gar nicht mehr zu fragen trauten, weil sie so etwas ja eigentlich schon wissen müßten. Glücklicherweise gibt es zunehmend mehr schriftliches Aufklärungsmaterial, mit dem man/frau sich auch dann noch auf den neuesten Stand bringen kann. Zu den meisten problematischen Themen der jungen Erwachsenen geben solche Materialien aber keine Auskunft. Die Zeitschriften nutzen diese Lücke, bieten aber eher standardisierte Verhaltensmuster an, die nicht immer die konkrete Lebenswelt und Situation treffen, in der sich der oder die Fragende befindet.

Jugendzeit hat sich nicht nur erweitert und differenziert, sondern die Gesamtgruppe der Altersgleichen hat sich auch noch aufgesplittet in verschiedene Lebenswelten.

Entscheidend ist in der Regel die objektive Lebenslage, die durch die materiellen Startchancen, die Art der Berufsausbildung und die fehlende oder vorhandene Berufseinmündung bedingt wird. Zudem spielen auch unterschiedliche Formen der Lebensgestaltung eine Rolle, die wiederum von Wertorientierungen geprägt werden.

An zwei Beispielen für gegensätzliche Jugendkulturen sollen in leicht überzeichneter Form die Grundhaltungen und die Atmosphäre des sexuellen Umgangs gekennzeichnet werden, die etwas mit unterschiedlichen Lebensentwürfen zu tun haben.

Beobachtungen in der gymnasialen Oberstufe:
Der Streit und die Beziehungskiste.

Sexualität und Partnerschaft sind zentrale Themen. Wenn plötzlich das Interesse an bisher geliebten Fächern erlahmt, heißt es nicht selten: „Es rappelt in der Beziehungskiste". Das Reden über die Beziehungsgestaltung ist versachlicht, verobjektiviert. Es ist häufiger von „Streicheleinheiten" als von Liebe die Rede. Die Partnerschaft soll tolerant, liberal und vernünftig sein. Heftige Liebe gilt als Klammerverhalten. Unendliche Beziehungsdiskussionen sind die Folge mit dem Ziel, dem Konfliktpartner oder der Partnerin Unlogik nachzuweisen.

Die intellektuelle Position verführt meist zu dieser Haltung, die wachsende Unsicherheit über die Berufsaussichten drängen das Thema „Intimität" in den Vordergrund. Seit neuestem hat sich eine andere heimliche oder auch offene Norm eingeschlichen: Die Emotionalität der Liebensleidenschaft ist Trumpf. Die Folge davon ist der Taumel von einer Verliebtheit in die andere unter schmerzlicher Beibehaltung der Hauptbeziehungskiste. Die neuen Widersprüche verkomplizieren das Beziehungsleben.

Beobachtungen im Jugendzentrum:
No future – aber cool bleiben

Das Motto kennzeichnet eine Grundhaltung, die zumindest an der Oberfläche für manche Jugendzentrumsbesucher, oft arbeitslos, bezeichnend ist. Es ist die Ausdrucksform der Resignation und mangelnder Hoffnung. „Mit 30 bin ich sowieso kaputt, die Mark für`s nächste Bier ist wichtiger als Liebe", heißt es in einem Gespräch. Allgemeine Bedröhnung ist angesagt, notfalls auch mit Sex. Typische Verhaltensweisen sind Anmache, Bloßstellen und eine äußerst harte Sprache. Gesprochen wird nur beim Blödeln, Sexualität wird weitgehend wortlos ausgeübt. Vieles davon ist Maske: Zu zweit beim Bier, in Ruhe und freundschaftlicher Atmosphäre kommen unendliche Traurigkeit und Wut zum Ausdruck, aber auch das Ideal der „sauberen Ehe" und Familie. Angesichts der realen Umwelt wird letzeres jedoch in den Bereich der Träume verschoben. Die Haltung erinnert an Endzeithelden in Videofilmen: Alles d'rumherum bricht zusammen, der Held bleibt cool oder schlägt um sich.

Zwischen diesen Extremen gibt es eine ganze Menge anderer Teilkulturen, die der ausländischen Jugendlichen, der kirchentreuen Katholiken, der evangelischen Kirchentagsbesucher, der karriereorientierten Informatik-Studenten, der homosexuellen Jugendlichen, der Landjugend- und alles sieht noch einmal anders aus, wenn geschlechtsspezifisch differenziert wird.

Nach dieser kurzen Beschreibung von Jugendsexualität kann zusammengefaßt werden:

1. Jugend ist eine komplexe Teilgruppe geworden, hat sich nach vorn und nach hinten verlängert sowie in vielfältige Teilkulturen differenziert mit je spezifischen, immer komplexer werdenden Themen und Problemen im Bereich von Liebe, Freundschaft und Sexualität.

2. Immer mehr Jugendliche verhalten sich sexualitätsbejahend, müssen immer früher auch im Intimitätsbereich eigene Entscheidungen treffen und verantworten, weil sich richtunggebende Orientierungsmuster und feste Rollenvorschriften verflüssigt haben.

3. Die dazu notwendige Kompetenz erfordert ein hohes Maß an Informationen und Orientierungswissen, einen gewachsenen Grad an Selbstreflexion und die Fähigkeit zum Diskurs, zu Gesprächen mit Gleichaltrigen und Erwachsenen.

5.4 Didaktische Anregungen

D 6: Anworten auf Fragen Jugendlicher

Pädagogen und Pädagoginnen sollten mit Fragen Jugendlicher richtig umgehen können. Gemeint ist, Anlaß und Hintergrund annähernd richtig einzuschätzen und möglichst präzise Antworten zu geben. Das kann bis zu einem gewissen Grad gelernt werden und die folgende Anregung soll dazu eine Hilfestellung sein.

Die im vorangehenden Text enthaltenen Fragen der 12- bis 14-jährigen, 15- bis 17-jährigen und 18- bis 21-jährigen Jugendlichen bzw. jungen Erwachsenen können um weitere Fragen ergänzt und je einzeln auf kleine Kärtchen geschrieben werden. Die einzelnen Altersgruppen sollten durch verschiedenartige Farben ersichtlich sein. Sie können in verschiedenen Kleingruppen arbeitsteilig besprochen werden.

Die Karten werden verdeckt aufeinandergelegt und in der Runde abwechselnd gezogen. Jede-r, der bzw. die eine Frage gezogen hat, liest sie vor, äußert Vermutungen über den Hintergrund der Frage und gibt dann eine entsprechende Anwort. Anschließend wird beides in der Gesamtgruppe diskutiert.

D 7: Bilder aus eigener Vergangenheit

Die TeilnehmerInnen der Fortbildung werden vor Beginn der Veranstaltung gebeten, Bilder aus ihrer Jugendzeit mitzubringen. Dabei sollten die Phasen 9 bis 11, 12 bis 14, 15 bis 17 und 18 bis 21 Jahre repräsentiert sein.

Während der Veranstaltung werden sie gebeten, die jeweiligen Bilder auf getrennte DIN-A 4-Blätter zu kleben (Fixogum als Klebstoff ermöglicht, sie anschließend wieder abzulösen). Jede-r bekommt nun 45 Minuten Zeit, sich mit Hilfe der Bilder nacheinander in die jeweilige Zeit zurückzuversetzen und sich zu vergegenwärtigen, welche eigenen Erlebnisse/Probleme/Fragen jeweils aktuell waren.

Als Hilfe können zuvor einige Anregungen gegeben werden:

* Schaue das Bild längere Zeit an und versuche Dich zu erinnern, wann es wo aufgenommen wurde.

* Wo und wie hast Du damals gelebt?

* Welches Verhältnis hattest Du zu Deinen Eltern?

* Mit wem hast Du über Liebe und Sexualität geredet?

* Was war normal, spannend, unerforscht, herausfordernd?

* Welche Erfahrungen hast Du in der jeweiligen Zeit gemacht und welche Probleme/Fragen sind dabei entstanden?

Versuche, die Anregungen in allen vier Stadien zu beachten.

Nach ca. einer Stunde sucht sich jede-r einen Partner bzw. eine Partnerin, um ca. 45 Minuten lang die Erinnerungen zu besprechen.

Jede-r schreibt jetzt die einzelnen Fragen oder Probleme in Frageform auf einzelne Kärtchen und legt sie – getrennt nach Altersgruppen – auf einen Stapel der Gesamtgruppe. Die Kärtchen werden gemischt, vorgelesen und an eine Pinnwand geordnet angesteckt. So entsteht ein Überblick über die Probleme und Fragen, welche die TeilnehmerInnen während ihrer Jugendzeit hatten.

Jetzt ist ein Vergleich mit den Fragen aus dem vorangegangenen Kapitel möglich oder auch mit anderen Informationen über Jugendsexualität und Fragen Jugendlicher heute. Brauchbar sind für diesen Zweck vor allem auch Videofilme wie z. B.

* Schauerneigung

* Interviews zum Film Schauerneigung

(Zu beziehen bei der Medienoperative Berlin)

5.5 Jungensozialisation als Beispiel für die Ausprägung geschlechtsspezifischer sexueller Identität.

Einblicke in Jugendsexualität bleiben in bestimmter Hinsicht oberflächlich, wenn eine explizite Betrachtung von Jungen- und Mädchensexualität unterbleibt. Wenn auch bei allen bisher schon behandelten Themen punktuell Differenzierungen vorgenommen wurden, ist eine ausführliche Behandlung geschlechtsspezifischer Sozialisation notwendig. Da es zur Zeit bereits brauchbare Literatur zur Mädchen- und Frauensexualität gibt, soll hier eine Spezialisierung auf die sexuelle Sozialisation von Jungen vorgenommen werden.

Ein Mann zu werden ist anstrengend!

Die Rollenvorgabe ist spezialisiert und anstrengend: Ein Mann konkurriert, kämpft, begeistert sich für Technik, besteht Abenteuer. Ein Mann ist aktiv, beherrscht seine Emotionen und läßt sich sein Schwachsein nicht anmerken.

Junge zu sein heißt, erst noch ein „richtiger Mann" zu werden und sich noch sehr anstrengen zu müssen, um als ein solcher zu gelten. Erwiesenermaßen wird Jungen viel Disziplin, Selbstkontrolle und Verzicht abverlangt, um jene Verhaltensweisen zu erlernen, die als mädchenuntypisch gelten und der Männerrolle zugeschrieben werden. Als psychischer Gewinn wird Herrschaft versprochen in Form eines sozial vererbten Sexismus.

Ein Junge zu werden heißt, in eine gesellschaftliche Position hineinzuwachsen, die in Relation zu Mädchen und Frauen Macht und Ansehen verspricht. Männer haben die

Macht in unserer Gesellschaft und Jungen versuchen, die machtvollen Erbhöfe zu übernehmen.

Das stimmt für viele relevante Bereiche. Beansprucht diese Aussage aber ein Erklärungsmonopol und verhindert genaueres Hinsehen, vernebelt sie sowohl allerlei diffizile Prozesse des Erwerbs von Geschlechtsrollenidentität und sexueller Sozialisation als auch Erkenntnisse über die komplexen Beziehungen zwischen Männern und Frauen. So steht Machtmißbrauch oft in Beziehung zu Ohnmachtserfahrungen, ist auch ein Zeichen des „Sich-bedroht-fühlens". Es lohnt sich, auf diesem Hintergrund die Schwierigkeiten von Jungensozialisation genauer anzusehen.

Leben im „Als-ob" –
Identität zwischen Größenwahn und Selbstzweifel.

Jungen entwickeln zwei Bilder von sich selbst, zwischen denen sie ständig hin und her pendeln: Ein starkes Männlichkeitsideal durch ein Spiel und Sich-ausprobieren im „Als-ob" der abstrakten Rolle und ein schwaches Selbstbild, genährt aus ehrlicher Selbsteinschätzung, einem meist negativen „Noch-nicht-können".

Bei kleinen Jungen treten die beiden Selbstbilder noch sehr deutlich hervor durch das abwechselnde „Hilfe, ich kann das noch nicht" und „ich bin der Größte" – eine Ambivalenz, die sich bis ins Erwachsenenalter hineinzieht. Später wird dieses „Hilfe, ich kann nicht" nur noch gegenüber sehr vertrauten Personen, meist Frauen geäußert.

Es sind überwiegend Frauen, die erziehen. Das Kleinkind lernt seine Rolle als Junge weniger durch miterleben, durch anschauliche Nachahmung männlicher Beispiele aus der direkten Umgebung, sondern eher durch abstrakte Erwartungen weiblicher Erziehungspersonen. Väter verschwinden in einer für das Kind undurchsichtigen Berufswelt, das Männerbild bleibt undeutlich und wird zunehmend gefüllt durch Phantasien und Medienvorbildern. Jungen suchen begierig nach lebendigen Vorbildern, begegnen jedoch weitgehend männlichen Schablonen.

Schablonen männlichen (und weiblichen) Sexualverhaltens werden am deutlichsten in der Pornographie produziert. Auch aufgrund des Mangels an sinnvollen Aufklärungsmedien greifen nicht wenige Jungen auf Pornovideos zurück, auch auf die vielen quasi-pornographischen Printmedien im Umkreis der eigentlichen Pornoprodukte.

Natürlich gibt es auch gute Pornographie aber in der Regel wird ein Bild männlicher Sexualität gezeichnet, das weder der Wirklichkeit noch einem wünschenswerten Männerbild entspricht. Die auftretenden Männer strotzen in der Regel vor schier unendlicher Potenz, bearbeiten Frauen in Herrscherpose, können und wollen immer vögeln, sind trotz unästhetischer Bierbäuche von schönen Frauen begehrt und leisten wie Maschinen ihr ihnen auferlegtes Soll zu deren Befriedigung. Ständiger Wechsel der meist zahlreich vorhandenen Partnerinnen ist selbstverständlich. Das normale ist die reine Lust, frei von allen sozialen und emotionalen Bezügen. Sexistische Rahmenhandlungen und Dialoge werden in den Filmen von Frauen akzeptiert und manche Vergewaltigungsszenen als lustvoll vorgespielt.

Sicher gehören Pornos nicht zum tagtäglichen Videokonsum. Viele andere, durchaus tägliche Medieneindrücke gehen aber in eine ähnliche Richtung. Allein das Männermagazin von RTL-plus kann gutwillige Pädagogen entmutigen, die in ihrer Praxis ein alternatives Rollenbild attraktiv machen wollen. Mit den kurzen Filmsequenzen wird sehr wirksam allen ihren Intentionen entgegengearbeitet.

Tagtäglich kann an den Unterhaltungen der Jungen im Schulbus, an den Frotzeleien und Rempeleien gegenüber Mädchen im Jugendzentrum, an den Wettspielen um „Erfolg bei Frauen" abgelesen werden, wie sehr Männlichkeit mit Potenz, Aktivität, Erfolg, Coolness, Leistung und Gefühlsbeherrschung sowie Abwertung von Mädchen in Verbindung gebracht wird.

Ganz anders das reale Selbstbild. *Die meisten Jungen wissen, daß sie himmelweit entfernt sind von dem gespielten Rollenbild des coolen, beliebten und potenten Mannes.* Angst und Minderwertigkeitsgefühle stecken hinter der gespielten Selbstsicherheit. Nicht bei allen. Einige wenige sind auch persönlich von ihrem äußeren Rollenbild überzeugt. Sie haben entweder nur positive Verstärker bekommen oder ihr Leben im „als-ob" der gespielten Rolle hat sich bereits zu einer Männlichkeitsneurose entwickelt und alles Widersprechende wird auch subjektiv nicht mehr gespürt. Die meisten wissen aber

- um ihre Schüchternheit, wenn sie einem Mädchen alleine begegnen,
- um ihre Pickel, die das Gesicht verschandeln,
- um die Angst vor Zurückweisung die jeden Mut zum wirklichen Kontakt erstickt,
- um die Wahrscheinlichkeit, daß ihr Schwanz bei übergezogenem Kondom schlapp wird,
- daß sie einen vorzeitigen Samenerguß bekommen, weil die Erregung beim ersten Mal zu groß ist und
- daß sie gar nicht wissen, worüber sie reden sollen, wenn sie mit der ersehnten Freundin tatsächlich einmal alleine sind.

Es gibt meist keine Person, mit der Jungen ehrlich über diese Gefühle reden, weil die Angst vor der Blamage zu groß ist. Hartnäckig bleibt dadurch die Konkurrenzangst bestehen und jede Form von Passivität, Äußerung von Selbstzweifel, Sich-aussprechen, Schwach-sein und Sich-fallen-lassen wird strengstens unterdrückt.

Das Leiden ist auf zwei Ebenen vorhanden. Zum einen leiden Jungen darunter, wenn sie „Härte-Normen" der Männerrollen nicht erfüllen, zum anderen leiden sie gerade an der Vereinseitigung ihrer Verhaltensmöglichkeiten durch die Männlichkeitsschablone.

Die Traurigkeit muß versteckt, zärtliche Gefühle dürfen nicht ausgedrückt werden, Ruhe und Passivität sind nur bei Krankheit und völliger Erschöpfung erlaubt.

Die beiden Quellen von Frustationen liegen auf verschiedenen Ebenen der Persönlichkeit. Die Erfahrung von Mißerfolgen, vom Scheitern an den Männlichkeitsnormen ist deutlicher im Bewußtsein als das Leiden an den Verhaltenseinschränkungen. Vor allem wird es öffentlich geahndet. Das Leiden an den Männlichkeitsnormen, die andere Bedürfnisse zudecken, drängt kaum ins Bewußtsein, weil es zur vorgegebenen Rolle gehört. Jeder Gedanke, jedes Gefühl, jeder Wunsch, der von der Linie abweicht, ist ein abwegiger Gedanke, ein krankes Gefühl, ein verbotener Wunsch.

Die erlebte Frustration wendet sich nicht selten in Form von Aggressionen gegen die weiblichen Erziehungspersonen, gegen die sich der Junge schließlich absetzen muß, wenn er eine männliche Identität erwerben will. Tatsächlich mißlungene Ablösungen werden später immer wieder als Kränkung erfahren und in einem Akt der Feindseligkeit gegenüber Frauen neu inszeniert.

Getrübtes Beziehungsleben: Der „lonesome Cowboy"

Wenn sich der Beziehungsaspekt von Sexualität durch das Geben und Nehmen von Geborgenheit qualifiziert, durch die Erfahrung von unbedingtem Angenommensein mit allen Macken und Verquertheiten, wird deutlich, wo sich bei Jungen Defizite entwickeln. *Jungen haben in der Regel mehr Schwierigkeiten als Mädchen, Beziehungen aufzunehmen und lebendig zu halten.* Das wird verständlich, wenn die frühkindlichen Erfahrungen von Jungen ins Blickfeld rücken.

Die erste und folgenreichste intime Beziehung haben sie – wie jedes Kind – zu ihrer Mutter. Mädchen können diese Beziehung kontinuierlich entwickeln, um sich später langsam zu lösen. *Um eine männliche Identität zu erwerben, müssen sich Jungen relativ früh von der intimen Beziehung zur Mutter lossagen, ohne daß eine soziale und emotionale alltäglich gelebte Beziehung zum Vater an diese Stelle tritt.*

Väter sind allein aus zeitlichen Gründen oft auch aufgrund eigener emotionaler Unfähigkeit nicht in der Lage, zu wirklichen Freunden ihrer Kinder zu werden und ein entsprechendes Beziehungsbeispiel zu liefern, das später auf andere Beziehungspartner übertragen werden könnte. Natürlich ist letztlich nicht die Quantität sondern die Qualität einer Beziehung entscheidend und natürlich müssen sich alle Kinder aus der oft symbiotischen Enge zur Mutter lösen.

Weder die Fortsetzung der Symbiose, noch der abrupte Bruch und das plötzliche „Auf-sich-selbst-gestellt-sein" sind förderliche Bedingungen. Letzteres ist eine ganz häufig oft schon zum Schuleintritt durchlebte Erfahrung und züchtet den „lonesome Cowboy", der mit allem selbst fertig zu werden versucht. Manche Jungen bewahren zumindest die Möglichkeit, sich ab und an bei ihren Freundinnen zu öffnen, weil sie noch die Erinnerung bewahrt haben, daß „Mann" sich gegenüber weiblichen Personen auch schwach zeigen kann.

Zur Zeit des Schuleintritts übernimmt die Jungenclique viele wechselseitige Beziehungsbedürfnisse, weil die ersten dicken Freundschaften mit starken emotionalen, meist homoerotischen Wünschen und Phantasien besetzt werden. Nur in wenigen Fällen überlebt diese Form der Jungenfreundschaft die bald darauf einsetzende Angst vor der Homosexualität. Plötzlich werden in der Clique zuvor selbstverständliche Berührungen und Zärtlichkeiten wie auch intime Geheimnisse mit Spott und Hänseleien bedacht. Ein anderes Klima beherrscht die Jungenclique, es dominieren Konkurrenz und Versagensangst. *Schon ab diesem Zeitpunkt „lassen Männer lieben". Das heißt, sie projizieren alle ihre passiven, weichen und fürsorglichen Bedürfnisse auf Mädchen und Frauen.* Sie versuchen, in Partnerschaften ein wenig davon zu profitieren, ohne selbst geben zu müssen.

Mit Unverständnis und verstärkter Aggression reagieren Jungen und auch Männer häufig auf emanzipative Veränderungen bei Mädchen oder Frauen. Mancher von der Freundin verlassene Junge „versteht die Welt nicht mehr", schließlich hat er sich ja nur ganz normal verhalten, wie es der Jungenrolle entspricht. Wenn der „psychosoziale Ausgleich" für die zurechtgebogene Jungenrolle und den Streß des Lebens im „Als-ob", die gespürte Herrschaft über Frauen ausbleibt, ist Veränderung angesagt. Dieser Zwang zur Veränderung führt angesichts fehlender Selbstverständlichkeiten einer reflektierten und erfolgreichen Jungensozialisation nicht selten zu anomischen Reaktionen oder zu Gewalt.

Es spricht einiges für die These, daß rasante soziale Veränderungsprozesse – und die Veränderung der Geschlechterverhältnisse kann momentan durchaus dazu gerechnet werden – zu gewissen Formen des Fundamentalismus oder anderen reaktionären Konfliktlösungsmustern führen:

* Rudelgehabe in Cliquen, Männerbünden und neofaschistischen Gemeinschaften: Kollektiv großkotzig, im Grunde aber eine Notgemeinschaft ich-schwacher Individuen.

* Ergattern von Zuwendung auch durch negativ auffälliges Verhalten: Krachmachen, Leute anrempeln, Drogenmißbrauch, Alkoholismus.

* Gewalt gegen Schwächere, vor allem gegen Frauen und Kinder; Das vor allem in dem Bereich, in dem Menschen am leichtesten zu verletzen sind, in ihrer Sexualität.

Während Jungen die emotionale Beziehungsgestaltung erschwert wird, kann ihre genitale Lust von Anfang an wachsen. Relativ selbstverständlich wird das „Schwänzchen" schon des Säuglings und Kleinkindes von der Mutter akzeptiert und zur beiderseitigen Freude und Erregung „bespielt". Der erigierte kleine „Schnidelwitz" ist eher ein Anlaß zur Belustigung als zu besorgten Reaktionen. Wenn auch der übrige Körper im Laufe der Jungensozialisation zum Sport- und später zum Arbeitsorgan degradiert wird, der Penis bleibt wichtiges und gehegtes Potenzsymbol.

Aber: *Lust des Mannes meint penile Lust, gemischt mit Aggressionslust und Versagensangst.* Die Erlaubnis zum penilen Orgasmus – durch Selbstbefriedigung und Gruppenonanie in frühen Jahren kultiviert – wird später zur Pflicht, zur abverlangten

Leistung. Viele andere Lustquellen des eigenen Körpers und im Zusammenspiel mit anderen Körpern bleiben verstopft und erfahren vielleicht erst später, nach vielen leidvollen Erfahrungen in Mädchen- und Frauenbeziehungen ganz selten aber auch in Männerfreundschaften eine Erweiterung.

Sexualität als Kraftquelle wird nur punktuell erfahren. Die schrecklich-schönen homoerotischen und die ersten heißen Petting-Erfahrungen mit Mädchen bleiben später vielen Jungen und Männern als solche Krafttankstellen in Erinnerung. Viele sehnen sich danach zurück, wenn gegenwärtig der immer gleiche Ritus des Eroberns bis zur genitalen Befriedigung oder die genormten sexuellen Reaktionen innerhalb der Dauerbeziehung übriggeblieben sind. Fruchtbarkeit erweist sich bei vielen Männern nur noch als erwiesene Potenz durch Kinderkriegen.

Die vielen, den Jungen und späteren Männern erlaubten Ersatzbefriedigungen, die einfachen Reiz-Reaktionsmuster der Peep-Shows und Pornofilme bleiben nur kurzfristige und schnell schal werdende Befriedigungen.

Selbst der Teil von Fruchtbarkeit, der mit Kindern zusammenhängt, wird nicht als solcher kultiviert. Die unangenehm-einschränkenden aber auch die kraftgebenden Aspekte der Kindererziehung und -fürsorge werden an Mädchen und Frauen delegiert. Mädchen nehmen schon im Kindergarten durch entsprechende Rollenspiele die spätere Mutterschaft vorweg. Mutterschaft ist eine selbstverständlich antizipierte Phase des späteren Lebens. Vaterschaft wird weder vorbereitet noch im Erwachsenenalter als selbstverständliche Vater-Kind-Beziehung kultiviert.

Bei all' dem soll nicht aus dem Blick verloren werden, daß Jungen sehr vielfältig sozialisiert werden und die vorangegangene Skizze nur allgemeine Tendenzen aufzeigt, die zur kritischen Selbstreflexion und zur Begründung pädagogischer Intentionen dienen.

5.6 Didaktische Anregung

D 8 : Was weiß ich über die Jungen in meiner Einrichtung?

Im Berufsalltag bzw. der pädagogischen Praxis bleibt wenig Zeit, sich genauer mit einzelnen Kindern und Jugendlichen zu beschäftigen. Das gilt vor allem dann, wenn die Kontakte nur kurzfristig sind oder die Anzahl der Jugendlichen sehr groß ist. Wenn die Angebote fruchten sollen, müssen sie in das subjektive Erleben und die jeweiligen Bedürfnisse integrierbar sein. Zu diesem Zweck ist es ab und an sinnvoll, sich intensiver mit Einzelnen zu beschäftigen. Nur dann kann Einsicht genommen werden in die hinter einer gespielten Fassade, hinter der Oberfläche liegenden Besonderheiten eines Menschen. Und bei Jungen ist das aus den im vorangegangenen Kapitel beschriebenen Gründen besonders wichtig.

Wichtige Informationsquellen sind natürlich das direkte Gespräch und die genaue Beobachtung. Zusätzlich ist eine Übung hilfreich, die im folgenden beschrieben wird:

Ein-e TeamerIn schlägt den TeilnehmerInnen der Fortbildung vor, sich in der nächsten halben Stunde in drei verschiedene Jungen aus ihrer Praxis einzufühlen. Die Imagination erfolgt durch eine angeleitete Phantasie. Die Teilnehmer werden gebeten, sich bequem hinzusetzen und sich so weit wie möglich auf je gewohnte Art und Weise zu entspannen. Bei in dieser Hinsicht ungeübten Gruppen empfiehlt es sich, eine kurze Entspannungsübung voranzustellen. In jedem Fall soll erreicht werden, daß sich alle auf ein kleines Imaginationsexperiment einstellen können und nicht durch äußere, durch körperliche oder gedankliche Störungen abgelenkt werden.

Die anschließenden Anregungen könnten etwa folgendermaßen lauten:

Gehe in Gedanken zu Deinen Jugendlichen in die Einrichtung/Gruppe und lasse die Jungen an Deinem geistigen Auge vorbeiziehen. Sieh Dir – wie in kurzen Filmsequenzen – jeden einzelnen eine Weile an... Wähle jetzt einen Jungen aus, mit dem Du dich genauer beschäftigen möchtest. Vielleicht ist es jemand, mit dem Du überhaupt nicht klar kommst... Oder jemand, dem Du bisher kaum Aufmerksamkeit geschenkt hast... Vielleicht auch ein „problemloser" Junge, mit dem Du gut klar kommst... Suche Dir einen aus und konzentriere Dich eine Weile auf sein Gesicht. Verlebendige das Gesicht vor Deinem geistigen Auge, indem Du genau wahrnimmst, was es besonders auszeichnet. Die Augen – die Mundpartie – die Nase – die Stirn – das Lächeln oder die Ausdruckslosigkeit – die Pfiffigkeit oder das Angestrengte.

Stell Dir diesen Jungen in seiner Familie vor... Wie wird er vermutlich behandelt, vom Vater, von der Mutter, den Geschwistern?... In welcher Umgebung lebt er?... Wie geht es ihm in der Clique?... Hat er Freunde?... Hat er einen guten Freund oder mehrere oberflächliche Beziehungen?... Wie geht er mit anderen Jungen in der Clique oder in der Gruppe/Einrichtung um?...
Hat er schon sexuelle Erfahrungen mit anderen Jungen oder Mädchen?...

Jetzt stelle Dir vor, er säße Dir gegenüber und antwortet auf Deine Fragen. Stell Dir wieder genau das Gesicht vor und frage ihn:
Wie fühlst Du Dich in Deinem Körper?...
Du siehst wie er den Mund öffnet und Dir antwortet. Was sagt er?
Du fragst ihn, was er an sich selbst mag und was er ablehnt.
Warte wieder die Antwort ab.

Nacheinander stelle ihm noch ein paar weitere Fragen:
Was wünscht Du Dir im Moment sehnlichst?...
Wovor hast du Angst in Beziehungen zu anderen Jungen, zu Mädchen?...
Was denkst du über mich als Mann/Frau?...
Was könnte ich für Dich tun, damit Du Deinen Wünschen näher kommst?...
Welches Angebot, welche Methode, könnte Dir dabei helfen?...

Nachdem er auch diese letzte Frage beantwortet hat, denke einen Augenblick darüber nach, was Du ihm wünscht, damit er seinem eigenen Ziel einen kleinen Schritt näherkommt. Sag ihm Deine Wünsche für ihn und verabschiede Dich.

Die TeilnehmerInnen werden jetzt aufgefordert, wieder in die „Hier-und-jetzt-Situation" zurückzukommen und sich in kleinen Gruppen zu Dritt oder in Paaren wechselseitig die Eindrücke mitzuteilen.

Im Plenum können noch folgende Themen angeregt werden:

* Wie gelang mir die Einfühlung?

* Hat sich während der Imagination mein Gefühl zu dem Jungen verändert?

* Was war neu, überraschend für mich?

* Was will ich in Zukunft tun, damit die Jungen mit ihren Themen sexueller Identität besser umgehen lernen?

5.7 Beziehungslernen und Bindungsverhalten Jugendlicher heute.

5.7.1 Erwachsene diffamieren eher, statt helfend zu begleiten

Für Jugendliche wie für Erwachsene ist es heute schwierig und anstrengend zugleich, Beziehungsgestaltung zu erlernen. Die gesellschaftlichen Strukturen bieten eher einen fruchtbaren Nährboden für Vereinzelung, Konkurrenz und Kampf als daß sie Solidarität und Füreinanderdasein nahelegen oder es der sexuellen Beziehungsfähigkeit im Sinne von „Gewähren und Entgegennehmen von Geborgenheit" leicht machen würden. Traditionelle Rollengewohnheiten und Identitätsmuster geben kaum noch Orientierung, jedenfalls keine tragfähige, die den gesellschaftlichen Erfordernissen und den gewachsenen Gleichberechtigungs- und Emanzipationsbedürfnissen gerecht werden könnten.

Für Jugendliche wächst angesichts dieser Entwicklung das Bedürfnis nach Geborgenheit und Nähe, nach befriedigenden Intimbeziehungen. Gleichzeitig entstehen als bedrohlich erfahrene Spannungen und Konflikte zwischen Rücksichtnahme und sexueller Lust, zwischen Autonomie und Zweisamkeit, zwischen Leidenschaft und Füreinanderdasein. Viele Probleme, die früher nur für Erwachsene galten, müssen heute von Jugendlichen bewältigt werden. Hinzu kommt die Auseinandersetzung mit neuen Moralvorstellungen und neuen Möglichkeiten der Beziehungsgestaltung.

Wenn übergreifende und Sicherheit gebende Moralvorstellungen sowie institutionelle Orientierungen dieser Entwicklung nicht mehr gerecht werden, müssen neue Bedeutungen, gelebte, erfahrene und erarbeitete Orientierungen gefunden werden. Der Sog konfektionierter Angebote der Medienindustrie ist auch im Bereich der Beziehungsgestaltung verlockend und erfolgreich. Die versprochenen Orientierungen geben vielleicht die Sicherheit des Konformismus, lösen jedoch nur wenige Grundprobleme sexueller Beziehung in ihren situativen Besonderheiten.

Die Bedeutung, die das Beziehungslernen Jugendlicher bekommen hat, ist deutlich. Was wir über die tatsächliche Beziehungsgestaltung wissen, ist äußerst wenig. Dürftiges Wissen ist immer der beste Nährboden für Mythenbildung, die sich auch gerade um das Beziehungsverhalten Jugendlicher rankt. Schon immer haben Erwachsene ihre heimlichen Wünsche auf die Jugend projiziert und nicht zuletzt die aktuelle AIDS-Hysterie hat Jugend als Risikogruppe hochstilisiert.

Ergebnisse der ersten größeren empirischen Untersuchungen zur Jugendsexualität vor fast 20 Jahren (Sigusch-Schmidt 1973) über die unverändert hohe Treueutopie wurden schon damals den Unkenrufen der Kulturpessimisten entgegengestellt und auch heute beginnt wieder der Kampf mit aktuellen Zahlen aus Repräsentativuntersuchungen (Schmid-Tannwald 1983) gegen den Promiskuitätsvorwurf, der wiederum die Jugendlichen ins Fadenkreuz von Umerziehern gerückt hat. Aus der zuletzt genannten Untersuchung geht hervor, daß die Hälfte aller Jugendlichen die Erfahrung vom ersten Kuß bis zum ersten Geschlechtsverkehr mit ein und demselben Partner macht. Der Zeitraum zwischen dem ersten Kuß und dem ersten Koitus beträgt durchschnittlich 2,4 Jahre bei koituserfahrenen Mädchen und 2,6 Jahre bei Jungen. Die These der Promiskuität Jugendlicher läßt sich also an keiner Stelle belegen.

Solche Zahlen mögen als Relativierung pauschaler Stigmatisierungen hilfreich sein, sie geben jedoch letztlich wenig her für ein genaueres inhaltliches Verstehen des soziosexuellen Partnerwahl- und Bindungsverhaltens Jugendlicher. Einzelne empirische Befunde zur Entwicklung sexueller Partnerkontakte vom sogenannten Necking über Dating, verschiedene Formen des Petting bis zum Koitus und die entsprechende Aufstockung von Prozentzahlen wurden bisher wenig in theoretische Überlegungen mit pädagogischen Konsequenzen eingebettet.

Um Genaueres darüber herauszubekommen, wie Jugendliche heute Beziehungslernen erfahren und mit welchen Problemen dieses Lernen behaftet ist, lohnt sich die intensivere Beschäftigung mit einer niederländischen und einer schweizer Studie.

In einer bisher unveröffentlichten Untersuchung hat der Niederländer C. Straver 1986 zahlreiche sexuelle Autobiographien von skandinavischen und amerikanischen Studenten und Studentinnen auf ihr Beziehungslernen hin untersucht. Einige auswertbare Ergebnisse über das Beziehungslernen Jugendlicher sind auch in der 1983 erschienenen Schweizer Repräsentativuntersuchung zur Jugendsexualität (Meile, 1983) enthalten. Beide Untersuchungen ergänzen sich zu einem brauchbaren Erscheinungsbild des Bindungsverhaltens Jugendlicher und haben vor allem einen annähernd theoretischen Hintergrund, um Übertragungen auf unsere bundesrepublikanische Situation zuzulassen und pädagogische Konsequenzen zu formulieren.

5.7.2 Beziehungslernen: Ein spiralförmiger Prozeß

Straver legt das Schwergewicht seiner Analyse der sexuellen Biographie auf die Erforschung der Bedeutungs- (Wert-)systeme und interaktionellen Kompetenzen, die Jugendliche beim Beziehungslernen erfahren.

Jugendliche machen nach den Ergebnissen seiner Analyse spiralförmig eine sexuelle Beziehungskarriere durch, in der praktische Erfahrungen wachsende Kompetenzen bedingen in Form von adäquaten Kenntnissen und umsetzbaren Einstellungen. Mit diesen neuen Kompetenzen werden weitere Erfahrungen gemacht, welche wiederum neue Interaktionsprobleme schaffen, Fragen aufwerfen und somit Informationsbedürfnisse und Selbstreflexion provozieren.

Im Pubertätsalter beginnen die meisten Jugendlichen diesen Prozeß, ausgerüstet mit einem vorläufigen Konzept über männliche und weibliche Rollen und mit einer entfernten Zielvorstellung von Ehe. Im Hinblick auf Sexualität hinterläßt die Kindheitssozialisation meist lediglich einige verstreute Wissensbruchstücke über Sexualität, denen der Zusammenhang fehlt, der dann von den Jugendlichen selbst mühsam erarbeitet werden muß. Beziehungslernen in der Jugendzeit erfordert den Erwerb eines zusammenhängenden Bedeutungssystems, das kontinuierlich auf neue Weise und in neuen Kontakten erworben wird.

Als Beispiel soll hier ein Ausschnitt aus der Biographie der skandinavischen Studentin Eva wiedergegeben werden. Sie schildert, was sie aus jedem Kontakt lernte und läßt dabei erkennen, daß diese Kontakte nacheinander auch unterschiedliches emotionales Interesse bei ihr hervorriefen. Sie macht implizit deutlich, daß im Laufe ihrer Beziehungsgeschichte ihre Kompetenz, d. h., ihre Fähigkeit, in komplexen Situationen zu agieren, zunimmt.

„Mein erster Freund war ein Junge aus der Schulklasse meines Bruders, er war 16 und ich 14. Die Beziehung zu Eskil half mir sehr, meine Verlegenheit gegenüber Jungen zu überwinden. Ich glaube nicht, daß es eine sehr romantische Beziehung war,

denn wir kannten uns bereits zu lange für so etwas. Aber ein ganzes Jahr lang gingen wir zusammen zu Schulpartys. Es war nett, sich zu küssen und einige Male ermutigte ich ihn, meine Brüste zu berühren. Aber in verschiedener Hinsicht war es schwierig für uns, darüber hinauszugehen. Eskil wollte gern mit mir schlafen, aber er erzählte, daß mein Bruder ihm gesagt hatte, das sei das Ende ihrer Freundschaft. Ich selbst hatte damals kein wirkliches Bedürfnis nach körperlichem Sex mit einem Jungen, was ich heute wohl habe.

In jenem Sommer begegnete ich George. Er war etwas älter als ich, 16 oder 17, und sah gut aus. Als ich ihn sah, verliebte ich mich sofort in ihn und Georg mußte das gemerkt haben, denn später ging er mir nach, um zu sehen, wo ich wohnte. Zwei Wochen später hatten wir eine Gelegenheit, miteinander alleine zu sein. Sowie wir sein Haus betraten, wußte ich, daß wir bald zusammen schlafen würden. Ich fühlte mich sehr erwachsen und am ganzen Körper sexuell erregt. Als wir uns küßten, hatte ich ein starkes Verlangen, seine Hände an meinem Körper zu spüren. Ich glaube, daß wir beide mehr als nur ein bischen Angst hatten vor dem, was kommen sollte. Nachdem wir einige Minuten im Bett lagen, genossen wir das herrliche und erregende Gefühl, gleichzeitig unsere Körper zu spüren. Ich erinnere mich noch häufig an dieses erste Mal. Das ist wohl für jede Frau wichtig. Als George mit seinem Penis in mich eindrang, fühlte ich mich als eine vollwertige Frau. Für alle meine Freundinnen war das ähnlich, wenn sie mit einem Jungen geschlafen hatten.

Ich hatte ein starkes Bedürfnis nach Sexualität. Masturbation genügte mir nicht. Trotzdem war das mit George irgendwann zu Ende, wir hatten uns nicht mehr viel zu sagen. Bei Patrick, einem neuen Jungen in meinere Klasse, lernte ich etwas, was ich noch nicht kannte. Er sah nicht so gut aus wie meine vorhergehenden Freunde, aber dennoch mochte ihn jeder. Seine Art, mit einem Mädchen umzugehen, war so charmant und freundlich, als wollte er gerade mit i h r ganz intim sein. Patrick und ich schliefen des öfteren zusammen, aber dennoch fehlte etwas im Vergleich zu George. Ich glaube, daß ihm nicht ganz so viel an mir lag und ich fing an, mir darüber klar zu werden, wie wichtig mir das war.

Diese Veränderung meiner Einstellung (ich wollte mehr als bumsen) führte zu einem Kontakt zu zwei neuen Jungen, die älter waren als ich und sich zusammen ihre Studentenbude teilten. Von beiden war zunächst Michael mein Favorit. Er war sehr intelligent und konnte über alles mitreden. Das erste Mal hatten wir Geschlechtsverkehr auf einer Party... Es war für beide enttäuschend. Die Entdeckung, daß ein Junge auch mal keinen Steifen bekommen kann, war für mich etwas völlig neues. Der Grund war, glaube ich, daß er Angst hatte, die anderen auf der Party könnten uns erwischen. Ich versprach Michael ein nächstes Mal und ich denke, daß er mir dankbar dafür war. Später lief das dann viel besser und ich genoß unser Zusammensein..."
(Straver, Manuskript 1986, S. 68f).

Es wird hier eine schrittweise Erweiterung der Erlebnisdimension deutlich, in die durch Interaktion mit neuen Partnern neue Erlebnis- und Bedeutungselemente integriert werden. Die Abfolge enthält eine spiralförmige Bewegung: In jeder Interaktion wird neues entdeckt und integriert. Die Bedeutungselemente erweitern sich ständig vom bloßen Umgang mit einem Jungen über das Erleben des ersten Geschlechtsverkehrs, regelmäßige sexuelle Kontakte mit jemandem, den sie gern hat, bis zur Entdeckung eines Partners, mit dem sie Beziehung leben will.

Die hier geschilderte Entwicklung ist typisch für die unterschiedlichen skandinavischen Jugendlichen und zwar sowohl für Mädchen als auch für Jungen. Verallgemeinert sieht das folgendermaßen aus:

1. Nach einer Kindheitsphase eines mehr kollektiven Interesses am anderen Geschlecht folgt eine Privatisierung der Kontakte. Die Freundschaftsgruppe bleibt wichtig als Reservoir für neue Kontakte.

2. Die körperlichen Interaktionen werden intensiviert und zwar überwiegend durch Kontakte zu mehreren Partnern.

3. Beim Wechseln nimmt das Handlungsrepertoire zu und es erweitern sich die Bedeutungszuweisungen (das Moralsystem):

   * Erster Reiz des Umgangs mit dem anderen Geschlecht („einen Freund haben – wir gehen jetzt zusammen"),
   * Körperliche Intimität, sexuelle Neugierde,
   * Beziehungsintimität, verschiedene Kommunikationsebenen,
   * mögliche Differenzierung zwischen Intimität und Sinnlichkeit.

4. Nach jeder Erfahrung erfolgt ein Überdenken der neu entdeckten Gefühle und Bedürfnisse. Diese Selbstreflexion kann zu verschiedenen Schlußfolgerungen führen: Der Kontakt wird vielleicht beendet, er wird ausgebaut oder die entsprechende Person legt eine Beziehungspause ein und beschäftigt sich längere Zeit zunächst nur mit sich selbst.

Wichtig ist die Erkenntnis, daß Kinder und Jugendliche – und das gilt nicht nur für Skandinavier – Sexualität zunächst als körperliche Neugierde entdecken und erst später das Interesse und die Fähigkeit zur Beziehungsintimität entwickeln . Unsere sexualpädagogischen Alltagsvorstellungen gehen heute immer noch von einem umgekehrten Verhältnis aus: „Erst mußt Du Beziehung gelernt haben, dann darfst du körperliche Lust leben". Zum anderen wird an der beschriebenen Biographie deutlich, daß die Entwicklung von Moralität ein integrierter Bestandteil sexueller Beziehungserfahrung ist. Personnahe und hilfreiche Orientierungen können also nicht von außen an Jugendliche herangetragen werden, sondern müssen sich im Wechselspiel zwischen Erfahrung und Selbstreflexion – vielleicht auch durch Hilfestellungen von außen – langsam entfalten und als sinnvoll erweisen.

5.7.3 Beziehungsentwicklung bei stark differierenden Rollenmustern.

Der typische Entwicklungsweg der amerikanischen Jugendlichen sah in der Untersuchung von Straver anders aus. Sie sind vermutlich mit deutschen Jugendlichen ver-

gleichbar. Natürlich verläuft nicht jede Beziehungskarriere in dieser idealtypischen Form. Die Charakteristika sind ganz besonders hervorgehoben, so daß sowohl in der allgemeinen Beschreibung als auch in dem Beispiel die typischen Aspekte besonders extrem bezeichnet werden.

Entscheidend war der Unterschied zwischen Jungen und Mädchen.

Zunächst zu den *Jungen:*

* Die Geschlechtsgenossen der Clique behalten lange ihre Bedeutung für den einzelnen Jungen. Es finden zwar auch Paarbildungen statt, aber diese Individualisierungen bleiben normiert durch das, was die Altersgenossen vorschreiben. Wichtig ist, schon mal geküßt zu haben, eine Brust angefaßt zu haben, also alles, was zur Rollenerfüllung gehört.

* Das Handlungsrepertoire erweitert sich durch neue sexuelle Erfahrungen, es bleiben aber die Bedeutungszuweisungen durch die Geschlechtsgenossen. Die Partnerin dient eher als Übungsfeld, um mit immer besseren Tricks das eigentliche, den Geschlechtsverkehr, zu erreichen.

* Wertungen erfolgen weniger aus eigenen Gefühlen als anhand externer Kriterien. Entscheidend ist die Meinung in der Kollegenclique oder entscheidend sind elterliche Einstellungen, die kirchlich geprägt sind.

* Bei den meisten mündet das sexuelle Erfahrungslernen automatisch in den vorgeschriebenen Status der Ehe ein. In diesem Fall kann weniger von Selbstreflexion gesprochen werden, weil das Beziehungslernen habitualisiert ist: Zunächst geht es um den Erwerb möglichst vieler sexueller Erfahrungen, am Schluß steht die Entscheidung für eine fest Partnerin, weil die Konvention es so vorschreibt.

Die typische Entwicklung bei *Mädchen* sieht anders aus:

* Schnelles Lösen aus der Mädchenfreundschaftsgruppe. Ein zuvor durchaus vorhandenes Durchsetzungsvermögen schwindet plötzlich mit der ersten Paarbeziehung. Die Individualisierung nimmt also zu, das Handlungsrepertoire wächst. Es geht vorwiegend um die Frage, wie bekomme ich einen Jungen, worauf legen die Jungen Wert?

* Durch körperliche Intimität kommt stellenweise eine Erotisierung des Körpers zustande. Diese ersten Erfahrungen werden auch als lustvoll bezeichnet. Durch fortgesetzte aggressive Erfahrungen mit Jugendlichen treten jedoch Brüche, Konflikte, Blockaden auf. Viele Mädchen ziehen sich zurück, resignieren.

* Die Intensität der Selbstreflexion muß sehr stark wachsen, um mit diesen erhöhten Schwierigkeiten fertigzuwerden. Oft wird der Umweg über einen we-

niger bedrohlichen, aber auch weniger befriedigenden Partner gesucht mit der vagen Hoffnung, daß es später besser wird. Da das im Eheleben dann doch nicht in Erfüllung geht, bleibt nur noch die Flucht in die Träume.

In dem folgenden Beispiel wird das exemplarisch deutlich:

„Zu Beginn meiner Pubertät entwickelte ich steigende Neugierde in bezug auf Sexualität. Meine Freundin und ich sprachen darüber, was wir uns über Babys, Liebe und Jungen halt so vorstellten. Weder meine Mutter noch meine ältere Schwester erzählten mir irgendetwas. Als ich mit 12 Jahren zum ersten Mal meine Periode bekam, war das zunächst ein gewaltiger Schock, aber meine Freundinnen halfen mir... In der Schule versuchten wir, Antworten auf unsere Fragen zu erhalten, aber die Lehrerin fand, wir hätten „dirty minds". Ich wurde jedoch immer verrückter auf Jungen, ich brachte sie den ganzen Tag nicht aus dem Kopf. Was mich einigermaßen zurückhielt, war mein religiöser Hintergrund...

Etwa zu dieser Zeit hatte ich zwei Boyfriends, die ich wegen meiner Mutter immer heimlich treffen mußte. Allmählich verschwand auch meine Angst, geküßt zu werden, aber es dauerte noch ein Jahr, bis ich einem Jungen weitergehende Berührungen erlaubte. Und als einer versuchte, mein Bein zu streicheln, schlug ich ihm die Brille von der Nase... Die Lehrerin gab mir Recht und bestrafte den Jungen.

Als ich 14 war, gab es neue Entdeckungen... Ich hatte einen Freund, den ich nur insgeheim treffen konnte... Wir küßten uns nur, und manchmal versuchte er, weiterzugehen. Ich fand das Küssen schön, aber mit den Händen ließ ich ihn nicht weiter...

Mit 16 bekam ich von zu Hause etwas mehr Freiheit. Dabei spielte eine Rolle, daß meine ältere Schwester zwei Wochen mit einem Jungen von zu Hause weggelaufen war und meine Eltern Angst bekamen, daß ich das auch tun würde, wenn sie mich nicht zu Tanzpartys gehen ließen. Einige Male ging ich mit einem Jungen in ein Autokino, aber ich merkte bald, daß ich da nicht in einen Film ging, sondern in einen Kampf um meine Jungfernschaft. Mein Freund wollte mit mir schlafen. Ich verspürte großen Widerwillen, als er sich dann selbst befriedigte. Die nächsten Monate traf ich keine Verabredungen mehr und schwor mir, daß ich keinem Jungen jemals nachgeben würde.

Mit 18 traf ich dann den Jungen, den ich heiraten werde, auf einer Strandparty. Die Party selbst war widerlich. Viele Studenten waren betrunken und trieben es überall im Haus und außerhalb...

Es tat richtig gut, die Party mit Fred verlassen zu können. Wir kennen uns jetzt ein Jahr, aber er muß noch eine Menge schlechter Gewohnheiten ablegen... Ich brauche einen dominanten Mann... Und dominant zu sein fällt ihm schwer, denn seine Mutter bestimmt noch stark sein Leben... Wir hatten erst vollendeten sexuellen Kontakt, nachdem ich meinen Ring bekommen hatte und genauso wollten wir es beide... Ich hatte das Gefühl, daß es sich so gehörte, ihm die Liebe zu geben, nachdem ich den Ring bekommen hatte. Ich habe zwar noch keinen Orgasmus gehabt, aber ich bin sicher, wenn ich einmal ein Diaphragma habe und alle Arten der Lust erfahren kann, die unser Ehehandbuch beschreibt, daß ich auch dann einen Orgasmus erreichen werde. Jetzt genügt es mir, Fred Lust zu verschaffen. Später wird Sexualität für uns beide noch wichtiger werden, wenn wir unsere eigene Wohnung haben.

Die beschriebene Biographie mag etwas übertrieben und für heutige Mädchen nicht mehr zutreffend erscheinen; in abgeschwächter Form, mit anderen Symbolen (Beziehungsversprechen, statt Ring) ist sie jedoch für bestimmte Entwicklungsverläufe typisch. Mary entdeckt zu Beginn ihrer Entwicklung die erotische Bedeutung von Körperlichkeit, lebt sie aber offenbar ambivalent mit Schuldgefühlen. Sie erlebt ihre vorwärtsdrängenden Partner als bedrohlich. Sie entwickelt ihnen gegenüber eine Haltung von Annäherung und Abwehr zugleich. Mit 16 oder 17 Jahren, als die Jungen für sie allzu grob-aufdringlich auftreten, beschließt sie eine Pause, konstruiert sich neue Bedeutungen (ein neues Moralsystem) und gerät damit in die Sackgasse. Später beschreibt sie den Kontakt mit einer „Kompromißfigur", mit einem Jungen, der ihr die nötige Sicherheit gibt, aber nicht ihr Typ ist. Jede Selbstreflexion während der „Sackgasse" hat sie bescheidener gemacht. Sie weiß, daß sie den Weg mit jemandem beginnt, der ihren Vorstellungen eigentlich nicht entspricht und verlagert die Problemlösung in die Zukunft: Er wird sich schon ändern bzw. sie wird eines Tages voll sexuelle Befriedigung erfahren. Es handelt sich um einen eingebauten Konflikt, der in Resignation, Flucht in Träume oder reale Flucht aus der Beziehung enden kann.

Die Strukturverschiedenheit der Entwicklungsgeschichten hat etwas zu tun mit dem unterschiedlichen sozio-kulturellen Kontext, in dem Karrieren stattfinden.

Hinter den amerikanischen Beziehungskarrieren steht eine weitgehend traditionelle soziale Struktur mit stark wirkenden Rollenfixierungen. Bei dieser nicht-egalitären Struktur kann es kaum ein echtes Verhandeln zwischenden Kontaktpartnern geben und kann auch kein Konsens entstehen. In der Konsequenz hat das für den unterlegenen Partner Unzufriedenheit, vage romantische Hoffnungen auf eine bessere Zukunft und viel Resignation sowie ein Zurückschrauben der Erwartungen zur Folge. Bei wachsendem Selbstbewußtsein von Mädchen und Frauen sind die Konflikte einprogrammiert.

Hinter den skandinavischen Beziehungskarrieren steht eine mehr egalitäre Struktur der Rollenbeziehungen, die Offenheit für die wechselseitigen Bedeutungszuweisungen und damit gefundenen Zielvorstellungen ermöglicht. Hinzu kommt ein überwiegend unterstützendes, bejahendes Verhalten und die Gesprächsbereitschaft der Eltern. Ermöglicht wird dadurch eine Veränderung der Beziehungen bei Mädchen und Jungen

– von rein körperlicher Neugierde zur emotionalen Intimität,

– von rein sexuell dominiertem Kontakt zu breiteren Kontaktebenen,

– von positioneller zur individuellen Rollenübernahme,

– vom skriptmäßigen Verhalten zu intentionsgeleiteten Handlungssteuerungen und zur autonomen Entscheidung darüber, auf was Mann/Frau sich einläßt bzw. voneinander will.

5.7.4 Über die Vor- und Nachteile von Partnerwechsel und Partnerbindung.

Nach diesen Aussagen über die Bedingungsfaktoren des Beziehungs- und Bindungslernens bleibt eine zweite Fragestellung offen, nämlich die nach den möglichen *Vor- und Nachteilen von Partnerwechsel und Partnerbindung.*

In der referierten niederländischen Untersuchung wird selbstverständlich davon ausgegangen, daß die Wahl des potentiellen Lebenspartners auch tatsächlich eine Wahl ist, die aus einem Beziehungslernen mit mehreren Partnern hervorgeht und körperlich-sexuelle Intimität mit Emotionalität und Wertentscheidungen eng verflochten sind. Über die Bedeutung der Dauer der Beziehungen und die Zahl der PartnerInnen wird nichts gesagt. Hier legt die bereits erwähnte schweizer Untersuchung von Meile u. a. einen Schwerpunkt. Aus einer Vielzahl von Formen des erforschten Beziehungsverhaltens wurden zwei Grundtypen herausgefiltert:

* Die langfristig- ganzheitliche, eheähnliche Beziehung (das sozioemotionale Muster) und

* die kurzfristige partielle Beziehung, die weitgehend auf sexuellen Erfahrungen beruht (Mobilitätsmuster).

Die *langfristige eheähnliche Beziehung* hält oft über Jahre hinweg, integriert sexuelle Begegnungen mit Ausschließlichkeitscharakter mit anderen Kommunikationsebenen. Dieser Beziehungstyp überwog in der schweizer Untersuchung bei religiös erzogenen Jugendlichen der Mittelschicht, welche die Verletzung der Norm (die gelebte Sexualität vor der Ehe) mit der Eheähnlichkeit der Beziehung wieder gut machten. Der Beziehungstyp befindet sich in weitgehender Übereinstimmung mit der evangelischen Sexualethik, weicht jedoch ab von der katholischen Moral, nach der Sexualität noch immer der Ehe vorbehalten bleibt.

Der Grundtyp der *kurzfristig-partiellen Beziehung* meint schneller wechselnde Kontakte, meist unter Einschluß sexueller Erlebnisse ohne die Ausweitung der Beziehung auf mehrere Kontaktebenen. Dieser Beziehungstyp steht eindeutig gegen die institutionalisierte Sexualmoral und überwiegt in der schweizer Untersuchung bei weniger religiös und moralisch gebundenen Mittelchichtsjugendlichen sowie bei Grundschichtjugendlichen.

Über die Verteilung der beiden Typen auf Jungen und Mädchen wurden leider keine Aussagen gemacht. *Erfahrungsgemäß stehen diese beiden Beziehungstypen als Grundmuster von Beziehung stark in der ideologisch-moralischen Auseinandersetzung, die schlagwortartig mit den Begriffen „ganzheitliche Beziehung" gegen „Abenteuersexualität" gekennzeichnet werden kann.* In der Realität existieren selbstverständlich Mischformen. Daß die genaue Verteilung solcher „Reintypen" oder von Mischformen auf verschiedene Altersstufen und Teilkulturen Jugendlicher aus der Untersuchung nicht hervorgeht, ist in unserem Zusammenhang kein großer Nachteil. Es interessiert hier lediglich die Erörterung der jeweiligen Vor- und Nachteile beider Beziehungsmuster, die zu einer Versachlichung der moralisch-ideologischen Auseinandersetzung beitragen kann.

Auch in der schweizer Untersuchung werden diese beiden Lernmuster alternativ gegenübergestellt und diskutiert, welches möglicherweise erfolgreicher ist. *Die langfristige eheähnliche Beziehung* bietet den Vorteil, daß sich Jugendliche miteinander auf verschiedenen Kommunikationsebenen entwickeln. Verläßlichkeit wird erfahren und möglicherweise kann die positive Austragung von Konflikten gelernt werden. Hinzu kommt eine positive Wertschätzung dieses Beziehungstyps durch die Umgebung.

Andererseits werden eheähnliche Beziehungen häufig von Jugendlichen gewählt, um sich aus dem Elternhaus zu lösen. Verbunden ist damit die Gefahr, von einer Abhängigkeit in die andere zu gelangen. Nach dem Zerbrechen dieser evtl. zwei- bis dreijährigen Beziehung sind möglicherweise immer noch keine Ansätze von „Ich-Identität" ausgebildet, weil das eigene Selbstbewußtsein von der weitgehend symbiotisch erlebten Beziehung abhängt. In solchen Fällen wird die Trennung aus Angst oft unendlich lange hinausgeschoben oder sie hat – nach ihrem Vollzug – den Verlust „geborgter Identität" zu Folge.

Kurzfristigere und partielle Beziehungen fördern die Erfahrung des „Auf-sich-selbst-gestellt-sein", die zur Ausbildung von Ich-Identität wichtig ist. Sie ermöglichen zudem Erfahrungen mit der Einschätzung von Partnern bzw. Partnerinnen und die Chance, langfristigere Beziehungen bewußt zu wählen. Andererseits steht die Gefahr der Unterbewertung des Bedürfnisses nach Sicherheit und Heimat diesen positiven Elementen entgegen. Möglicherweise erfolgt die Fixierung auf die kurzfristigen Verliebtheitsphasen und die Fähigkeit zur Gestaltung langfristiger Beziehungen bleibt unterentwickelt.

Das Ziel beider Formen des Bindungsverhaltens ist – so die schweizer Untersuchung – die eheähnliche Zweierbeziehung. Sie gilt nach allen bisherigen empirischen Umfragen als dominantes Lebensmuster. Der Grundtyp der kurzfristig-partiellen Beziehung mündet dann in die langfristig-ganzheitliche Beziehung ein. *Es handelt sich also um zwei verschiedene Lernmuster auf dem Weg zu einem gemeinsamen Ziel: Zur Realutopie der ganzheitlich-stabilen Paarbeziehung.* Zärtlich, vertrauenspendend und lustvoll zugleich soll sie sein und das möglichst dauernd mit einem Partner. Das bleibt sowohl Ideal als auch reales Bedürfnis trotz aller offenkundigen Mängel und Unzulänglichkeiten, die bei ihrer Realisierung erfahren werden.

Im Idealfall kommen Jugendliche dieser Liebesutopie durch viele Erfahrungen mit sowohl kurzfristigen als auch längerfristigen Beziehungen und das Auswerten dieser Erfahrungen durch Selbstreflexion und begleitende Hilfen durch Erwachsene ein Stück näher. Bei zwangsläufig erfahrenen Frustrationen und Rückschritten dieser Entwicklung bleibt die Liebesutopie als produktive Sehnsucht bestehen, die immer wieder zu neuen Erfahrungen und Auseinandersetzungen Mut gibt.

5.8 Didaktische Anregungen

D 9: Nachdenken über die eigene Beziehungskarriere

Die vorhergehenden Informationen regen dazu an, über die eigene Beziehungskarriere und die darin enthaltenen Beziehungsmuster nachzudenken. Aber auch ohne Vorinformation ist es sinnvoll, die TeilnehmerInnen der Fortbildungsveranstaltung über ihre Erfahrungen und Lernprozesse oder auch Wiederholungszwänge in Beziehungen nachdenken zu lassen. Manche-r hat vielleicht schon mal in die eigene Biographie zurückgeblickt, um möglicherweise die Anzahl der sexuellen Erfahrungen zu rekonstruieren oder um kurz abzuschätzen, ob in den letzten Jahren möglicherweise ein Kontakt dabei war, bei dem eine HIV-Infektion möglich geworden ist. Die wenigsten haben sich aber gefragt, was ihnen in den jeweiligen Beziehungen bedeutsam war, was sie erfahren und gelernt haben, ob sich ihre Beziehungsspirale nach vorn entwickelt hat, wann sie sich auf der Stelle drehte ohne sogar zurückentwickelte. Traumatische Gewalterfahrungen z. B. haben meist eine Rückentwicklung zur Konsequenz, eine Vorsicht und Ängstlichkeit, die neue Erfahrungen erschweren.

Die TeilnehmerInnen werden aufgefordert, sich zunächst – möglichst in chronologischer Reihenfolge – ihrer Intimbeziehungen zu erinnern. Jede Beziehung sollte auf einem gesonderten Blatt oder einer Blatthälfte notiert werden, damit die zusätzlichen Informationen Platz haben. Jede-r wird nun aufgefordert, frei zu assoziieren, was ihr/ihm zu der Beziehung einfällt.

Die TeamerInnen geben jetzt einige Anregungen zur genaueren Erinnerung und Reflexion:

* Wie/wer begann die Bekanntschaft bzw. Beziehung?

* Was war das Hauptthema der Beziehung am Anfang? Kamen andere nacheinander dazu oder blieb das Anfangsthema (z. B. sexuelle Anziehung) dominant?

* Was war spannend, ungewohnt, neu?

* Was wurde jeweils über Mädchen/Frauen bzw. Jungen/Männer dazugelernt?

* Welche eigenen Interessen/Bedürfnisse wurden in der Beziehung abgedeckt, welche blieben unbefriedigt (z. B. Lust, Geborgenheit, Selbstbestätigung, gleiche Interessen)?

* Mit welchen Wünschen und Bedürfnissen wurde ich durch den Partner/die Partnerin konfrontiert?

* Wie bin ich mit den Herausforderungen umgegangen? Haben sie mich vorangebracht, waren sie unnötig oder haben sie mir eher geschadet?

* Was bedeutete die Beziehung für meine leitenden Normen und Werte?

* Welches Gefühl, welche Vorsätze blieben zurück, als die Beziehung zu Ende war?

Da die Fragen auf mehrere Beziehungen bezogen werden sollen, um eine Entwicklung festzustellen, benötigen die TeilnehmerInnen genügend Zeit, ihre Bögen auszufüllen. Zu diesem Zweck können sie sich auf ihre Zimmer zurückziehen oder an anderer Stelle einen ruhigen Platz zum Nachdenken suchen. Wichtig ist der Hinweis, daß die Notizen nur eigenen Erinnerungen dienen und nicht von anderen gelesen werden.

Nach der Phase individueller Arbeit sollen Dreiergruppen nach eigener Wahl gebildet und die jeweiligen Erinnerungen besprochen werden. Auch für diese Phase ist relativ viel Zeit erforderlich, da es meist viel zu erzählen gibt.

Nach ca. 1,5 Stunden und einer entsprechend langen Pause kann ein Plenum angeschlossen werden, in dem die Dreiergruppen ihre festgestellten Gemeinsamkeiten und Unterschiede in zusammenfassender Form präsentieren und allenfalls gelegentlich durch konkrete Beispiele illustrieren. Im Plenum ist eine auf die Atmosphäre abgestimmte Moderation notwendig, die straff oder locker gewährend interveniert – je nachdem, ob die Spannung erhalten bleibt oder durch viele Berichte „die Luft heraus zu gehen droht".

D 10: Beziehungsberatung

Das Erinnern der eigenen Beziehungskarriere, der positiven Erfahrungen, aber auch der vielen Sackgassen der Entwicklung sensibilisieren für den Umgang mit Jugendlichen und ihren Problemen. Manches kann eher nachempfunden werden, bestimmte Verhaltensweisen und Probleme von Jugendlichen bleiben dem eigenen Verständnis jedoch auch verschlossen, weil jede-r aus einer anderen Biographie heraus wahrnimmt und urteilt.

Hilfreiche Beratungsprozesse können bis zu einem gewissen Grad geübt werden und die folgende Anregung soll dazu dienen:

Die Gruppe sammelt zunächst gemeinsam einige Kriterien, durch die ein Beratungsgespräch hilfreich werden kann. Die gefundene Liste kann – soweit noch nicht benannt – durch folgende Anregungen ergänzt werden:

* Gib lieber zu, daß Du etwas nicht weißt und lieber erst selbst nachlesen willst, bevor Du falsche Informationen weitergibst. Du mußt nicht alles wissen. Wichtig ist zu wissen, wer, welche Beratungsstelle, weiterhelfen kann.

* Sei vorsichtig mit der ausführlichen Schilderung eigener Erfahrungen und „Geschichten". Dein Gegenüber möchte erst einmal in seiner ganz konkreten Situa-

tion ernst genommen werden und kann nicht immer so gut zuhören, wenn Du „von damals" erzählst, als Du das Problem auch hattest.

* Frage öfter nach den Gefühlen, die mit einer bestimmten Situation oder Information verbunden sind, wenn jemand mehr „im Kopf" bleibt. Sondiere das Gesagte, frage nach Informationen oder gib sie, wenn jemand im Gefühl zu ertrinken droht.

* Frage nach, wenn Du etwas nicht verstanden hast und wiederhole evtl. was Du gehört hast.

* Sage öfter, warum Du eine Frage stellst, damit sich Dein Gegenüber nicht ausgefragt fühlt.

* Interpretiere nicht so viel, sondern sage eher, wie das eine oder andere auf Dich wirkt, was Dir für Gefühle, Gedanken kommen.

* Sei vorsichtig mit Ratschlägen, gib sie nur in aktuellen Krisensituationen. Frage nach längeren Gesprächspausen nach, ob Deinem Gegenüber jetzt etwas einfällt, was nützlich wäre.

* Achte auf Körpersignale bei dir und bei anderen und sprich sie vorsichtig an.

Jede-r wählt aus seiner eigenen Biographie ein Beziehungsproblem aus und bildet mit zwei anderen eine Dreiergruppe. Abwechselnd erzählt jede-r den Konflikt bzw. das Problem und jemand anders fungiert als BeraterIn. Die BeraterInnen sollen dabei versuchen, sich an den zuvor besprochenen Beratungskriterien zu orientieren. Der bzw. die „Dritte im Bunde" beobachtet und äußert nach dem Gespräch seine/ihre Wahrnehmungen und Empfindungen. Jede-r der Dreiergruppe ist einmal KonfliktträgerIn, BeraterIn und BeobachterIn.

Die Gespräche können in der Gesamtgruppe unter den Fragestellungen ausgewertet werden:

* Was ist in den Beratungsgesprächen schwierig gewesen, was war hilfreich, was verhinderte eine offene Beratungssituation?

* Gab es unterschiedliche Formen der Einfühlung und der Beurteilung des jeweiligen Konflikts bzw. Themas?

* Was ist in Beratungsgesprächen mit Jugendlichen anders als in dieser experimentellen Situation, was ist ähnlich?

6. Sexualmoral:
(K)ein Thema für Jugendliche?

6.1 Beobachtungen.

Auf der Erscheinungsebene lassen sich zum Thema Jugendliche und Sexualmoral folgende Beobachtungen machen:

Mit dem Begriff Moral werden immer noch ganz bestimmte Werte und Normen verbunden, die gegen sexuelle Bedürfnisse gerichtet sind und für alle Menschen gelten sollen. Weil eine allgemein festgeschriebene Moral in den alltäglichen Lebensbedingungen oft keinen Sinn produziert und mit einer sexualfreundlichen Haltung in Konflikt gerät, wollen ganz viele Jugendliche nichts mehr von Moral hören. Moral wird als unnötiges Regelwerk empfunden, das keine Orientierung gibt, sondern – im Gegenteil – lebbaren Normen im Wege steht. Sexualerzieherische Erfahrungen und internalisierte Orientierungen belegen den gesamten Begriffskomplex „Moral-Werte-Normen" mit einem unangenehmen Assoziationsfeld von Verzicht, Konflikt, schlechtem Gewissen, Strafe, erhobenem Zeigefinger, Stirnrunzeln, zumindest mit Schwere und Ernsthaftigkeit.

Einige wenige Jugendliche sind immer noch ehrfürchtig berührt, wenn von Werten und Moral die Rede ist. Sie bewahren sie wie seltene Schmuckstücke auch vor der Konfrontation mit dem realen Leben (ganz im Sinne der bürgerlichen Doppelmoral), manchmal nur mit alternativen Vorzeichen. Es sind oftmals ganz eindeutige, strenge Werte, die zumindest verbal geäußert werden und manchmal den eigenen Eltern zu weit gehen. Eine Freundin ist nach solchen strengen Maßstäben schon untreu geworden, wenn sie „länger" mit einem anderen Jungen gesprochen hat. Andere werden ohne Ansehen der konkreten Person und Situation beurteilt: „Abtreibung ist Mord" oder „AIDS-Kranke sind schließlich selbst schuld".

Wieder andere Jugendliche kämpfen trotzig gegen die Moral ihrer Eltern und orientieren sich am Gegenteil. Kinder aus streng religiösen Elternhäusern werden beispielsweise dann zu „schwarzen Schafen", die „aus der Art geschlagen sind".

Ganz wichtig ist zunehmend die Konvention der Freundschaftsclique und ihre Orientierung an der jeweils anerkannten medial vermittelten Subkultur. Stars und Idole aus der Medienwelt übernehmen durch Jugendzeitschriften breitenwirksam die Funktion von Moralproduzenten. Die Freundschaftsgruppe überwacht die Einhaltung der Verhaltensimperative. Ganz häufig kann eine Schaukelbewegung zwischen den internalisierten Werten aus der Herkunftsfamilie und den oft gegenteiligen Orientierungen der Gleichartigengruppe beobachtet werden.

Wenigen Jugendlichen (und Erwachsenen) gelingt zu einem relativ späten Zeitpunkt das Überprüfen der übernommenen Orientierungen, sowie die Herausbildung einer selbstbestimmten, an allgemeinen Prinzipien orientierten Moral durch argumentative Einsicht und eigene Erfahrungen.

Die vielen verschiedenen Versuche, mit dem unumgehbaren Thema der Moral als Orientierungssystem umzugehen, weisen zum einen auf entwicklungspsychologisch unterschiedliche Stufen moralischen Bewußtseins hin, zum anderen auf den allgemeinen gesellschaftlichen Zustand der Moralentwicklung.

6.2 Entwicklungspsychologische Stufen der Moralentwicklung.

Die Aneignung und Entwicklung von Werten und Normen ist ein individueller und lebenslanger Vorgang. Wenn sich die Welt um eine Person herum ändert und sie selbst versucht, auf ihre Umwelt einzuwirken, müssen viele Entscheidungen getroffen werden, bekommt sie viele Konsequenzen zu spüren, werden neue Bedürfnisse geweckt, ändern sich Vorlieben, Normen und langfristig auch die Werteposition.

Als Kleinkind bestimmt überwiegend die Autorität der Bezugspersonen was „gut und böse" ist. Meist genügt das Wissen darum, „daß es meine Mama gesagt hat", um ein eindeutiges Urteil zu fällen. Wenn das Kind im Laufe der Zeit entdeckt, was Wohlbefinden und Unwohlsein auslöst, neigt es dazu, die eigenen Bedürfnisse als Gradmesser dafür zu nehmen, was richtig oder falsch ist. Durch erstes Einfühlen in andere Menschen, etwa die Mutter, kommt später eine Art Tauschmoral zustande: „Wenn Du meine Bedürfnisse befriedigst, tue ich was Du willst."

Im weiteren Verlauf der Entwicklung werden unterschiedliche Bezugspersonen wichtig, denen das Kind gefallen will, indem es sich nach ihnen richtet. Neben den Eltern treten bald die Freunde und Freundinnen. Das „Gefallen wollen" kann weit bis in das Jugendalter hineinragen: „Ich gehöre zur Clique, wenn ich schon mit wenigstens zwei Mädchen geschlafen habe".

In der Pubertät geben „Gesetz" und „Ordnung" weitgehend Orientierung. Die Ehe ist die weitest verbreitete und gesetzlich geschützte Lebensform: „Meine Eltern sind verheiratet, also werde auch ich heiraten". Erst später merken viele Jugendliche, daß ihre Ehevorstellung Risse bekommt. Viele erfahren die Scheidung der Eltern und zweifeln am Sinn der Ehe. Vielleicht setzt sich auch die Erfahrung durch, daß – unabhängig von der konkreten Lebensform – das Bedürfnis nach Heimat entscheidend ist. Treue und Verläßlichkeit werden als Werte wichtig, weil sie Vertrauen und Geborgenheit ermöglichen.

Die Orientierung an ethischen Prinzipien erfolgt als selbstgewählte Entscheidung erst relativ spät – nämlich im jungen Erwachsenenalter – und ist dann handlungsleitend und situationsbezogen veränderbar. Auf dieser Stufe ist die Orientierung an Werten von dem Bewußtsein getragen, daß ethische Orientierungen sich nicht unter allen Umständen verwirklichen lassen und jeder Wert mit seinem Gegenwert ausbalanciert werden muß. Durch Erfahrung kann im Laufe des Lebens immer deutlicher werden, daß Liebe, Solidarität, Verläßlichkeit, Ganzheitlichkeit, immer nur annähernd erreicht werden können, daß sie andererseits aber als produktive, vorantreibende Utopie ganz wichtig sind.

Für Pädagogen und Pädagoginnen ist es wichtig zu wissen, daß diese verschiedenen Stufen der Wertbildung durchlaufen werden müssen; daß es keinen Zweck hat, „das Pferd von hinten aufzuzäumen" und den Jugendlichen ethisch bedeutsame Werte anzuerziehen. Für Jugendliche ist hilfreich, sich der augenblicklichen Position bewußt zu werden, sie zu äußern und sie in die Auseinandersetzung mit anderen Menschen einzubringen. Vielleicht wird sich auf einer bestimmten Stufe des Wertbewußtseins zunächst nicht viel ändern, weil noch viele Erfahrungen fehlen. Überzeugungsarbeit würde bei aller Anstrengung doch nur äußerlich bleiben.

Ändern kann sich vielleicht langsam etwas durch die Erkenntnis, daß individuelle Orientierungen früher anders aussahen als heute, daß es Menschen gibt, die anders werten und das jede-r Einzelne sich in andere einfühlen und andere Perspektiven kennenlernen kann.

Viele Jugendliche scheuen die Auseinandersetzung mit den Werten und Normen, die ihnen die Eltern mitgegeben haben. Sie tun so, als könnten sie dieses Erbe einfach abschütteln und eigene Orientierungen dagegen setzen. Dabei wird unterschätzt, wie tief sich die übernommenen Werte und Normen „eingenistet" haben. Sie werden später wieder aktuell, und die Auseinandersetzung beginnt zu einem Zeitpunkt, an dem viele Weichen schon gestellt sind. Vielleicht ist bereits eine Familie gegründet, die dann unter den verspäteten Konflikten leidet. Sexualpädagogik kann zur frühzeitigen Auseinandersetzung mit vorgegebenen Orientierungen herausfordern, damit eine autonome und selbstverantwortete Entscheidung zustandekommt.

6.3. Gesellschaftliche Stufen der Moralentwicklung

Seit einigen wenigen Jahrzehnten verflüssigen sich mit rasanter sozio-ökonomischer Entwicklung allgemeinverbindliche traditionelle Orientierungsmuster und feste Rollenvorschriften. Der konventionelle bürgerliche eheorientierte Moralkodex gibt keine brauchbare Hilfestellung mehr angesichts gewachsener Selbstbestimmungsbedürfnisse und angesichts der veränderten Produktions- und Konsumbedingungen in unserer Gesellschaft.

Jugendliches Sexualverhalten ist viel früher privatisiert, als einige Generationen zuvor. Es orientiert sich weniger an Geboten und Verboten als eher an gefühlsgesteuerten subjektiven Reaktionen auf spezifische Lebenslagen und Alltagswelten. Die Formulierungen sind bewußt vorsichtig gewählt, denn natürlich orientieren sich noch Jugendliche an den traditionellen Geboten und Verboten und ganz viele leben die neuen Konventionen, welche ihre Freundschaftsgruppe und die Medienwelt vorgeben.

Nach K. O. Apel (1988) leben wir gesamtgesellschaftlich im Übergang zwischen der konventionellen zur postkonventionellen Moral. Mit „postkonventioneller Moral" ist ein Handeln gemeint, das nicht einfach routinemäßig konventionelle Normen anwendet, sondern sie durch allgemeine Prinzipien legitimiert und mittels diskursiver Verständigung in die jeweils konkrete Lebenssituation einpaßt. Daß dieser Prozeß des Übergangs nicht gradlinig verläuft und nicht alle Teilbereiche der Gesellschaft erfaßt, spiegel die momentane *„Ungleichzeitigkeit des Gleichzeitigen"*, das Nebeneinander von klassisch-repressiven und (ebenso entmündigenden) kommerziellen Moralssystemen einerseits und die Herausbildung vieler gruppenspezifischer Lebensentwürfe und individueller Verhaltensweisen andererseits.

Für Jugendliche gilt, daß die abnehmende Verbindlichkeit von Lebensentwürfen die Herausbildung verschiedener Teilkulturen mit ihren ganz unterschiedlichen Lebenslagen, Ausdrucks- und Bewältigungsformen, verschiedene Normsysteme bzw. „Moralen" hervorgebracht hat, die das Verhalten in den jeweils besonderen Situationen steuern.

Die jeweiligen Moralen sind lebenswelt- und situationsspezifischer, aber durchaus nicht nach dem Idealmuster postkonventioneller Moralität zustande gekommen. Weder ist die Mehrheit der Jugendlichen in der Lage, allgemeine Orientierungswerte wie z. B. „Liebe" in der Auseinandersetzung mit Anderen inhaltlich zu qualifizieren und selbstbestimmt in praktisches Handeln umzusetzen, noch sind die gesellschaftlichen Voraussetzungen dafür gegeben, daß viele Menschen ihre eigenen und gruppenspezifischen „Moralen" leben und die sexuellen Lebensentwürfe anderer achten.

Der momentane Zustand muß eher als postkonventionelle Ungewißheit gekennzeichnet werden, die lediglich die Inhalte und die Moralproduzenten vermehrt, den Mechanismus der konventionellen Orientierung, der fremdbestimmten Verpflichtung auf vorgegebene Muster aber beibehält.

Die Auflösung traditioneller Rollenvorschriften hat die Notwendigkeit individueller Entscheidungen erhöht und einen frühzeitigen Zwang zur Wahl hervorgebracht, der vielfach als unangenehm erfahren wird. Was früher zwangsweise, aber auch sehr hilfreich, durch die Normen der Gesellschaft geregelt war, muß heute in stärkerem Maße durch eigene Entscheidungen verantwortet werden.

Die angemessene Wahrnehmung der „Freiheit zur moralischen Stellungnahme" erfordert ein hohes Maß an Informationen und Orientierungswissen, einen gewachsenen Grad an Selbstreflexion und die Fähigkeit zum Diskurs, zum Gespräch mit Gleichaltrigen und Erwachsenen. Diese Herausforderung zu einem aufgeklärten Umgang mit sich, mit anderen und den gemeinsamen Traditionen ist in unserer Gesellschaft nicht mehr umkehrbar.

6.4 Didaktische Anregungen

D 11: Sexualmoral im Wandel der Generationen

Da die wichtigsten Veränderungen der Sexualmoral Jugendlicher in den letzten vier Jahrzehnten stattgefunden haben, lohnt sich ein Vergleich der Generationen, um ein paar typische Entwicklungen nachzuzeichnen.

Zu diesem Zweck werden die TeilnehmerInnen der Fortbildung gebeten, auf vier verschiedenen Blättern aufzuschreiben, was

a) ihren Großeltern
b) ihren Eltern
c) ihnen selbst
d) Jugendlichen heute

in der Sexualität im weitesten Sinne wichtig war bzw. ist.

Zur Erinnerung an die Werte der Großeltern und Eltern hilft die Vergegenwärtigung der jeweiligen historischen und biographischen Besonderheiten, unter denen sie gelebt haben. Zur Anregung sollte auch ein kurzer Hinweis auf die vier Sinnfunktionen von Sexualität gegeben werden, die in Kapitel 4.3 näher erläutert wurden (Identitäts-, Beziehungs-, Lust- und Fruchtbarkeitsfunktion).

Nachdem jede-r ca. 45 Minuten Zeit hatte, um sich einige Notizen zu machen, werden selbstgewählte Dreiergruppen gebildet, in denen die jeweiligen Normen und Werte mitgeteilt und besprochen werden.

Im Plenum können folgende Leitfragen das Gespräch strukturieren:

* Inwiefern ist die Sexualmoral abhängig von besonderen gesellschaftlichen Rahmenbedingungen?

* Läßt sich eine Entwicklung von einem geschlossenen Moralkodex zu verschiedenen einzelnen Moralen feststellen?

* Was ist in der Generationenfolge gleich geblieben, was hat sich wesentlich verändert?

* Welches Gesamtbild ergibt die Kennzeichnung des jugendlichen Sexualverhaltens heute? Wer hatte jeweils welche Jugendlichen vor Augen?

D 12: Werte, Tugenden und Normen – Ethik und Moral.

Zur besseren Orientierung im schwierigen und vielfach mißverständlichen Bereich der Moral ist eine genauere Bestimmung der einzelnen Begriffe wichtig. Nur so wird Verständigung möglich und können zudem ein paar wichtige Einsichten gewonnen werden, die Aussagen über Jugendsexualität qualifizieren.

Die gängige Begriffsverwirrung hängt auch damit zusammen, daß es auch in der wissenschaftlichen Literatur kaum eindeutige Definitionen gibt, die von allen geteilt werden. Die folgenden inhaltlichen Bestimmungen orientieren sich an einem größtmöglichen Konsens und versuchen möglichst pragmatische Beschreibungen.

Ethik meint die wissenschaftliche, also theologische oder philosophische (auch ideologiekritische) Reflexion des gesamten Bereichs der Moral.

Der Begriff Moral wird meist zur Kennzeichnung des Systems der Werte, Tugenden und Normen eines gesellschaftlichen Systems, eines Teilsystems oder einer Gruppe gebraucht.

Werte sind sehr allgemeine Prinzipien, von denen viele in verschiedenen Kulturkreisen und Gesellschaften gelten. Da es sich um sehr grundsätzliche Orientierungen handelt, gibt es insgesamt gar nicht so viele Werte. Werte sind z. B. Freiheit, Gesundheit, Liebe, Freundschaft, Ehrfurcht vor dem Leben, Seelenfrieden, Selbstentfaltung. Als höchster Wert wird von den meisten Ethikern das Glück bezeichnet. Jeder Wert konfligiert mit wenigstens einem anderen.

Tugenden sind nützliche (unter Umständen auch unnütze) Eigenschaften, um Werten näher zu kommen. Der Begriff „Sekundärtugenden" macht das besonders deutlich. Bei einer Tugend ist also die Frage angebracht „wozu soll sie dienen?" Tugenden sind zum Beispiel sexuelle Erfüllung, Keuschheit, Disziplin, Ordnung, Gelassenheit, Lebendigkeit, Ausdrucksstärke u.ä.

Normen sind im ethischen Sinne Verhaltensgebote, die Werte und Tugenden in ganz konkreten Situationen umsetzen. Sie sind sehr stark von den jeweiligen Bezugsgruppen beeinflußt, so daß Norm oft im soziologischen Sinne als in einer Gruppe geltende Verhaltensanweisung verstanden wird. Normen sind z. B. einzelne Hygienevorschriften oder „Benimm-Regeln", Empfehlungen, um Enthaltsamkeit wirklich zu leben oder auch Hilfestellungen zur Förderung eigener Lust und Lebendigkeit.

Auf dem Hintergrund dieser Systematik lassen sich die in der vorangegangenen didaktischen Anregung notierten Orientierungen von Großeltern, Eltern, Jugendlichen und den Teilnehmern bzw. Teilnehmerinnen selbst zuordnen.

Das kann z. B. auf Zuruf geschehen. TeamerInnen haben zuvor die Begriffe „Wert, Tugend, Norm" auf eine Wandzeitung geschrieben und notieren die jeweiligen Nennungen – nach kurzer Übereinkunft mit der Gruppe – darunter.

Auf diese Art und Weise kann festgestellt werden, daß sich z. B. grundlegende Werte im Laufe der Generationen kaum verändert haben, daß auch für die heutige Zeit kaum vom Wertezerfall die Rede sein kann. Was sehr wohl passiert, ist ein ehrlicheres Ausbalancieren verschiedener Werte und eine Akzentverschiebung zwischen einzelnen allgemeinen Prinzipien. Zudem werden andere Wege beschritten (Tugenden), um die allgemein anerkannten Werte zu erreichen. Tugenden haben sich in der Tat sehr stark verändert, was alleine den Begriff in Verruf gebracht hat.

Beim Zuordnen der Normen, Tugenden und Werte muß bedacht werden, daß nicht in jedem Fall trennscharfe Unterscheidungen getroffen werden können. Das ist für die Auseinandersetzung durchaus hilfreich.

6.5 Jugendsexualität und AIDS.

Es kostete einige Überwindung, ein eigenes Kapitel über AIDS und Jugendsexualität zu schreiben, weil mir nicht daran liegt, das Thema mit einer überdimensionierten Bedeutung zu verewigen. Andererseits bleibt Aids-Prävention für lange Zeit die einzige Möglichkeit, die Ausbreitung dieser tödlichen, sexuell übertragbaren Krankheit zu verhindern. Auch wenn für die meisten Jugendlichen die bereits relativ geringe Wahrscheinlichkeit größer ist, vom Auto überfahren zu werden als sich mit HIV anzustecken, bleibt die Notwendigkeit von „Verkehrserziehung" sowohl im wörtlichen Sinne des Straßenverkehrs als auch im übertragenen Sinne des „sexuellen Verkehrs". Hinzu kommt die Tatsache, daß die Angst vor AIDS Jugendsexualität zu verändern drohte, so daß vor allem auch diese Seite des Themas, die „Geisteskrankheit" Aids behandelt werden muß.

Im allgemeinen Teil über Jugensexualität soll nur kurz auf die Fakten und deren Interpretation eingegangen werden, die in diesem Zusammenhang wichtig sind.

6.5.1 Die reale Gefahr.

Bisher sind in der Bundesrepublik Deutschland nur sehr wenige Jugendliche HIV-infiziert bzw. an AIDS erkrankt. Die Infektionen und Erkrankungen beschränken sich weitgehend auf die Hauptbetroffenengruppen der intravenös drogenabhängigen und sich prostituierenden Jugendlichen. Experimenteller Drogengebrauch oder zeitweise Prostitution bilden im Zusammenhang mit Homosexualität die Schnittpunkte der Betroffenen – und Gefährdetenszene. Wichtiger als Reden von Hauptbetroffenengruppen ist jedoch die Benennung von Situationen, in denen eine HIV-Infektion wahrscheinlich werden kann. Das sind natürlich Kontakte zur Drogen- und Prostitutionsszene, Urlaubssituationen, in denen relativ häufig ungeschützter Sexualverkehr mit Unbekannten stattfindet und Kontakte zu Erwachsenen, die ohnehin – und vor allem als Homosexuelle – einem höheren Infektionsrisiko unterliegen als Jugendliche selbst.

Nicht wenige Jugendliche zeigen sich überrascht von dem Eifer, mit dem sich Erwachsene plötzlich wieder um die Jugend bemühen. Jugend wird zur Problemgruppe hochstilisiert, ihr vermeintlich liderlicher Sex gerät ins Fadenkreuz von Umerziehern. In der Tat handelt es sich dabei um einen Mythos, wenn behauptet wird, Jugendliche hätten ständig Geschlechtsverkehr mit häufig wechselnden Partnern und Partnerinnen.

Es ist unbestreitbar und hat mit Verharmlosung nichts zu tun: Die AIDS-Angst, die auch unter Jugendlichen entstanden ist, steht bei ganz vielen in keinem angemessenen Verhältnis zum wirklichen Ausmaß der Krankheit. Diese Tendenzaussage ist ganz bewußt relativierend formuliert worden, denn die Wirklichkeit ist meist komplexer als solche Tendenzen aussagen. Zum einen gibt es mediengesteuerte „Wellen" unterschiedlicher AIDS-Angst, zum anderen auch in epidemiologischer Hinsicht verschiedene Grade der Betroffenheit. Auch, wenn sich zeigte, daß die Mehrheit der Homosexuellen z. B. safer sex praktizieren, gibt es immer noch eine Minderheit auch von bereits HIV-Infizierten, die ihr Sexualverhalten nicht umstellt und ein „Recht auf unsafe sex" praktiziert.

Auch viele Jugendliche denken in potentiellen Gefahrensituationen nicht an die Notwendigkeit, sich z. B. durch Kondome zu schützen. Wahrscheinlich machen sich aber die meisten bei ihren ersten Sexualkontakten eher unnötige Gedanken über eine mögliche Infektion, während sie in wirklichen Gefahrensituationen, z. B. unter Drogen- und Alkoholeinfluß oder im allgemeinen Mondscheintaumel des Urlaubs gerade nicht an angemessene Vorsichtsmaßnahmen denken.

Die Gründe dafür sind ganz vielfältig und meist irrationaler Art. In Gesprächen – vor allem mit Jungen – werden immer wieder folgende Argumente genannt (Vroome 1989):

* Es gibt immer noch keinen strengen Beweis, daß Geschlechtsverkehr AIDS überträgt.

* Was die da oben uns erzählen, ist sowieso Mist, die wollen uns nur den Spaß verderben.

* Man hört doch kaum noch etwas von AIDS – es ist doch alles übertrieben.

* In mein Sexualleben hat mir niemand `reinzureden.

* Es wird schon nichts passieren.

* Die Gefahr, sich anzustecken, ist so verschwindend klein....

* Ich habe nicht immer gerade Gummis dabei...

* Ich weiß ja, daß ich nicht angesteckt bin – und er/sie würde das Kondom doch als Mißtrauen von mir auffassen.

* Ich werde sowieso nicht krank.

* Ich werde sowieso nicht alt werden, ob ich an AIDS oder Alkoholismus krepiere, ist doch egal.

* Sexualität und Lust sind einfach etwas völlig anderes als Gesundheit.

* Ich nehme schon die Pille.

* Ich gehöre nicht zu den Risikogruppen.

* Sex verliert seine Wildheit, wenn ich dabei auch noch denken muß.

* Ich schlafe nur mit sauberen Mädchen.

* Ich gehe nur in anständige Diskotheken.

* Wir kennen uns doch schon drei Wochen.

* Wir sind doch verlobt.

* Ich schlafe nur mit ganz jungen Mädchen.

* Ich schlafe nur mit Deutschen.

Trotz der extrem geringen Ansteckungsgefahr, die für Jugendliche besteht, lohnt es sich, die verbleibenden Restrisiken so weit wie möglich und sinnvoll, zu minimieren. Möglich und notwendig ist die Arbeit z. B. gegen die in den o. g. Aussagen enthaltenen Vorurteile und Dummheiten. Ob die Ausschaltung eines jeden Restrisikos sinnvoll ist, darüber läßt sich letztendlich streiten. Natürlich schützt auch der Kondomgebrauch nicht in jedem Fall vor einer HIV-Infektion oder einer Geschlechtskrankheit. Zum Beispiel dann nicht, wenn die Gummis unsachgemäß verwandt wurden. Völlige Sicherheit besteht nur bei Verzicht auf alle Sexualpraktiken, bei denen es potentiell zum Austausch von Körperflüssigkeiten kommen kann – und das kann auf die Dauer trostlos werden.

6.5.2 Die „Geisteskrankheit" AIDS.

Abgesehen von der Frage, wie Jugendliche mit der epidemiologisch relevanten AIDS-Gefahr umgehen, wurden viele irrationale Ängste geweckt , die das sexuelle Lernen im Jugendalter erschweren. Glücklicherweise ist das Ausmaß nicht so groß, wie viele Erwachsene – und das mit verschiedenen Motiven – angenommen haben.

G. Schmidt u.a.. kommen in ihrer empirischen Untersuchung zu dem Ergebnis, daß die AIDS-Bedrohung nur einen sehr geringen Einfluß auf das Sexualleben Jugendlicher habe. Das gelte – so schränken sie ihre Interpretation der Daten ein – nur für die „mainstream"-Jugendlichen, nicht aber für besonders gefährdete Minderheiten (Schmidt u. a. 1992).

Die formulierten Ansprüche werden aber offenbar nicht in gleicher Weise in die Praxis umgesetzt. Die wenigen Daten dazu weisen darauf hin, daß das in den 60iger und den 70iger Jahren entwickelte sexualbejahende und partnerorientierte Muster der Jugendsexualität sich in seiner Struktur nicht verändert hat. Praktiziert werden einige konkrete AIDS-bezogene präventive Sexualregeln, die eher pragmatisch als moralisch genannt werden können: Zunehmender Kondomgebrauch und gelegentlicher Verzicht auf Sexualität in bestimmten Situationen (Böhm und Rohner 1988).

Die Messung geringer Verhaltensänderungen kann aber auch auf die Untersuchungsmethoden zurückgeführt werden. Es handelt sich meist um kurzfristige Interviews oder schriftliche Beschreibungen, die nur die Oberflächenstruktur der Person erfassen. *Erfahrungen aus intensiven Gruppen- und Einzelgesprächen sowie aus der Beratungsarbeit legen die Vermutung nahe, daß die Irritation im tatsächlichen Verhalten Jugendlicher größer ist als die ersten empirischen Erhebungen zu Tage fördern.*

Ganz viele Fragen verstärken sich gegenseitig:

Weiß ich bereits alles über die Ansteckungswege?
Kann man den Leuten vertrauen?
Bin ich aufgrund meines bisherigen Verhaltens gefährdet?
Muß ich mich jetzt in das bisherige Intimleben meiner Partnerin/meines Partners einmischen?
Muß ich mit demjenigen/derjenigen immer zusammenbleiben, wenn ich sexuellen Kontakt aufnehme?
Wirkt das nicht abschreckend, wenn ich immer Kondome in der Tasche habe?
Kann ich noch sexuelle Erfahrungen machen?
Wie verhalte ich mich, wenn jemand Analverkehr mit mir machen möchte?
Wieviel Risiko muß ich, will ich eingehen? ....

Die Irritation frißt sich langsam ins Verhalten hinein, „nagt am sexualfreundlichen Verhaltensmuster". Die vermutlich noch fortschreitende Angst ist längst keine Realangst mehr.

Es spricht einiges für die These, daß die AIDS-Angst tendenziell bei jedem bzw. jeder Einzelnen zu einer Vestärkung des bisher praktizierten Sexualverhaltens führte:

* Jene, die sich bisher an vorehelicher Enthaltsamkeit orientierten und sexuelles Erfahrungslernen ablehnten, fühlen sich durch die Tatsache von AIDS in ihrer Haltung bestätigt und perfektionieren die moralische Legitimation mit einem hygienischen Ausweis.

* Jene, die trotz Angst vor Sexualität sich zaghaft-lernend auf sexuelle Erfahrungen einließen, werden in ihrer Zaghaftigkeit bestärkt und ändern ihr Verhalten in Richtung auf spärliche Kontakte.

* Diejenigen, die bisher sexuell aktiv waren, weil ihnen sexuelles Erfahrungslernen wichtig war, die über eigene Sexualität kommunizierten und auch als Mann Verantwortung für Verhütung übernahmen, werden allem Anschein nach die Kondomnutzung intensivieren und von ihrer Sprachkompetenz und sexuellen Ausdrucksvielfalt Gebrauch machen.

* Jene, die auch bisher Meister im Verdrängen waren und sprachlos sowie wenig sensibel sich selbst und anderen gegenüber Sexualität lebten, werden auch die Möglichkeit einer HIV-Infektion eher verdrängen.

Neben der Tendenz zur Unterstützung des bisherigen Sexualverhaltens fördert die AIDS-Angst jene Grundbedürfnisse Jugendlicher, die in die Richtung von Kontinuität, Treue und Heimat weisen. Weil für viele das Arbeitsleben keine Orientierung und nur wenig Selbstwertgefühl vermittelt, wird Verhaltenssicherheit in der verläßlichen Intimbeziehung gesucht und schlimmstenfalls eingeklagt. Diese Tendenz wird nun verstärkt, die Probleme der Überlastung von Partnerschaften können dadurch zunehmen.

Am Einschneidensten hat sich die AIDS-Gefahr und die AIDS-Angst auf *schwule Jugendliche* ausgewirkt. Das ohnehin mit vielen Ängsten belastete Coming Out ist noch schwieriger geworden. Die Angst vor Diffamierung und Isolation kommt ebenso hinzu wie die Angst vor den Reaktionen der eigenen Eltern, die zu der „normalen Enttäuschung" noch die Furcht zu verarbeiten haben, ihr Sohn könne AIDS bekommen. Die Gewöhnung an Kondome ist in vielen Fällen schwieriger als bei heterosexuellen Jugendlichen und der Verzicht auf Analverkehr oder Sexualität überhaupt bedeutet für bewußte Schwule, die das Comming Out bereits hinter sich haben, eine große Persönlichkeitseinschränkung. Sexuelle Befriedigung ist für viele der persönlichkeitsstabilisierende Ausgleich für die vielen anderen Entsagungen und Probleme, die der Status eines schwulen Jugendlichen mit sich bringt.

6.6 Didaktische Anregungen

D 13:   Jugend und AIDS: Nicht mehr davon reden, wachhalten oder in`s Bewußtsein hämmern?

Die TeilnehmerInnen-Gruppe wird in vier gleich große Gruppen geteilt.

* Gruppe 1 übernimmt die Funktion derjenigen, die der Meinung sind, daß Jugend endlich mit dem Thema AIDS in Ruhe gelassen werden soll. Das reale Risiko gehe ohnehin gegen Null und die AIDS-Angst kann nur abgebaut werden, wenn das Thema endlich verschwindet.

* Gruppe 2 übernimmt die Position derjenigen, die das Thema AIDS unter Jugendlichen mit allen Mitteln „am Kochen halten will". Weil immer wieder junge Menschen nachwachsen, sei auch das Wissen um die Gefahr von AIDS schnell aus dem Bewußtsein herausgewachsen. Ein Verstecken der AIDS-Prävention in Sexualpädagogik werde der Gefahr nicht gerecht. Zudem könnten bestimmte Hauptgefährdetengruppen nur durch gezielte AIDS- Prävention angesprochen werden.

* Gruppe 3 übernimmt die Position derjenigen, die das Thema „AIDS und Jugend" als eigenen Präventionsbereich abbauen wollen. AIDS-Prävention soll in Sexualpädagogik integriert werden. Eine eigenständige AIDS-Prävention hätte nur gegenteilige Folgen, weil ohnehin keiner mehr darauf reagiere.

* Gruppe 4 übernimmt die Rolle von Zuschauern bzw. Zuschauerinnen.

Zwei TeamerInnen übernehmen die Moderation und sprechen immer wieder neue Fragen an, die von den Gruppen aus ihrer jeweiligen Position heraus beantwortet und diskutiert werden sollen.

Die Fragen könnten folgendermaßen aussehen:

* Könnt Ihr bitte zunächst ganz allgemein Eure Position darlegen?

* Würdet Ihr bei Eurem Konzept eine Unterscheidung treffen zwischen Jugendlichen aus Hauptbetroffenengruppen und aus anderen?

* Wie kann Eurer Meinung nach am besten verhindert werden, daß bestimmte gefährdete Gruppen wie z. B. Homsexuelle an den Pranger gestellt werden?

* Sollen Jugendliche eigentlich ihr Sexualverhalten ändern?

* Wann beginnen der Staat, die Kirche oder Erwachsene allgemein, sich allzusehr in die Intimspähre von Jugendlichen einzumischen? Wo seht Ihr jeweils die Grenze?

* Wie prognostiziert Ihr die Entwicklung von HIV-Ansteckungen unter Jugendlichen in Zukunft?

* Ist Sexualpädagogik eigentlich das richtige Mittel, um AIDS vorzubeugen?

* Wie groß ist Euer Vertrauen in die Jugendlichen, daß die schon selbst wissen, was für sie richtig ist?

7. Sexualerziehung: Weniger Eingriff, mehr freundliches Begleiten.

7.1. Sexuelle Selbstverwirklichung, Moralität und Erziehung

7.1.1 Mißbrauch und Hilfe

Sexuelle Selbstverwirklichung, Moralität und Erziehung als Begriffe zusammenzubinden erscheint zunächst als kühnes Unternehmen, da die Verbindung eher unangenehme Assoziationen und Zweifel als spontane Zustimmung weckt. Viele biographische Erfahrungen gehen in die Richtung, daß sexuelle Entfaltung moralisch verurteilt und mittels Erziehung in die gesellschaftlich vorgegebenen Schranken verwiesen wurde. Auch theoretisch-systematische Bedenken werden aktiviert. Ist Moral nicht normierend – und damit per se einschränkend und bedeutet Erziehung nicht grundsätzlich Formierung, während der Sexualität immer etwas subjektiv Eigensinniges, Anarchistisches, Grenzen-durchbrechendes inhärend ist? *Sind Sexualität und erst recht sexuelle Selbstverwirklichung einerseits und Moral sowie Erziehung andererseits nicht Gegenbegriffe, die als Sexualerziehung nur Unheilvolles zustandebringen?*

Es fällt nicht schwer, historische und aktuelle Beispiele dafür zu finden. Van Ussels „Geschichte der Sexualunterdrückung" (1977) ist angefüllt mit erschütternden Illustrationen und überzeugenden Argumentationslinien.

Auch Foucault beschreibt in „Sexualität und Wahrheit" (1983), wie der wissenschaftliche, moralische und pädagogische Diskurs über das Sexuelle der Macht ermöglicht, in die geheimsten Winkel des Menschen einzudringen. Gleichzeitig beschreibt er eindrucksvoll, wie gerade durch diese Diskurse das Sexuelle ausdifferenziert, und vormals kaum aufregende Phänomene sexualisiert und damit erst spannend wurden.

Damit sollen keinesfalls segensreiche Nebenwirkungen wissenschaftlicher Kontrollsucht und pädagogischer Repression behauptet werden. Wohl aber die Einsicht, daß die Verhältnisse etwas komplexer aussehen als eine lineare Repressionsthese suggeriert, die über Auswirkungen „schwarzer Pädagogik" hinaus Erziehung grundsätzlich zu diskreditieren versucht.

In der theologischen Diskussion heißt es auf das Thema „Moral" bezogen: „Abusus non tollit usum" – „der Mißbrauch hebt den Gebrauch nicht auf". Dasselbe gilt für Erziehung. Die Tatsache, daß Moral und Erziehung immer wieder gegen die Entfaltung menschlicher Selbstbestimmung gebraucht wurden, hebt die anthropologische Voraussetzung nicht auf, daß Menschen „zur Freiheit verdammt" sind und sich nicht verhalten können, ohne zu entscheiden und für diese Entscheidung verantwortlich zu sein. Akte des Wertens sind für ihr Handeln unentbehrlich. Sie müssen wählen, bejahen und verneinen, vorziehen und zurückweisen, für sie Wichtiges von Unwichtigem unterscheiden lernen. Das gilt für jeden einzelnen Menschen – auch, wenn sich im Laufe der Geschichte „Erfahrungswerte" herausgebildet haben, die durch Miterleben, Erziehung oder auch zwangsweise vorgegeben werden.

Menschen können durch geschlossene, von außen an sie herangetragene Moralsysteme und rigide Erziehung an der Entfaltung ihrer Entscheidungsfähigkeit gehindert werden. Sie können aber auch selbst diese Entscheidungsfähigkeit vernachlässigen und kindlich bleiben.

Durch ein Verständnis von Moralität, welches den Eigensinn der Menschen bestärkt und sie dazu herausfordert, ihre selbstgewählten Entscheidungen auch gegen Zwang und Konvention zu behaupten, können sie in ihrem Bewußtsein und ihrer Entscheidungsfähigkeit wachsen.

Das Heraustreten aus der Selbstverständlichkeit des „richtigen Sexualverhaltens" hatte die „Nötigung zur Selbstverwirklichung" für immer mehr gesellschaftliche Gruppen zur Folge. Im Zusammenhang postkonventioneller Moralität ist das Thema des Sittengesetzes, die Frage nach den universell gültigen Wertmaßstäben, nicht mehr identisch mit der individuellen Verwirklichung eines gelungenen Lebens (vgl. J. Habermas, 1983, S. 191 ff). Letzteres wird dem einzelnen Menschen unter dem Stichwort *„Selbstverwirklichung"* abverlangt. Sie bleibt jedoch begrenzt durch historisch erkämpfte, gleichzeitig immer wieder in Frage gestellte Maximen von Moralität (Werte), so z. B. der Gerechtigkeit, der Liebe oder der Achtung vor dem Leben. Die Verwirklichung dieser allgemeinen Prinzipien zu einem gelungenen glücklichen Liebesalltag, der subjektiv und je nach Lebenslage ganz unterschiedlich aussehen kann, ist tendenziell in die Freiheit und die Verantwortung des einzelnen Menschen gestellt.

Diese Anstrengung hat einen Bedarf an Unfreiheit produziert, der von vielfältigen Sinnproduzenten gefüllt wird: Die traditionellen moralproduzierenden Kirchen versuchen, zusammen mit staatlichen Initiativen, tradierte Moralsysteme mit festgeschriebenen Werten, Tugenden und Normen durch Predigt, Gesetz und Erziehung wieder Geltung zu verschaffen. Die Sexualindustrie verheißt das gelobte Land der Selbstentfaltung, die Medien geben Ratschläge angesichts der entstehenden Widersprüche und Ungewißheiten. New-Age-Ideologien verheißen modernisierte umfassende Orientierungssysteme.

Gerade Sexualität droht zum gesellschaftlich freigesetzten Selbstverwirklichungsterritorium zu werden, da viele andere Bereiche kaum noch Entfaltungsmöglichkeiten zulassen. Selbstverwirklichung wird verheißen, Konvention und vorfabrizierte Verhaltensmuster geboten. Gerade das widerspricht aber einem wichtigen Grundprinzip von Moralität. Weder Selbstverwirklichung noch moralisches Bewußtsein sind durch bereit gestellte Verhaltenssysteme zu erreichen. Das gilt für die Angebote der kommerziellen Lebenshilfemedien als auch für die Versuche, geschlossenen tradierten Moralsystemen wieder Geltung zu verschaffen. *In beiden Fällen führt das Bedürfnis nach Unfreiheit in die trügerische Sicherheit des vorfabrizierten Glücks.*

Sowohl Selbstverwirklichung als auch Moralität implizieren die nicht delegierbare und kontinuierlich zu überprüfende Entscheidung und Verantwortung für das eigene

Verhalten. *Niemand kann sich verhalten, ohne zu entscheiden und für diese Entscheidungen verantwortlich zu sein. Das beinhaltet auch die Freiheit, diese Möglichkeit an andere Personen oder an programmierende Normsysteme abzugeben.*

7.1.2 Barrieren gegen Moralität

Moralität als „Zumutung der Entscheidungsfreiheit" ist gegen zwei große Barrieren zu verteidigen: Gegen das Argument der durchgehenden Determiniertheit des Menschen und gegen die Lehren vom „guten Menschen".

Moralität meint die Möglichkeit, sich für ein Handeln zu entscheiden, obwohl innere und äußere Zwänge dagegen sprechen. Jugendliche müssen gegen das seinerseits starke Argument gestärkt werden, daß ihr Verhalten ohnehin durch alle möglichen Begrenzungen determiniert sei. Sie müssen ihre Entscheidungsfreiheit verteidigen lernen gegen die elterlichen Botschaften, den Cliquendruck, die Einschränkung ihrer sozialen Entfaltungsmöglichkeiten, aber auch gegen Zwangsläufigkeiten, die möglicherweise ein inneres Triebgeschehen konditionieren.

Das sozialwissenschaftliche und psychoanalytische Wissen um die Determiniertheit der Sozialisation hat dem Gerechtigkeitsgedanken Plausibiliät verliehen und Emanzipationsmöglichkeiten erst grundgelegt. *Die Preisgabe der Verantwortlichkeit – und daran sind die modernen Sozialwissenschaften nicht unschuldig – pervertiert Selbstverwirklichung jedoch zum Konsum vorgefertigter Verhaltensstile.* Resigniert oder zynisch, vielleicht auch ganz froh, keine Verantwortung übernehmen zu müssen, fügt sich der bzw. die „postkonventionelle Ungewisse" – sozialwissenschaftlich gebildet – in das gemütliche Elend der bürgerlichen oder einer alternativen Konvention.

Wenn Moralität die Wahrnehmung von Entscheidungsfreiheit für das als gut erachtete Verhalten bedeutet, ist die Möglichkeit des Scheiterns und die Entscheidung zum unmoralischen Verhalten mit eingeschlossen. *Dem Ansinnen, Jugendliche vor dem Bösen zu bewahren und zum Guten abzurichten, ist immer zu mißtrauen, selbst, wenn es gutartig aussieht.* Wenn die moralische Erziehung und Predigt der Kirche unter diesem Vorzeichen vonstatten geht, liegt das christliche Liebesgebot bereits unter den bürgerlichen Tugenden begraben.

Auch eine Lehre von der guten oder der gesunden Sexualität, etwa im Rahmen der modern gewordenen Gesundheitserziehung, widerspricht dem Grundgesetz der Moralität, weil sie Freiheit begrenzt. Alle *Fragen* nach dem „gelungenen Alltag" und in diesem Zusammenhang auch nach der „gelungenen Sexualität" können jedoch ermuntern und die moralische Phantasie und Urteilskraft anregen.

Moralität enthält also neben der „Zumutung der Entscheidungsfreiheit" und der Orientierung an allgemein anerkannten und diskursethisch begründeten Prinzipien auch die Fähigkeit und Bereitschaft zur Auseinandersetzung um gelungene sexuelle Identität unter den real vorhandenen Lebensbedingungen.

Die meisten realen Konfliktsituationen sind auch im Intimbereich nur durch die Vermittlung zwischen konsensual ethischen Prinzipien (z. B. Liebe, Gerechtigkeit) und strategischem (an der durchaus nicht nur vernünftigen sozialen Realität orientiert) Handeln zu entscheiden. So sind viele sexuelle Handlungen durchaus vernünftig und aufgrund allgemeiner ethischer Prinzipien vertretbar. Ihre Umsetzung in einem bestimmten, von Sexualangst geprägten Kontext, könnte jedoch Konsequenzen haben, die schwer zu verantworten sind.

Selbstverwirklichung – so kann resümiert werden – geschieht im Zusammenhang postkonventioneller Moralität, wenn sich

* der Mut zum Gebrauch des eigenen Verstandes und zum Ausdruck der eigenen Gefühle

* an universell vertretenen Prinzipien orientiert und unter Berücksichtigung der vorhandenen Situation

* zu selbstverantworteten Handlungen führt.

7.1.3 Erziehung und Moralität

Zuvor ein Hinweis auf mögliche Mißverständnisse bzw. Grenzen des erzieherisch Machbaren:

Der erste Hinweis wurde bereits im vorhergehenden Abschnitt angedeutet: *Sexuelle Selbstverwirklichung ist nur um den Preis ihrer Perversion als Programm definierbar.* Daß es trotzdem angepriesene Verhaltensmodelle mit entsprechenden Leistungsnormen gibt, wird von Jugendlichen oft leidvoll erfahren. Dem Bravo-Ideal nicht genügen zu können, sich aber ständig annähernd so verhalten zu müssen, hat unmoralische Konsequenzen: Der Widerspruch zurrt die Zwangsjacke der Konvention noch fester und läßt das Selbstwertgefühl ersticken. Wenn Moralentwicklung dazu beitragen kann, das tatsächlich selbst Ersehnte und Gewollte unter Berücksichtigung der Situation, der Verantwortung für sich und andere und des Eigensinns anderer schrittweise in die Praxis umzusetzen, stärkt sie die einzelnen Menschen gegen die Ansprüche von außen.

Zum zweiten steht Erziehung in dem grundsätzlichen Widerspruch, die moralische Selbstveranwortung des Jugendlichen herstellen zu wollen. Durch äußere Einwirkung soll gerade die Unabhängigkeit von Außenlenkung erreicht werden. Der Widerspruch ist nicht grundsätzlich aufhebbar, sondern lediglich zu mildern. Wachsendes Wissen über den eigenen Körper, sexuelle Reaktionen, die eigenen Wünsche und Widersprüchlichkeiten sowie der Zugang zu den Quellen von Informationen, vor allem auch Kommunikation über sexuelle Lebensweisen enthalten die Chance, eigene Wege zu gehen und von pädagogischen Einflüssen unabhängig zu werden.

Das bedeutendste Problem für Erziehung zur Selbständigkeit besteht darin, daß eine entscheidende Grundlage weder lernbar noch lehrbar ist: Die sicherheitgebende Erfahrung des unbedingten Angenommenseins. Mit anderen Worten: Das Grundvertrauen, bedingungslos anerkannt zu sein, ermöglicht einem Menschen, zu sich selbst zu kommen und sich selbst als bedeutsam, als sinnvoll und unersetzbar zu fühlen. Diese Anerkennung ist kein Argument im Sinne von Vernunft, sie wird am ehesten gefüllt mit dem Begriff der Liebe. Gerechtigkeit bedeutet Arbeit an den Bedingungen, die zur Ausbreitung dieser wechselseitigen Anerkennung führen in Intimbeziehungen und Familien aber auch in anderen gesellschaftlichen Bereichen. Eine humane Gesellschaft kann nur auf dieser Grundlage der Selbstverwirklichung entstehen. Nur dann sind Menschen bereit, die Ungewißheit und Anstrengung der Selbständigkeit auf sich zu nehmen und den konventionellen und institutionellen Stützsystemen zu mißtrauen.

Was aber kann Erziehung im Bereich von sexueller Identität erreichen?

1. Sie kann für ein Klima wechselseitiger Akzeptanz sorgen. Ein Anfang ist gemacht, wenn es den Erwachsenen gelingt, Jugendliche in ihrem Sexualverhalten anzunehmen wie sie sind, mit ihren liebevollen, zärtlichen und auch häßlichen, gewaltsamen Äußerungsformen. Viele Pädagogen scheitern schon daran, weil sie lieber hin-richten als hin-sehen, geschweige denn annehmen. Daß dazu eine große Portion Selbst-Annahme und Selbst-Liebe gehört muß nicht näher begründet werden.

Wenn diese Akzeptanz als Grundhaltung spürbar wird, sind auch Konfrontation und Herausforderung möglich und notwendig. Erziehende müssen als eigene Pesönlichkeiten Konturen gewinnen und ihre Standpunkte zur Diskussion stellen. Das macht Jugendlichen Mut, sich ähnlich zu vehalten.

2. Erziehung kann Jugendlichen Mut machen, sich ihres eigenen Verstandes und ihrer eigenen Gefühle zu bedienen. Das heißt, ihnen ist zuzutrauen, daß sie selbst spüren und erkennen, was ihnen gut tut, was ihnen wertvoll ist.

Im Zentrum steht dabei das Zutrauen zum eigenen Körper als Kraftquelle und Seismograph für gute und ungute Situationen. Hinzu kommt das Zutrauen zur Fähigkeit, die in einer Situation wirksamen, oft widersprüchlichen Kräfte auszubalancieren und dann das zutun, was mann/frau wirklich will. Diese bewußte Entwicklung von Eigensinn kann durch die Auseinandersetzung mit den internalisierten Orientierungen gefördert werden.

Bei allem ist zu berücksichtigen, daß diese Fähigkeit zum Eigensinn durch Identifikation und Konfrontation, Rollenübernahme und Rollenkonflikte erst langsam entstehen kann. Sie muß jedoch von Anfang an zugemutet und darf nicht durch die Vermittlung von Tugenden zugeschüttet werden.

3. Erziehung kann dazu anregen, den Eigensinn durch Einfühlung in das subjektive Erleben und die Lebensumstände anderer sowie die argumentative Auseinandersetzung mit anderen Menschen moralisch zu qualifizieren. Auf diesem Wege können durch Verstehen gemeinsame Orientierungen entstehen, die ein befriedigendes Beziehungs- und Sexualleben ermöglichen. Werte und Normen, die für mehrere Menschen Geltung beanspruchen, müssn in diesem Sinne legitimiert sein, wenn sie nicht einfach autoritär gesetzt werden sollen.

Das gilt zur Verständigung und Versicherung in Intimbeziehungen und den Cliquen der gemeinsamen Lebenswelt ebenso wie zwischen einzelnen Lebenswelten und ihren jeweiligen „Sexualmoralen". Jungen und Mädchen beispielsweise sollten mehr voneinander wissen, wie Beziehungen und Sexualität subjektiv erlebt werden, um Mißverständnisse und Gewalt zu reduzieren. Heterosexuelle brauchen mehr Einsicht in die Lebens- und Liebeswelt homosexuell liebender Menschen und umgekehrt, wenn mehr Verständigung möglich sein soll, die angesichts der gemeinsamen Bedrohung durch AIDS wichtig geworden ist.

In diesem Prozeß des Aushandelns von Orientierungen sind Kränkungen und Verletzungen nicht immer zu vermeiden, denn ständiges umsichtiges Einfühlen und Verstehen kann den Blick auf die eigenen Bedürfnisse und Wünsche verstellen und das Erfahrungmachen verhindern.

4. *Die eigentliche Aufgabe moralischer Erziehung besteht darin, Jugendliche darin zu bestärken, ihren Eigensinn auch gegen Zwang, Konvention und versprochene Gratifikationen zu behaupten.*

Das gilt

– für Intimbeziehungen, in denen Ansprüche und Wünsche nicht immer übereinstimmen,
– für das Verhalten in Freundschaftscliquen, in denen sich einzelne oft zu Verhaltensweisen verleiten lassen, die sie selbst nicht für richtig halten,
– für die Auseinandersetzung mit Erwachsenen, die möglicherweise ihre Normvorstellungen erfüllt wissen wollen und
– für das Verhalten gegenüber stereotypen Vorschriften, die offen oder verschlüsselt durch Medien angeboten werden.

Dabei ist zu berücksichtigen, daß Jugendliche im Prozeß sind, ihre sexuelle Identität zu erwerben und auf diesem Weg durch wechselnde Identifikationen sehr unerschiedliches Verhalten zeigen. „Mit sich identisch sein" heißt dann lange Zeit, Unterschiedliches auszupropieren und das auch durch Anpassung an vorgegebene Verhaltensmuster.

5. *Erziehung sollte dazu ermuntern, sich mit den tradierten Wertvorstellungen und Tugenden bzw. Normen auseinanderzusetzen, die unser soziales und kulturelles System prägen.* Dazu gehören allgemeine Prinzipien wie das Recht auf Selbstbestimmung und –verantwortung, die Achtung vor dem Leben, die Selbst- und Nächstenliebe, als auch verschiedene Sinnkomponenten von Sexualität, die sich durch

Erfahrung und Reflexion in der jüngsten sexualethischen Diskussion herausgebildet haben.

6. *Erziehung kann die Fähigkeit zur Konkretisierung allgemeiner Prinzipien im Lebensalltag beratend und durch Simulation in pädagogischen Freiräumen entwickeln helfen.*

Moralische Prinzipien und allgemeine Werte bleiben abstrakt und drohen zu verdinglichen, wenn sie nicht in gegebenen gesellschaftlichen Verhältnissen, Lebenslagen und Alltagserfahrungen konkretisiert werden. Moral muß sich für einen Menschen in seinem spezifischen Alltag als sinnvoll, lebenspraktisch und lebenspendend erweisen. Dabei können Werte miteinander in Konflikt geraten und einzelne Tugenden ganz unterschiedliche Konsequenzen haben:

Treue heißt für das 15-jährige Mädchen vielleicht für die Zeit einer meist begrenzten Freundschaft „nur mit einem Jungen zu gehen" und sich dabei ganz auf ihn zu konzentrieren. Für eine 40-jährige Frau ist nach langjähriger Aufopferung für den Mann und Kinder das „Sich-selbst-treu-sein" an der Reihe. Für den 18-jährigen Homosexuellen bedeutet Treue vielleicht, eine langfristige Partnerbindung zu versuchen und die abwertenden Reaktionen der Öffentlichkeit auf sich zu nehmen oder sich ganz bewußt gegen normative Ansprüche bürgerlicher Moral zu wenden, die ihm als Voraussetzung für gesellschaftliche Anerkennung abverlangt werden.

Immer geht es um die Suche nach der Balance zwischen verschiedenen meist nicht miteinander zu versöhnenden Ambivalenzen: „Bei-sich-sein" und „Mit-einander-sein", „Lust erleben und Heimat haben", „Ganzheitlich zu lieben und Vereinseitigungen zuzulassen" die in je konkreten Lebenslagen zu ganz unterschiedlichen Akzentuierungen führen kann. Sexualität ist „Einheit des Widersprüchlichen" und moralisches Bewußtsein bedeutet, mit diesen Spannungen bewußt und verantwortlich umzugehen.

7 *Moralisches Bewußtsein entwickelt sich in der Dialektik von Erfahrung und Selbstreflexion.* Jugendliche machen Erfahrungen, die zu bestimmten Gefühlen und Urteilen sowie neuen Fragen führen. Vielleicht finden sie Antworten durch Gleichaltrige, durch Literatur, Filme oder auch akzeptierte Erwachsene. Die neuen Antworten formen die eigene Position, die wiederum zu neuen Erfahrungen reizt. Nicht alles, aber vieles muß selbst erfahren werden, bevor die daraus gewonnenen Einsichten handlungsleitend werden. Die Bedeutung von Verläßlichkeit z. B. bleibt nur äußerlich, wenn die Erfahrung von Verlassenwerden nie riskiert wurde. Die Tugend der Leidenschaft bleibt unbedeutend, wenn das Wagnis des Sich-ausliefems immer vermieden wurde.

Der Weg zur Entwicklung moralischer Kompetenz ist keineswegs gradlinig, sondern führt über manche Umwege, auch in Sackgassen. Irrwege und schmerzliche Erfahrungen sind dabei unabdingbar.

Moralische Erziehung kann diesen Prozeß freundlich (manchmal auch mit-leidend) begleiten im Vertrauen auf die Eigenerfahrung und Urteilskraft von Jugendlichen. Sie kann die zur Schärfung der Urteilskraft erforderlichen Informationen bereitstellen und zur Selbstreflexion und Auseinandersetzung anregen.

Das kann z. B. konkret heißen:

- Angst zu nehmen, wenn jemand meint, gegen eine allgemeine Moral verstoßen zu haben,
- die produktive Sehnsucht nach ganzheitlicher Liebe zu unterstützen, wenn Abenteuersexualität schal geworden ist,
- die Einfühlung in das jeweils andere Geschlecht zu fördern, wenn Gefühle verletzt werden,
- Mädchen Mut machen, sexuelle Lust zu entdecken, ohne den Wunsch nach ganzheitlicher Liebe aufzugeben,
- Jungen für gefühlvollere Kommunikation zu sensibilisieren, ohne ihre körperliche Begierde zu zensieren,
- Veantwortung zu stärken, wo die Zeugung eines unerwünschten Kindes nicht genügend beachtet wird und neuerdings:
- den Selbst- und Fremdschutz fördern, wenn Gefahr der HIV-Ansteckung droht.

Bei allem ist Menschennähe wichtiger als ethisch reine Konzepte. Fehler, Irrwege, Sackgassen müssen Jugendlichen zugestanden werden. Das können Pädagogen und Pädagoginnen nur, wenn sie ihre eigene Lebensrealität annehmen, eigene Vereinseitigungen akzeptieren, sich Sackgassen und Irrwege verzeihen können.

7.2 Didaktische Anregungen

D 14: Moral und Kulturkonflikt

Pädagogen und Pädagoginnen kommen immer häufiger in die Situation, Jugendliche zu beraten, die aus unterschiedlichen Kulturkreisen kommen und sich ineinander verlieben. Entsprechend wächst das Bedürfnis, in solchen Situationen auch ethisch kompetenter begleiten zu können.

In einem Rollenspiel wird folgender (oder ein selbstgewählter) Konflikt bearbeitet:

Der 16-jährige deutsche Junge Ralf hat sich in das ebenfalls 16-jährige türkische Mädchen Muradiye verliebt. Auch Muradiye fühlt sich zu Ralf hingezogen, möchte aber ihre bisherige Treue zu den Werten und Normen ihrer Familie nicht aufgeben.

Spielverlauf Teil I:

Die Gruppe bildet einen Kreis; in der Mitte stehen sich zwei leere Stühle gegenüber. An die Stühle können Gesichter geheftet werden, die die beiden Konfliktpartner zusätzlich symbolisieren. Gesucht werden jetzt drei Freiwillige, die stellvertretend für Muradiye und drei, die für Ralf spielen. Niemand muß sich auf einen leeren Stuhl setzen; beide Stühle bleiben frei.

(Sollte sich nach längerem Warten niemand melden, kann der Spielleiter/die Spielleiterin den Kreis halbieren und die eine Hälfte für Muradiye und die andere für das Gegenüber spielen lassen).

Die Freiwilligen setzen sich auf den Boden neben den Stuhl, der die Person darstellt, für die sie spielen.
Die Spieler werden nun aufgefordert, das Gespräch zu beginnen. Der Spielleiter/die Spielleiterin sichert zu, nach ca. fünf Minuten das Spiel zu unterbrechen. Die jeweiligen „Parteien" müssen sich nicht beraten, da der Charakter einer Person auch nicht immer widerspruchsfrei und geschlossen erscheint.
Wenn Pausen entstehen sollten, können die ZuschauerInnen aufgefordert werden, Anregungen zu geben.

Nach 5 Minuten unterbrechen die TeamerInnen das Spiel und beginnen eine kurze Zwischenauswertung.

Sie ermuntern zu Spontanreaktionen und stellen Sondierungsfragen :

– Wie haben sich die SpielerInnen für Muradiye gefühlt, wie die SpielerInnen ihres Gegenparts Ralf?

– Wie gut ist es gelungen, sich gegenseitig verständlich zu machen?

– Welches waren die wichtigsten Ziele Muradiyes?

– Gibt es Alternativen für die Art der Auseinandersetzung und für das Ergebnis? Welche?

Spielverlauf Teil II:

Die Gruppe kann jetzt evtl. mit anderen SpielerInnen von vorn beginnen und eine Alternative ansteuern. Sie kann auch an dem Punkt weitermachen, an dem das Spiel unterbrochen wurde oder auch bei einem zeitlich später angesetzten Augenblick einsetzen.

VARIATIONEN:

– Statt des jeweils dritten Mitspielers bleibt ein Platz für Interessenten aus dem Außenkreis frei, die spontan wechselnd mitmachen können.

– Wenn die Ansichten im Spiel festgefahren sind, kann der/die SpielleiterIn unterbrechen und einen Rollentausch vorschlagen.

Nützliche Hinweise für den Spielleiter/die Spielleiterin:

Der Hintergrund einer Situation sollte nicht zu stark ausgemalt werden; das schränkt die Kreativität ein.

Es kann durchaus vorkommen, daß der Verlauf des Spiels mit der Ausgangsfrage nicht mehr übereinstimmt oder die MitspielerInnen eine Person unterschiedlich gestalten. Das ist nützliches Material für die anschließende Diskussion.

Text zur Nachreflexion:

Bericht eines türkischen Mädchens:

„Eine meiner deutschen Freundinnen fragte mich, ob ich einen Deutschen zum Freund haben dürfte. Nachdem ich es ausdrücklich verneint habe, erkläre ich ihnen, daß ich offiziell nicht mal einen türkischen Freund haben dürfte nach unserer Mentalität. Was inoffiziell gemacht wird, steht auf einem anderen Blatt. Aber die Mädchen tun sich schwer damit, es zu verstehen, weil sie nur auf ihre Kultur beschränkt bleiben. Immer wieder höre ich Begründungen gegen solche Sitten, wie z. B.: „Man muß sich doch vorher kennenlernen, Erfahrungen sammeln, etwas vom Leben haben... usw." Als ob es mir etwas nützt, wenn sie mir Gegenargumente bringen, über die ich mir schon selber oft den Kopf zerbrochen habe. Aber leider kann ich trotzdem nichts ändern.

Zweifelnd fragen sie weiter, ob ich mich denn nie in einen Deutschen verliebt hätte? Aber sicher, und ich bin auch jetzt verliebt, aber was soll ich machen? Mir fällt es in solchen Situationen verdammt schwer, unsere Regeln zu akzeptieren. Dennoch suche ich keine Lösung mehr, weil mir klar geworden ist, daß jede Lösung für mich immer einen bitteren Nachgeschmack haben würde. Um es den Mädchen verständlicher zu machen, erkläre ich es ihnen ausführlicher: „Ihr habt recht, wenn ihr sagt, daß es mein Leben ist, das ich selbst bestimmen sollte, daß es für mich seelisch eine Qual sein kann, auch, daß die anderen Menschen nichts zu sagen hätten, ich könnte doch ruhig auf unsere Gesellschaft pfeifen.

Aber nehmen wir an, ich würde mich, um eine Kompromißlösung zu machen, heimlich mit dem Jungen treffen. Das wäre für beide auf längere Zeit nicht auszuhalten, und es würde in die Brüche gehen, wenn es nicht schon vorher aufgedeckt würde. Oder ich könnte mich von allen Normen frei machen und wie eine Deut-

sche leben. Hier ist aber erst einmal ein rein ökonomischs Problem, denn daß
meine Eltern nicht mehr für mich sorgen würden, ist klar. Abgesehen davon wür-
den sie mich nicht einmal mehr ins Haus lassen. Ich würde von allen ausgestoßen
werden, keiner würde mich akzeptieren, man würde mit Fingern auf mich zeigen.

Deshalb würde ich nie das Risiko auf mich nehmen, all` meine Lieben zu verlie-
ren, wegen eines vermeintlichen Glücks, das früher oder später in die Brüche ge-
hen würde. Es wäre für mich eine Qual, da ich an meinen Leuten hänge, an mei-
ner Heimat, die ich nur alle zwei Jahre sehe, an unseren Sitten und Traditionen."

(aus: Courage-Sonderheft „Mädchen", 1984).

D 15: Anregung zur Selbstreflexion meiner Werte,Tugenden und Normen: Neues entdecken und weiterentwickeln

Die folgende Anregung dient der Reflexion des eigenen Moralsystems und der –
zumindest gedanklichen – Abstimmung zwischen neuen Bedürfnissen und ihrer
moralischen Bewertung.

Jede-r einzelne TeilnehmerIn bekommt einen Fragebogen mit Anregungen zur
schrittweisen Reflexion neuer Verhaltensweisen. Ca. eine Stunde dient der individuellen Beantwortung der Fragen in möglichst ungestörter Umgebung.

* *Ich werde mir meiner Bedürfnisse bewußt*

Was will ich wirklich? Was macht mich wirklich glücklich? Wann fühle ich mich
am wohlsten? Wann stimme ich mit mir selbst überein?

* *Ich erinnere die Einflüsse, die meine Werte und Normen prägten und immer noch prägen*

Welche Personen und Institutionen haben bei mir bestimmte Werte und Normen
entstehen lassen? Empfinde ich vielleicht etwas als wichtig, wertvoll, sinnvoll, obwohl ich im Innersten doch nicht dahinterstehe? Habe ich mich bewußt für die mir
anerzogenen Werte und Normen entschieden?

* *Ich suche nach anderen Werten und Bewertungsmöglichkeiten*

Gibt es Alternativen, andere Dinge, Verhaltensweisen, Zielsetzungen als wertvoll
und wichtig zu betrachten? Welche sind es? Was habe ich bisher nicht zu tun gewagt? Habe ich den Alternativen zu meinem bisherigen Denken und Verhalten genügend Aufmerksamkeit geschenkt?

* *Ich bedenke die Konsequenzen alternativer Wert- und Normvorstellungen*

Mit welchen Konsequenzen habe ich bei möglichen Alternativen zu rechnen?
Welche Risiken will ich auf mich nehmen? Wie bewerte ich die Konsequenzen?
Schaden sie jemandem? Verletzen sie andere und bin ich bereit, diese Verletzung
zuzufügen? (Bedenke: Jede Konfrontation mit Ungewohntem kann als Verletzung

erlebt werden. Insofern können und müssen Verletzungen nicht grundsätzlich vermieden werden).

* *Ich frage nach den Folgen von Neubewertungen für mein Handeln*

Bin ich selbst in der Lage, nach meinen neuen Wertmaßstäben zu handeln? Wie würde das konkret aussehen? Mit welchen kleinen Schritten kann ich beginnen?

* *Ich suche nach Verbündeten*

Mit wem kann ich über meine neuen Schritte reden? Wer wird mich vermutlich verstehen, unterstützen? Wem muß ich wahrscheinlich aus dem Weg gehen, bis ich in meinen neuen Verhaltensweisen gefestigt bin?

* *Ich wage die Auseinandersetzung*

Wie sag' ich's meinen Eltern, meinen früheren Freunden, die mich noch mit meinem früheren Verhalten und meinen früheren Bewertungen kennen? Kann ich mich bereits der Auseinandersetzung stellen oder beteht die Gefahr, daß ich sofort wieder in das alte Verhalten, die alten Bewertungen zurückfalle?

* *Ich überprüfe die Konsquenzen meiner neuen Bewertungen, meines Verhaltens*

Was ist meinen Freunden, Bekannten, PartnerInnen aufgefallen? Was hat sie geärgert, was hat sie gefreut? Womit kommen sie nicht zurecht? Will ich die Zumutungen oder will ich meinen Mitmenschen entgegenkommen? Welche Freundschaften will ich aufgeben und bei welchen bin ich zum Kompromiß bereit?

(Die Fragebereiche und Fragen wurden formuliert in Anlehnung an Robert C. Hawley: Werte spielen eine Rolle, München 1979, S. 85 ff.)

Nach kurzer Verständigung in der Gesamtgruppe sucht sich jede-r einen/eine PartnerIn zum Gespräch über das jeweilige Ergebnis (ca. 1 Stunde).

In einer abschließenden Auswertung in der Gesamtgruppe können die Moderatoren folgende Fragen stellen:

* Wie erging es euch dabei, bedürfnisgerechte, neue Verhaltensweisen herauszufinden und zu reflektieren?

* Welche Phase war am schwierigsten?

* Gib es Gemeinsamkeiten bei jenen Moralelementen, die als „hohle" Überbleibsel aus dem ungefragt übernommenen Moralsystem stammen?

* Gib es Gemeinsamkeiten bei euch zwischen den neuen Verhaltensweisen?

* Wie stark hängt mein Moralsystem mit den Erwartungen meiner Umgebung zusammen?

* Wo gibt es Unterschiede?

8. Sexualethische Orientierungen

8.1 AIDS, Sexualpädagogik und sexualethische Grundhaltungen

Die Situation Anfang der 80iger Jahre kann folgendermaßen (grob) gekennzeichnet werden:

Trotz aller Relativierungen hat die sexuelle Liberalisierung der letzten 20 Jahre zur Folge gehabt, daß die Sexualität grundsätzlich der Entscheidung der Individuen überlassen bleibt. Offenbar existierte eine gesellschaftliche Situation, die der fortschreitenden Selbstgestaltung auch sexueller Lebensmöglichkeiten gegenüber der puren Selbsterhaltung förderlich war.

Natürlich entsprach dem Anspruch der Subjektivierung sexuellen Lebens noch keineswegs

- der Mut, sich seines eigenen Verstandes und seiner eigenen Gefühle zu bedienen, oder
- die Bereitschaft, die Folgen selbst zu veranworten,
- auch nicht immer die Fähigkeit, sich in der „neuen sexuellen Unübersichtlichkeit" zurechtzufinden
- und im praktischen Diskurs mit anderen befriedigende Sexualität zu leben.

Das zentrale Kennzeichen der sexuellen Liberalisierung, also die gewachsene Subjektivierung der Sexualität, erwies sich als äußerst anfällig gegenüber

- neuen Verhaltenszwängen der Konsum- und Leistungsgesellschaft,
- der Konventionalität des Zeitgeistes und
- den sexualpolitischen Versuchen der Reaktivierung des konservativen Moralsystems durch Apelle an tiefsitzende Schuldgefühle.

Um Sexualethik war es still geworden; geschlossene, repressive Moralsysteme hatten abgewirtschaftet. Sich fortschrittlich wähnende Sexualpädagogen kümmerten sich nicht um Moral, weil sie lediglich als Repressionsinstrument identifiziert wurde.

Auch um Sexualpädagogik war es still geworden. Ihrer konservativen Funktion war die Legitimation entzogen, für ihre emanzipativen Möglichkeiten fehlten die materiellen Entfaltungschancen, erst recht der politische Wille.

Mit ihrer Reaktion auf AIDS haben die unterschwellig noch vorhandenen sexualethischen Grundpositionen und ihre pädagogischen Konsequenzen wieder Konturen gewonnen.

Die Reaktionen auf AIDS variieren je nach sexualethischer Grundhaltung.

Sie werden im folgenden mit den Kurzformeln der „konservativen", „emanzipativen" und „liberalistischen" Sexualethik überschrieben. Die Klassifizierung orientiert sich an Frey (1988).

Zu Wort meldete sich zunächst die *Konservative Ethik*. Sie setzt vorzugsweise beim Thema der Selbsterhaltung an. Nach Arnold Gehlen benötigt der Mensch als biologisches Mängelwesen zur Selbsterhaltung Ordnungen, und zwar Institutionen und Zucht, um die fehlenden Instinkte zu kompensieren. Die Ordnungen werden (religiös) als Schöpfungsordnungen oder (säkularisiert) als Erhaltungsordnungen angelegt – mit der Funktion, das den Menschen aufgrund seiner Sünde jederzeit von außen und innen bedrohende Chaos einzudämmen. Salopp ausgedrückt: *Der Mensch ist im Kern ein „Schweinehund", erst Kultur, Moral und Institutionen machen ihn zu einem gesellschaftsfähigen Wesen und verhindern, daß er sich zugrunde richtet.*

Anthropologisch wird ein Schichtenmodell zugrundegelegt: Der Mensch gilt als Wesen, in dem der Geist bzw. die Vernunft über dem Willen, der Wille aber über dem Begehren stehen soll. „Brach sich die niederste Daseinsschicht mit dem Begehren Bahn, dann wurde das Wesen des Menschen verkehrt; Sexualität wurde als niederes, als sündiges Begehren verstanden" (Frey, S. 128).

In heutiger Sexualerziehung ist das Schichtenmodell noch sehr lebendig, wenn von Aufklärung „über" Sexualität gesprochen wird, statt die Frage zu erörtern, wie der Mensch sinnlicher leben könnte.

In Reinform begegnet uns diese konservative Sexualethik in den Kreisen der Evangelikalen bzw. den Äußerungen des Vatikans und der Deutschen Bischofskonferenz.

AIDS wird z. B. auf diesem Hintergrund als Bestätigung der Ordnungsethik und Verzichtspädagogik begriffen. Im Zentrum der Präventionsbotschaft steht die Selbsterhaltung durch Einhaltung einer dem Begehren gegenüberstehenden Moral.

Reformer, so z. B. viele katholische Moraltheologen, sprechen von einer Hauptmoral (Treue) und einer Hilfsmoral (Kondome). Konservative Moral hat die sexualethischen Verpflichtungen von einzelnen Gruppen immer offen oder stillschweigend ermäßigt: die der Männer allgemein, des Klerus, heute teilweise der Homosexuellen und aller jener Menschen, die sich nicht auf das Ehegebot einlassen können oder wollen.

Eine ganz moderne, auch im evangelischen Bereich anzutreffende Form des Konservatismus zur Eliminierung des Begehrens ist die Verordnung einer totalitären Form von Ganzheitlichkeit, bei der die Lust von soviel Verantwortung umstellt wird, daß ihr die Luft ausgeht. Es ist von Sexualität als „guter Gabe Gottes" die Rede, die aber an so viele Bedingungen geknüpft ist, daß sie niemand genießen kann.

Emanzipatorische Ethik pflegt eher Themen der Selbstgestaltung oder der Selbststeigerung. Das „gelungene Leben" wird insbesondere durch die Egalisierung der gesellschaftlichen Verhältnisse, weniger durch moralische Anstrengungen verwirklicht.

Der Sozialphilosoph Herbert Marcuse „stellte die Frage der Selbsterhaltung zurück, als er die Theorie vertrat, der Kapitalismus habe solchen Überfluß akkumuliert, daß er die Zwänge bürgerlichen Verhaltens samt den Zwängen der modernen Produktion abzustreifen erlaube" (Frey, S. 128). Marcuse forderte die Erotisierung des Alltags und der Arbeitswelt. Sexualität diene vor allem der Kommunikation, sie müsse nicht unbedingt auf Zweierverhältnisse beschränkt sein. Egalitäre gesellschaftliche Verhältnisse bedingen bei ungehindert fließender sexueller Energie menschenfreundliche Verkehrsformen. Schon Wilhelm Reich formulierte in seiner Theorie der Sexualökonomie bewußt keine moralischen Gebote mehr. Die anthropologische Grundaussage kommt bei ihm am deutlichsten zu tragen: *Der Mensch ist von Grund auf gut, die Verhältnisse machen ihn „zum Schweinehund".*

Der ungetrübte Glaube an die reinigende Macht der Egalisierung gesellschaftlicher Verhältnisse und den Primat der sozio-ökonomischen Basis wurde jedoch spätestens in den siebziger Jahren relativiert. Alex Comfort formulierte immerhin den Kern einer Sexualmoral, bestehend aus zwei Geboten: „Du sollst die Gefühle eines anderen Menschen nicht rücksichtslos ausbeuten und ihn mutwillig enttäuschenden Erfahrungen aussetzen" und „du sollst unter keinen Umständen fahrlässig die Zeugung eines unerwünschten Kindes riskieren" (Comfort 1973, S. 108).

AIDS hat z. B. in der Tradition dieser Emanzipationsethik zu empfindlichen Reaktionen geführt. Die Chancen für Jugendliche, Liebesbeziehungen einzuüben und das breit angelegte Konzept einer Sexualität der Kommunikation waren gleichermaßen gefährdet. Diese überwiegend am Konzept der Selbsgestaltung und Selbststeigerung orientierte Ethik sah sich plötzlich mit einer nicht-moralischen Kategorie konfrontiert, die das Thema der Selbsterhaltung notwendig zur Sprache brachte.

Manche Pädagogen versuchten möglichst früh eine deutliche Vortwärtsverteidigung gegen den Rückfall in die repressive Sexualmoral und bemühten sich um eine Integration der AIDS-Aufklärung in eine weiterhin lustfreundliche Sexualpädagogik.

Aus dem fast sexualrevolutionären Aufbruch der 60iger Jahre ist zum dritten ein *Sexualliberalismus* (oder einfacher Hedonismus) übriggeblieben, der bewußt die Gestaltungsaufgabe sexueller Identität verweigert. Hier finden sich die Sexualtechnokraten (und zwar sowohl im Bereich der Sexualwissenschaft als auch der therapeutischen Praxis), die menschliche Sexualität in viele verschiedene Teilsysteme zerlegen und sich meist nur auf meßbare sexuelle Raktionen konzentrieren.

Sie reagieren auf die AIDS-Gefahr in der Weise, daß alle die Selbsterhaltung gefährdenden Elemente wie Module in einem elektronischen Gerät – einfach ausgetauscht oder ersatzlos gestrichen werden. Safer Sex bleibt übrig, weil alles andere die körperliche Integrität gefährdet.

In diesen Zusammenhang gehören auch die neuen Gesundheitsstrategen, denen Gesundheit zum höchsten Gut, zur Ersatzmoral geworden ist. „Moral ist ihnen schnuppe. Sie würden uns nach Sodom und Gomorrha schicken, wenn das Virus dort verbrannte" (G. Schmidt, 1989, S. 55).

Nicht zu vergessen die Protagonisten der Sexualindustrie: AIDS interessiert sie lediglich als Störvariable in Bezug auf Umsatzeinbußen. Sie beginnen, ihre Produktionsstätten der Lust auf weniger gefährliche (sterile) Produkte umzurüsten: Pornographie und technische Accessoires der Lustgewinnung.

Soweit die – vereinfachte – Skizzierung der drei vorhandenen sexualethischen Grundrichtungen.

Im Streit um die politischen Durchsetzungschancen haben sich manche dieser real vorhandenen Ethik– und Moralsysteme wechselseitig paralysiert, korrigiert, verändert, neue Nuancen hervorgebracht, insgesamt aber einen Minimalkonsens sowohl der Präventionsziele als auch einiger Präventionsstrategien möglich gemacht.

Einige katholische Moraltheologen haben an den Äußerungen der Deutschen Bischofskonferenz beschwichtigend herauminterpretiert, Vertreter einer emanzipativen Sexualethik lassen durchaus darüber mit sich handeln, wieviel Moral der Mensch braucht und viele Sexualtechnokraten verstehen inzwischen auch soviel vom Glück, „daß sie Sexualität nicht einfach zu jenem grenzenlosen Vergnügen rechnen, das uns die Welt des Konsums suggeriert" (Frey, S. 130).

Im übrigen lehrt das Leben, daß der Mensch sowohl ein Schweinehund als auch gut ist und daß Veränderungen immer in der Dialektik von gesellschaftlichen Verhältnissen und moralisch-politischem Handeln stattfinden. Konkret: Ein Gummi überzuziehen ist eben weniger geil als mehr eine moralisch inspirierte Anstrengung. Und in gesicherten sozialen Verhältnissen sind moralische Anstrengungen eher plausibel als bei materiellem Mangel.

AIDS hat die bis in die 80iger Jahre hinein weit verbreitete Tabuisierung sexualethischer Fragen aufgebrochen und glücklicherweise nicht – wie anfangs befürchtet – zur Desintegration des moralischen Minimalkodex beigetragen, sondern sogar einen nützlichen moralischen Diskurs eingeleitet. Ohne Zweifel hatte das gemeinsame Thema, die Ausrichtung auf den durch AIDS betonten Aspekt der Selbsterhaltung integrierende Wirkung. Das kann aber nicht alleine ausschlaggebend gewesen sein. Man muß sich einmal vorstellen, AIDS wäre in das prüde sexualpolitische Klima der 50iger Jahre eingebrochen – die Auseinandersetzungen und die politischen Präventionsstrategien hätten mit Sicherheit anders ausgesehen. Die sexuelle Realität hat den Diskurs begünstigt und nicht zuletzt haben die vielen öffentlichen und privaten Auseinandersetzungen dazu beigetragen,

Für Sexualität als Gestaltungsaufgabe und die dazu notwendigen sexualerzieherischen Hilfen fehlt ein ethischer Minimalkonsens.

Inzwischen ist auch Konsens erreicht, daß AIDS nicht als isolierter Lernstoff in die pädagogische Arbeit mit Jugendlichen eingeführt, sondern integrierter Bestandteil von Sexualerziehung werden soll.

Die auf der V. internationalen Conference zu AIDS in Montreal 1989 vorgestellten Studien kommen zu dem Ergebnis, daß „risikobetonende, rein sachliche AIDS-Aufklärung entweder zur Verdrängung des Themas führt (Überdruß) oder zum Spiel mit dem Risiko" (Protokoll von MitarbeiterInnen der BZgA 1989), „Die Aufklärungsbotschaften seien zu integrieren in Sexualerziehung, die vorrangig Sexualität positiv und lustvoll darstellt und die Jugendlichen beteiligen sollte". (vgl. ebenda)

Ähnlich plädiert die Dutch Foundation for STD control 1989 für eine Integration (S. 64): „we may learn a lot from experiences of education on contraception".

Auf der Dritten „Consultation of Public Education and AIDS Prevention" der WHO im Oktober 1989 in Köln heißt es in der abschließenden Resolution: „AIDS/HIV education schould not stand alone. They schould become an integral part of sex and relationship education" (S. 2/3).

Der Nationale AIDS-Beirat der Bundesregierung veabschiedete zum Welt-Aids-Tag 1989 folgendes Votum (Ausschnitt): „Alle erzieherisch Tätigen sind gefordert, Jugendlichen Informationen, Kommunikations– und Orientierungshilfen bei jenen Fragen anzubieten, die bei der Entfaltung der Sexualität entstehen." (Votum 20 vom 27. Nov. 1989).

Die Proklamationen reißen nicht ab, doch die vollmundigen Forderungen bleiben seltsam zahnlos, sehr vorsichtig, ohne Biß. Die politische Einmischung der AIDS-Präventation in bildungs– und gesundheitspolitische Programme passiert nur halbherzig.

Das liegt sicherlich auch am territorialen Beharrungsvermögen administrativer und politischer Systeme, auch an dem gegenwärtig spürbar abnehmenden Interesse der Medien an AIDS-bezogener Berichterstattung. Der Druck ist weg und die Normalität droht das Erreichte in Frage zu stellen.

Was angesichts der gemeinsamen Bedrohung noch annähernd gelungen ist, droht im Hinblick auf sexualpädagogische Initiativen ungleich schwerer zu werden. Im moralischen Diskurs zum Thema Sexualität, der wechselseitigen Toleranz und gleichzeitigen Auseinandersetzung um gelungene sexuelle Identität stehen wir noch am Anfang der Entwicklung. „Mehr Demokratie wagen" gilt offenbar noch nicht im Bereich der sexuellen Orientierungen. Zu tief bestimmt die grundsätzlich an Selbsterhaltung orientierte konservative Sexualethik das eigene Zutrauen zum Umgang mit den sexuellen Begierden, individuell und kollektiv.

Erkenntnistheoretisch und praktisch-politisch wirkt die Tradition fort: Die Angst vor dem Chaos, wenn die sexuellen Orientierungen in die Selbstverantwortung und Selbstbestimmung der Menschen übergehen.

Der Übergang von der konventionellen Ordnungsethik in eine postkonventionelle Diskurs– und Verantwortungsethik (Karl Otto Apel, 1988) ist nirgends so schwer zu vollziehen als gerade im Bereich des Sexuellen.

Sicher, der Trieb selbst ist nicht demokratisierbar, auch, wenn die Zärtlichkeitswelle und Partnerschaftsideologie erotische Demokratie versprachen. Sexualität lebt von den Spannungen zwischen Trieb und Moralität, Lust und Liebe, dem Bedürfnis nach Ekstase und dem Wunsch nach Heimat. Hier liegt eine Energiequelle, deren Explosionskraft von jeher gefürchtet war und deren institutionelle Zähmung aus Angst vor Selbstzerstörung immer nur ganz vorsichtig zur Disposition gestellt wurde.

Aber wie Sexualität gelebt wird, ob zölibatär, promisk, monogam, sukzessiv polygam, hetero-, bi– oder homosexuell, das ist demokratisierbar.

Wie die Menschen die Widersprüche des Sexuellen im einzelnen in ihre Lebensentwürfe integrieren, wie sie gelebt und im Alltag – je nach Lebensverhältnissen – entschieden werden, das muß zunehmend in die Kompetenz der Individuen selbst übergehen. Unsere gesellschaftliche Basis hat – und da hat Marcuse recht – einen Grad der Selbsterhaltung erreicht, der diese Vielfalt lebendiger Gestaltung sexueller Identität erlaubt. Faktisch ist das schon passiert: Es existiert eine Vielzahl subkultureller Moralen, und realistisch-sensible Präventionssstrategien berücksichtigen das bereits.

Wenn der zweite Schritt der AIDS-Prävention gelingen soll, ihre Integration in die Sexualpädagogik, muß der gesellschaftlich-moralische Diskurs fortgesetzt werden und zwar auf allen Ebenen: In den Medien, den politischen Entscheidungsgremien und Bildungseinrichtungen.

Die Menschen können mit der AIDS-Gefahr realistisch umgehen, wenn sie den für sie zutreffenen Selbst– und Fremdschutz in ihre Lebensweise integrieren. Sie sind dazu am ehesten in der Lage, wenn sie mit ihrer eigenen Sexualität weitgehend selbstbestimmt umgehen können. Das heißt nicht, die Begierden bis ins Letzte zu kontrollieren. Das heißt wohl aber, die risikoreichen Situationen zu minimieren. Immer bleibt ein Rest an Irrationalität und Selbstbetrug, Unverfügbarkeit und Risiko, doch der aufgeklärte Umgang damit hat eine andere Qualität als das blinde sich Überlassen oder absolute Vermeiden sexueller Lust– und Kraftquellen.

8.2 Grundlegende Orientierungen humanistischer Sexualpädagogik

Grundwerte sind allgemeine Orientierungspunkte, die sich historisch bewährt haben und von den meisten Menschen anerkannt werden. Es gibt viele Möglichkeiten, sie in Worte zu fassen und mehr oder weniger umfangreich zu benennen. Der folgende Versuch zur Bestimmung von Grundwerten wird von vielen geteilt und bietet gleichzeitig genügend Orientierung:

Selbstbestimmung

Selbstbestimmung meint das Recht und die wachsende Fähigkeit des Menschen, sich seines Verstandes zu bedienen. Selbstbestimmung meint, im zunehmenden Maße autonomer zu denken und zu fühlen, sich selbst zu leiten unter Berücksichtigung der eigenen möglicherweise widersprüchlichen Bedürfnisse, des materiellen Umfeldes, des Eingebundenseins in Beziehungen zu anderen Menschen, die ebenfalls ein Recht auf Selbstbestimmung haben.

Sich selbst leiten heißt zunächst, sich in Übereinstimmung zu bringen mit allen seinen verschiedenen Seiten, und sich vom wachsenden ICH aus selbst zu steuern. Wie ein Wagenlenker bzw. eine Wagenlenkerin dafür sorgt, daß die verschiedenen Pferde in die von ihm oder ihr gewünschte Richtung laufen, müssen Menschen die in ihnen vorhandenen Kräfte miteinander koordinieren, um zu einer gereiften Entscheidung ihres ICHs zu kommen. Dabei kann der Wagenlenker bzw. die –lenkerin auf die Pferde einschlagen, um sie möglichst schnell und gradlinig auf das vorher bestimmt Ziel hinlaufen zu lassen. Die Möglichkeit ist vielleicht effektiv, macht den gemeinsamen Weg aber zu einer Qual und führt nicht selten zu unkontrolliertem Ausbruch eines ständig manipulierten Pferdes. Die Pferde können auch als verschiedene Kräfte miteinander in Kontakt gebracht werden. Das Ziel wird somit vielleicht langsamer, aber spielerischer und versöhnlicher erreicht.

Gerade im Sexuellen, einem Bereich voller Widersprüche, die sich subjektiv in jedem Menschen spiegeln, ist der versöhnliche Weg hilfreicher und befriedigender als der strenge und gradlinige. Es lohnt sich, die verschiedenen liebevollen, zärtlichen, schönen und aggressiven, dunklen sowie häßlichen Gesichter des Sexuellen anzusehen, miteinander zu befreunden und dann in einer spezifischen Situation zu entscheiden.

Durch die Entscheidung zur ICH-Entfaltung geht Unschuld verloren und ist Selbstverantwortung gefragt. Es geht nicht mehr, sich mit den rigiden elterlichen Erziehungsmethoden, dem Alkohol, der animierenden Situation, der Angst, dem Trieb oder den Erwartungen anderer zu entschuldigen. In noch so determinierenden Umständen bleibt für jede Person ein Fünkchen Entscheidungsfreiheit, das auch selbst verantwortet werden muß.

Durch die Entscheidung zur ICH-Entfaltung geht die Vorstellung vom Schlaraffenland verloren, ist zupacken gefordert. Das ist gegen viele Vorstellungen über Sexualität gesagt, die das Untätigsein, das „Nur-genießen-wollen", das Warten auf den richtigen Augenblick zum Inhalt haben. Wie in vielen Bereichen läßt sich auch in der Sexualität nichts herbeizwingen; andererseits ist vieles nur durch Initiative, auch Anstrengung, zu erreichen. Das gilt für den körperlichen Genuß ebenso wie für die gelungene PartnerInnen-Wahl und die Verlebendigung einer langfristigen Beziehung.

Durch die Entscheidung zur ICH-Entfaltung geht Sicherheit verloren, beginnt die Ungewißheit der eigenen Wegsuche. Geborgenheit, Ver-Gewisserung kann nicht mehr nur in der Familie oder Clique gefunden werden, sondern muß mit Selbstsicherheit in der Balance sein.

Sich selbst zu leiten ist geprägt dadurch, wie Leitung, d. h. auch Erziehung, erlebt wurde. Autoritäre Sexualerziehung fördert leicht lenkbare Individuen mit hohlem ICH und pflichtbewußtem Verhalten. Bei verwöhnender Erziehung schwillt das ICH vor Erwartung, greift selbst nicht zu. Bei demokratischer Leitung entfaltet sich das ICH durch Reibung und Ermutigung. Der Mensch wächst hinein in gleichwertige Beziehungen.

In dieser Weise gereifte Menschen sind stark genug, sich nicht nur mit sich selbst zu beschäftigen. Sie achten auf andere um sich herum und denken über sich hinaus. Ihnen ist bewußt, daß sie Verantwortung für andere Menschen und für gemeinsame Aufgaben haben. Sexualität ist dabei in der sozialen und politischen Dimension angesprochen.

Das freundliche Umgehen mit sich selbst und seinen eigenen inneren Kräften ist von großer Bedeutung. Je mehr jemand zu sich selbst, seinen Meinungen und Gefühlen steht, desto eher kann er andere mit ihrer Meinung achten. Nur wer relativ autonom

„ICH" sagen kann, kann auch echt in Verbindung stehen mit anderen Menschen. Nur wer deutlich und demokratisch sowie nachsichtig sich selbst leitet, kann sinnvoll andere leiten.

Während sich jemand selbst bestimmt, ist diese Freiheit zugleich eingebunden in Wechselseitigkeit mit anderen und in eine Situation. Das ist Realität, die zur Stellungnahme herausfordert. Dieses Eingebundensein bedeutet auch, Grenzen zu erfahren, die zugleich Beschränkung und Chance zum Handeln, auch zur Grenzerweiterung sein können. Mit der Zeit kann gelernt werden zu unterscheiden, welche Grenze eine Barriere bleibt, welche aufgehoben werden kann und welche gar keine reale Beschränkung ist, weil sie nur in der Phantasie existierte.

Achtung vor dem Leben

Neben dem Grundwert der sexuellen Selbstbestimmung soll ein weiteres allgemeines Prinzip für eine humanistische Sexualerziehung Orientierung geben. Achtung vor dem Leben schließt alles ein, was lebendig ist: „Ich bin Leben inmitten von Leben, das leben will" (Albert Schweitzer). Der Begriff „Achtung" meint in diesem Zusammenhang die ethische Forderung, eigenes und fremdes Leben „in Obhut zu nehmen" , es also zu schützen, wenn es bedroht ist. Leben, das wachsen kann, ist vielgestaltig und diese Vielgestaltigkeit macht das Leben aus. Es ist nicht nur biologisch, sondern auch seelisch, sozial und materiell bedingt, nicht festgelegt auf Hetero-, Homo– oder Bisexualität, nicht festgelegt auf eine bestimmte Altersphase, nicht festgelegt auf bestimmte sexuelle Verhaltensweisen.

Achtung vor dem Leben heißt, Menschennähe statt ethisch reine Positionen durchzusetzen. In der Arbeit mit Jugendlichen wird oft deutlich, daß viele von ihnen zur eigenen Sicherheit ganz besonders stark an spezifischen Werthaltungen festhalten ohne Ansehen der konkreten Menschen und konkreten Situationen. Werte, insbesondere Normen haben ohnehin die Tendenz, sich von den Menschen und ihren jeweiligen Lebenslagen und Alltagsaufgaben abzulösen und ihnen in ethisch reinem Gewand und meist mit institutionalisierten Sanktionen versehen, gegenüberzutreten. Verschnürt in einen „Tugendsack" werden sie von seiten selbsternannter Moralapostel den Heranwachsenden anempfohlen und in bestimmten Stadien der Entwicklung moralischen Bewußtseins auch dankend angenommen.

Lebendiges Lernen von Sinnvollem fördert das Selbsterfahren und bewußte Sichaneignen von Orientierungslinien. Orientierungen entwickeln sich, indem Menschen Vorgelebtes übernehmen, Erfahrungen machen und dazulernen. Wenn der Zugang zum eigenen Fühlen noch nicht verschüttet ist, merken Jugendliche, was ihnen gut tut, was Anerkennung bringt, was sie und zugleich auch andere glücklich macht. Sie lernen auch, was vielleicht nur sie befriedigt, aber andere verletzt und entwickeln daraus Leitbilder, die dem Leben Richtung geben.

Was jemand wirklich als wertvoll erachtet, drückt sich letztlich in der Art und Weise aus, wie er lebt. Das kann für veschiedene Menschen ganz unterschiedlich sein, zumindest variieren. Weil das Leben je nach materiellen Voraussetzungen, nach Zeit und Raum, unterschiedlich aussieht, ist nicht genau zu sagen, was jemandem letztlich gut tut. Insofern ist es wichtig, dahingehend Hilfestellung zu geben, daß jeder in Auseinandersetzung mit anderen Menschen, auch mit tradierten Grundwerten, den eigenen Prozeß der Wert– und Normfindung gestaltet. Wenn viel Begegnung und Einfühlung zwischen Personen und Gruppen stattfinden, können trotz der Auseinandersetzung um das „bessere Leben" gegenseitige Toleranz gelernt und gemeinsame Gefahren (z. B. AIDS) abgewehrt werden.

8.3. Brauchbare Tugenden humanistischer Sexualerziehung

Weniger Aufgeregtheit, mehr ruhige Reflexion.

Sexualerziehung ist allein aufgrund der Tatsache, daß sie sich um einen Tabu-Bereich bemüht, schon immer ein Kulminationspunkt verschiedener Aufgeregtheiten. Eltern fürchten um die Unschuld ihrer Kinder, Anstellungsträger lamentieren über homosexuelle Pädagogen und Pädagoginnen, Jugendschützer sehen Kinder und Jugendliche im Schmutz der Pornographie ersticken und Gesundheitsstrategen versuchen neuerdings, das durch AIDS offenbar gewordene Defizit an brauchbarer Sexualerziehung mit der gewohnten deutschen Gründlichkeit schnell zu beheben. ErzieherInnen neigen zum hektischen Handeln oder zur Resignation, wenn sie sich auf Jugendliche einlassen und Einblick bekommen, was im Sexualbereich noch alles im Argen liegt, welches Leid entstanden ist und welche Defizite behoben werden müßten.

Es ist sinnvoll, sich öfter bewußt zu machen, daß Sexualleben immer defizitär bleiben wird und hektisch zusammengestellte Programme das Selbstdenken und Selbstfühlen eher verhindern als fördern. Das Bewußtsein, daß der eigene Einfluß als Pädagoge/Pädagogin im Verhältnis zu anderen Sozialisationsfaktoren ohnehin nicht groß ist, mag den erzieherischen Narzismus kränken, bewahrt aber auch vor der Vorstellung, für alles veranwortlich zu sein und alles für Kinder und Jugendliche arrangieren zu müssen. Ein pädagogiges Handeln, das nicht kolonialisieren, nicht manipulieren will, muß die Selbsgestaltungskraft der Jugendlichen achten und darauf vertrauen, daß „die das schon hinkriegen mit ihrer Sexualität".

Weniger Eingriff, mehr freundliches Begleiten.

Sexualerziehung hat eine Chance, wenn sie Eigenerfahrungen Jugendlicher aufklärend, konfrontierend und – auf Anfrage – helfend begleitet. Jugendliche durchleben eine spiralförmige Beziehungskarriere, in der praktische Erfahrungen und (wenn es gut geht) wachsende Kompetenzen miteinander in Verbindung stehen. Durch die Umsetzung der gewonnenen Kompetenz in neue Erfahrungen entstehen wiederum Prozesse und Themen, die ihrerseits Selbstreflexion und Informationsbedürfnisse provozieren.

Im Idealfall lebendigen Lernens beinhaltet dieser Prozeß

- die schrittweise Erfahrung der Lust-, Identitäts-, Beziehungs– und Fruchtbarkeitsfunktion von Sexualität als wichtige Sinnkomponente,

- die Erweiterung des Repertoires an Ausdrucksmöglichkeiten von der reinen Lust über die Leidenschaft bis zur emotionalen Intimität und fürsorglichen Inobhutnahme,

- die wachsende Fähigkeit, die widersprüchlichen Aspekte von Sexualität, auch ihre zärtlichen, schönen und aggressiv-häßlichen Seiten in sich selbst und bei anderen anzusehen und miteinander in Kontakt zu bringen,

- die bleibende Anstrengung, Sexualität als Kraftquelle gegen die Lethargie des Gewohnheitsalltags zu bewahren,

- die realistische Wahrnehmung und schrittweise Erweiterung der Grenzen sexueller Selbstbestimmung,

- die wachsende Achtung vor allem Lebendigen: Die Einsicht, leben zu wollen inmitten von Leben, das leben will,

- die Nachsicht sich selbst und anderen gegenüber, wenn Fehler gemacht werden, Liebesunordnung erlebt und produziert wird, wenn Utopie auch Utopie bleibt,

- die wachsende Einsicht in die Tatsache, daß Sexualleben immer defizitär bleiben wird und die Ahnung vom Besseren wachhält.

Sexualerziehung kann diesen Prozeß freundlich begleiten. Das meint, daß einerseits Herausforderung und Initiative von pädagogischer Seite notwendig sind, um Kinder und Jugendliche zu „be-mündigen", daß andererseits jedoch die Achtung ihrer sexuellen Selbstbestimmung einschließlich der Möglichkeit des Scheiterns gewahrt bleibt.

Freundliches Begleiten kann also auch heißen, mitleidend zu begleiten. Pädagogen und Pädagoginnen sind immer dann auf eine harte Probe gestellt, wenn sie mit ansehen müssen, wie Jugendliche immer wieder die gleichen schlechten Erfahrungen machen oder auf ihrem Selbstbestimmungsrecht bestehen, obwohl ihnen ein anderes Verhalten vielleicht besser täte.

Freundliches Begleiten ist bewußt gegen die Gefahr der Kolonialisierung des Sinnlichen gesagt, also gegen die Tendenz, auch das Sexuelle noch zu normieren, zu verplanen und auszubeuten. Selbst, wenn die Antipädagogik von der Erfahrung sogenannter „schwarzer Pädagogik" ausgeht, die Disziplin, Sauberkeit und Ordnung gegen Vielfalt, Lust und Lebendigkeit stellt und somit ihre Kritik nicht jedes Verständnis von Erziehung trifft, muß sie gerade in der Sexualerziehung ernst genommen werden.

Insbesondere ist darauf zu achten, daß dieses freundliche Begleiten den „pädagogischen Eingriff" ersetzt, daß Lebendigkeit und Lust nicht verschüttet werden. Das Vertrauen auf die eigenständige Balancefähigkeit hinsichtlich der Grundbedürfnisse von Kindern und Jugendlichen durch Erfahrungslernen darf nicht durch andressierte Wertmaßstäbe ersetzt werden. Intimität, Geheimnis und in Ruhe gelassen werden, müssen nicht nur zugestanden werden, sondern sind für lebendiges Erfahrungslernen notwendig und wertvoll.

Störungen und Unvollkommenheiten als Chance begreifen. Störungen, Irritationen und Unvollkommenheiten können in verschiedener Hinsicht fruchtbar sein. Angesichts der Tendenz unserer zivilisierten Lebenswelt, Sachlichkeit und Berechnung an die erste Stelle zu setzen, ist Sexualerziehung geradezu zu Störungen verpflichtet, die das Fühlen wieder freilegen.

Gängige Sexualerziehung neigt zur Problematisierung, zum vorschnellen rationalen Bedenken der Liebesunordnung und verführt zur Ver-sicherung gegen Leid und lustvolle Irritationen. Lebendiges Lernen ist nicht darauf aus, jedes Geheimnis auszuleuchten und dem rationalen Diskurs zugänglich zu machen. Grenzerweiterung in die Richtung lebendiger Sexualität bedeutet Mut machen zur Erschütterung, zum „Außersich-sein" als Selbsterfahrung. Das ist anstrengender aber zugleich energiespendender als der Konsum oder das ängstliche Ausweichen vor jeder Berührung.

Das alles ist nicht gegen die Anstrengung des Denkens gesagt, wohl aber gegen ein Denken, das sich vom Fühlen gelöst hat und nur noch für dessen Verhinderung da ist. Das ist immer gefährlich, für lebendige Sexualität jedenfalls absolut tödlich. Sexuelles Lernen, bei dem das Denken befühlt und das Fühlen bedacht wird, ist im klassischen Sinn aufklärend.

Es setzt sich zusammen aus gespürter Lebensenergie und Selberdenken. Sexuelle Selbstbestimmung lebt von der Liebesanstrengung und zwar körperlich, seelisch und geistig. Erst diese Bemühung macht die Grenzen fühlbar, innerhalb derer Selbstbestimmung möglich ist und weckt Interesse an der Erweiterung der Spielräume in der eigenen Person, in der Begegnung mit anderen und auf institutioneller Ebene.

Individuelle biographische Erfahrungen sind in der Regel von vielen Brüchen, Sackgassen und Konflikten gefüllt, die als Störung empfunden werden. Nicht immer reicht die persönliche Handlungskompetenz dazu aus, sie zu bewältigen. Manche gewaltvolle Erfahrungen bleiben lange als Barrieren gegen eine erfüllte Sexualität wirksam. Sie können langfristige Krisen oder auch Krankheiten auslösen.

Viele andere Störungen können persönlich weiterbringen, wenn sie nicht verdrängt und mißachtet, sondern angenommen und verarbeitet werden. Besonders an Pädagogen und Pädagoginnen kann der Anspruch gestellt werden, sich mit den eigenen Störungen in der sexuellen Biographie zu befassen und sie in Gesprächen mit Freunden oder auch in der Supervision zu bearbeiten. Damit soll der Mut zur sexualpädagogischen Arbeit nicht erstickt werden.

Auch ohne „gestylte Handlungskompetenz" ist Sexualerziehung möglich. Während das freundliche Begleiten eher gegen das unreflektierte und ungefragte Sich-einmischen gesagt wurde, geht es hier um Ermutigung zur Stellungnahme und zur Herausforderung in der Konfrontation mit Jugendlichen. Und das auch, wenn man bzw. frau selbst noch kein Modell ist.

Sexualität ist nicht nur ein Problem, sondern vor allem Lust– und Kraftquelle für den Menschen.

Sexualpädagogische Handlungsräume sind oft gekennzeichnet durch nachdenkliches Stirnrunzeln, tiefschürfendes Argumentieren und rotköpfiges Drumherumreden. Etwas mehr Spaß könnte die Aura der Verbissen– und Verklemmtheit sexualpädagogischen Handelns vertreiben – und das nicht nur zum Wohle der Jugendlichen.

Sexualerziehung kann nur lustvoll sein und den ganzen Menschen erfassen, wenn sie multisinnliche Erfahrungen ermöglicht. Intentionales Lernen durch Sexualerziehung ist nur *ein* Aspekt von Erziehung insgesamt. Das schließt nicht aus, daß Sexualerziehung zum Thema spezifischer Veranstaltungen gemacht wird. Wie jedes lebendige Lernen sollte sie sinnenreich sein, d. h., alle Sinne und Erfahrungsebenen ansprechen und enthalten: Das Denken, Fühlen, Tasten, Riechen, Schmecken, Sehen, das Wünschen und reale Handeln. Insbesondere das Reden von Sexualität ist eine wichtige Voraussetzung, sexuelles Handeln nicht isoliert, sondern in personale, soziale und politische Zusammenhänge einzubetten.

Widersprüchliches nicht glätten, sondern den Umgang mit dynamischen Balancen fördern.

Sexualität ist „Einheit des Widersprüchlichen" und Jugendliche erleben diese Widersprüche auf vielfältige Art und Weise. Pädagogik neigt zur Glättung von Konflikten, zur Auflösung von Widersprüchen. Das geschieht z. B. ganz oft mit der Ganzheitlichkeit als Realutopie vieler Jugendlicher.

Sexualpädagogik wird zur Ideologie, wenn Schindluder mit dieser Ganzheitsutopie getrieben wird. Das ist zum Beispiel der Fall, wenn Ganzheitlichkeit als Voraussetzung für sexuelles Lusterleben vorgeschrieben, wenn sie ideologisch überhöht und verordnet wird: „Du darfst nur ganzheitlich lieben! Lust ist nur erlaubt, wenn Liebe dabei ist! Wirf Dich nicht weg und warte auf den Lebenspartner/die Lebenspartnerin!"

Verordnete ganzheitliche Liebe hat Unterdrückung, Leid, Resignation und Schuldgefühle zur Folge

- bei dem Jungen, der mit dem Freund gemeinsam seinen Körper erkundet,
- bei dem Mädchen, das sich selbstbefriedigt,
- bei der Frau, die nach gescheiterter Ehe ihre Lust auslebt,
- bei dem Mann, der den Pornofilm genießt, weil seine Beziehung sexuell entleert ist.

Sexualpädagogik kann aber auch das produktive Umgehen mit der Spannung von Ganzheitssehnsucht und lust– oder leidvoll erlebten Teilaspekten von Sexualität fördern. Sexuelle Identitätsfindung wird dann als lebendiger Lernprozeß begriffen, in dem Jugendliche und Erwachsene spezifische Unbalancen intensiv erleben und punktuell Ganzheitserfahrungen machen. Im Vertrauen auf die Fähigkeit zur Balance von widersprüchlichen Bedürfnissen gilt es, diesen Prozeß freundlich zu begleiten.

8.4 Didaktische Anregungen

D 16: Ethische Grundhaltungen in der Auseinandersetzung

Die Gesamtgruppe teilt sich in verschiedene Kleingruppen. Jede Gruppe bekommt einen der nachfolgenden Texte mit unterschiedlichen sexualethischen Aussagen zur Bearbeitung.

Fragen an den jeweiligen Text könnten lauten:

* Welchen spontanen Eindruck habe ich von dem Text?

* Welche Auffassung von der Sexualität des Menschen verbirgt sich hinter dem Text?

* Welcher Aspekt bleibt jeweils unterbelichtet, der meiner Ansicht nach auch zur Sexualität gehört?

* Welche sympathische Aussage enthält die im Text vorhandene ethische Position?

Die Gruppen beschäftigen sich ca. eine Stunde mit je einem der Texte. Vor einer Präsentation der Gruppenergebnisse im Plenum sollte jede-r TeilnehmerIn Gelegenheit bekommen, alle Texte zu lesen, um bei der Diskussion der jeweils nicht bearbeiteten Texte mitreden zu können (ca. 45 Minuten).

Im anschließenden Plenum wird das Diskussionsergebnis jeder Gruppe präsentiert und jeweils anschließend die Diskussion in der Gesamtgruppe eröffnet.

Text 1: Das „Gestalt-Gebet" von Fritz Perls

Ich bin Ich.
Du bist Du.
Ich bin nicht auf dieser Welt, um Deine Erwartungen zu erfüllen.
Du bist nicht auf dieser Welt, um meine Erwartungen zu erfüllen.
Wenn wir uns treffen – o. k.,
wenn nicht – auch gut.   (Fritz Perls)

Text 2: DIE VIER DIMENSIONEN DER LIEBE von Dorothee Sölle

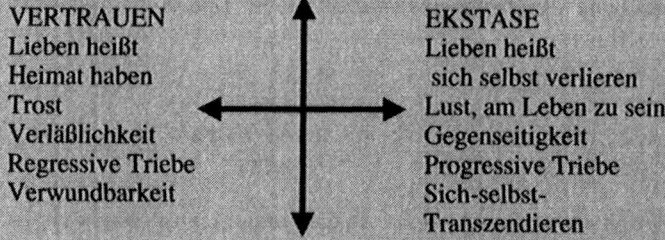

GANZHEIT
Lieben heißt ganz sein
Mehrdimensionalität
Integration unserer physischen,
psychischen, intellektuellen, ästhetischen,
emotionalen und spirituellen Fähigkeiten

VERTRAUEN
Lieben heißt
Heimat haben
Trost
Verläßlichkeit
Regressive Triebe
Verwundbarkeit

EKSTASE
Lieben heißt
sich selbst verlieren
Lust, am Leben zu sein
Gegenseitigkeit
Progressive Triebe
Sich-selbst-
Transzendieren

SOLIDARITÄT
Lieben heißt Erkennen
Keine Trennung von Liebe und Gerechtigkeit
Keine Trennung von privat und öffentlich
Beziehungshaftigkeit allen Lebens
Die politische Dimension von Eros/Agape

(aus: Dorothee Sölle, lieben und arbeiten, Stuttgart 1985, S. 186)

Text 3: Die Sexualökonomie Wilhelm Reichs

„Die Theorie der sexualökonomischen Lebensforschung ist in wenigen Sätzen zu fassen. Die seelische Gesundheit hängt von der orgastischen Potenz ab, das heißt vom Ausmaß der Hingabe– und Erlebnisfähigkeit am Höhepunkt der sexuellen Erregung im natürlichen Geschlechtsakt. Ihre Grundlage bildet die unneurotische charakterliche Haltung der Liebesfähigkeit. Die seelischen Erkrankungen sind Folgen der Störung der natürlichen Liebesfähigkeit. Bei orgastischer Impotenz, unter der die überwiegende Mehrzahl der Menschen leidet, entstehen Stauungen biologischer Energie, die zu Quellen irrationaler Handlungen werden. Die Heilung der seelischen Störungen fordert in erster Linie die Herstellung der natürlichen Liebesfähigkeit. Sie ist von sozialen Bedingungen ebenso abhängig wie von psychischen.

Die seelischen Krankheiten sind Ergebnisse der gesellschaftlichen Sexualunordnung. Diese Unordnung hat seit Jahrtausenden die Funktion, die Menschen den jeweils vorhandenen Seinsbedingungen psychisch zu unterwerfen, die äußere Mechanisierung des Lebens zu verinnerlichen. Sie dient der seelischen Verankerung der mechanisierten und autoritären Zivilisation durch Verunselbständigung der Menschen.

Die Lebenskräfte regeln sich natürlicherweise selbst ohne Zwangspflicht oder Zwangsmoral; beide sind sichere Anzeichen für vorhandene anti-soziale Regungen. Die antisozialen Handlungen entstammen sekundären, durch die Unterdrückung des natürlichen Lebens entstandenen Trieben, die der natürlichen Sexualität widersprechen. (...) S. 15 f.

Stellen wir nun die moralische Regulierung und die sexualökonomische Selbststeuerung einander gegenüber.

Die Moral funktioniert als Pflicht. Sie ist mit natürlicher Triebbefriedigung unvereinbar. Die Selbststeuerung folgt den natürlichen Gesetzen der Lust und ist mit natürlichen Trieben nicht nur vereinbar, sondern vielmehr funktionell identisch. Die moralistische Regulierung schafft einen scharfen, unauflösbaren seelischen Widerspruch, den der Natur contra Moral. Dadurch steigert sie den Trieb, was wieder erhöhte moralische Abwehr notwendig macht. Sie schließt einen organischen Kreislauf der Energie im Menschen aus.

Die Selbststeuerung entzieht einem unerfüllbaren Velangen die Energie durch Übertragung auf andere Ziele oder Partner. Sie funktioniert in einem steten Wechsel von Spannung und Entspannung, liegt somit im Bereiche aller natürlichen Funktionen. Die zwangsmoralisch bestimmte Struktur leistet die soziale Arbeit ohne innere Beteiligung unter dem Gebote eines ichfremden Soll. Die sexualökonomisch gelenkte Struktur leistet die Arbeit im Einklang mit den sexuellen Interessen aus dem großen Reservoir der Lebensenergie heraus. Die moralische Struktur folgt nach außen den starren Gesetzen der moralischen Welt, paßt sich ihr äußerlich an und rebelliert innerlich. Dadurch ist sie der Dissozialität in höchstem Grade ausgesetzt, einer unbewußten zwangs– und triebhaften Dissozialität.

Die gesunde, durch Selbststeuerung bestimmte Struktur paßt sich dem irrationalen Teil der Welt nicht an und setzt ihr natürliches Recht durch. Sie erscheint dem neurotischen Moralisten krank und dissozial, ist jedoch in Wirklichkeit zu dissozialen Handlungen unfähig. Sie entwickelt ein natürliches Selbstbewußtsein, gegründet auf sexueller Potenz. Die moralische Struktur ist genital regelmäßig schwach und daher genötigt, ständig zu kompensieren, d. h., ein falsches, steifes Selbstgefühl zu entwickeln. Sie verträgt sexuelles Glück anderer schlecht, weil sie provoziert wird und unfähig ist, es ebenso zu genießen. Ihr sind sexuelle Akte im wesentlichen Potenzbeweise. Der genitalen Struktur ist Sexualität ein Lusterlebnis und nichts als das. Die Arbeit ist ihr freudige Lebensbestätigung und Leistung. Der moralischen Struktur ist die Arbeit lästige Pflicht oder bloß Sicherung der Existenz."

Aus: Wilhelm Reich, Die Funktion des Orgasmus, Köln, 1987, S. 138f.

Text 4: „ Christliche Sexualethik" von Hans Grewel, evangelischer Theologe

Die christliche Anthropologie betrachtet den Menschen als eine unzerteilbare Ganzheit, die nicht in einen guten (geistigen oder seelischen) und einen schlechten (körperlichen, sexuellen) Teil zerlegt werden kann. Darum ist sowohl die asketisch-negative Wertung der Sexualität in der abendländisch-christlichen Tradition als auch das hedonistisch-animierende Leitbild unserer Tage als eine unzulässige Abspaltung des Sexuellen zu beurteilen. Allein die Integration der Sexualität in die gesamtpersonale Lebensführung (also kritische Bejahung) kann Ziel und Aufgabe unserer sexualethischen und –pädagogischen Bemühungen sein. (...)

Statt einfach nur die Einehe als allein möglich zu proklamieren, müssen wir die Ehe ebenso wie ihre möglichen Alternativen (Polygamie, gruppenorientierte Wohn– und Lebensgemeinschaften, freie Paarbeziehungen, unbeschränkte Promiskuität) einer sachlichen Gewinn– und Verlustrechnung unterziehen. Wenn wir dann weiterhin der Einehe den Vorzug geben, dann müssen wir zeigen können, inwiefern sie den Anforderungen personaler Lebensgemeinschaft, also auch der Integration der Sexualität in die Gestaltung personaler Liebesbeziehungen, am besten förderlich ist, und in welcher Form sie dies ist (patriarchalisch oder partnerschaftlich). Nach meiner Überzeugung sind für diese Begründung vor allem drei Faktoren konstitutiv:

– die personale Begegnung der Lebenspartner, die mehr ist als das flüchtige Aufeinandertreffen zweier Individuen, sondern die den Übergang vom Ich und Du zu Wir (ggfs. unter Einschluß von Kindern) intendiert (Liebe).

– der Wille zur Treue, wobei der Begriff der Treue nicht negativ („treu" ist, wer keinen Ehebruch begeht), sondern im Ansatz positiv gefaßt: als ein Zueinanderstehen, eine alle Lebensbeziehungen umschließende und durchwirkende Gemeinschaft. Treue zielt auf Ganzheit, auf personale Integration, und sie zielt auf Dauer „in guten wie in schlechten Tagen".

– der öffentliche Auftrag an die Lebenspartner, ihr gemeinsames Leben als Symbol humaner Gemeinschaft zu gestalten sowie (im gegebenen Fall) ihren Beitrag zur verantwortlichen Orientierung der Kinder zu leisten. (...)

Die innere Ausgestaltung einer Ehe und damit die Rollenverteilung innerhalb der Partnerbeziehung/Familie ist von allgemeinen Normierungen freizuhalten. Eine Höherwertung des Ehestandes gegenüber den verschiedenen Formen von Ehelosigkeit ist unzulässig. (Keine Verunglimpfung anderer Formen).

(aus: Hans Grewel, Leitlinien verantwortlich gelebter Sexualität, Düsseldorf, 1987, S. 67 ff).

Text 5: Kongregation für das katholische Bildungswesen: Orientierung zur Erziehung in der menschlichen Liebe

„Nur in der Ehe sind Intimbeziehungen legitim

Nur in der Ehe dürfen sich Intimbeziehungen entwickeln. Denn nur hier bewahrheitet sich die von Gott gewollte untrennbare Verbindung der Sinnfülle von Vereinigung und Fortpflanzung in solchen Beziehungen, die darauf hingeordnet sind, eine endgültige Lebensgemeinschaft zu bilden, zu befestigen und zum Ausdruck zu bringen: „ein Fleisch". Dies geschieht durch die Verwirklichung einer Liebe, die „menschlich" , „total" und „fruchtbar" ist, das heißt der ehelichen Liebe. Daher sind geschlechtliche Beziehungen außerhalb der Ehe eine schwere Verirrung, weil sie ausschließlich Ausdrucksform einer Wirklichkeit sind, die noch nicht besteht. Sie sind Zeichen, dem in der Lebenswirklichkeit der beiden Personen die objektive Grundlage fehlt, da sie keine endgültige Gemeinschaft bilden mit der erforderlichen Anerkennung und Garantie durch die bürgerliche und , für katholische Eheleute, die religiöse Gesellschaft.

Verworrene geschlechtliche Ausdrucksformen

Unter Heranwachsenden und Jugendlichen verbreiten sich mehr und mehr gewisse geschlechtliche Verhaltensweisen, welche an und für sich zur vollen geschlechtlichen Beziehung führen, ohne daß es jedoch dazu kommt. Solche Formen der Sexualität sind eine sittliche Unordnung, da sie außerhalb des ehelichen Bereichs stattfinden.

...

Selbsterotik

Ziel einer echten geschlechtlichen Erziehung ist es, einen beständigen Fortschritt in der Beherrschung der Triebe zu fördern, um sich zu gegebener Zeit einer wahren und hingebungsvollen Liebe öffnen zu können. Da kann sich ein besonders verwickeltes und delikates Problem stellen: die Selbstbefriedigung und deren Rückwirkungen auf das ganzheitliche Reifen der Person. Die Selbstbefriedigung ist nach katholischer Lehre „eine schwere sittliche Verfehlung", weil allem voran die Geschlechtskraft in einer Weise gebraucht wird, die ihrem inneren Ziel wesentlich widerspricht; sie steht nicht im Dienst der Liebe und des Lebens gemäß dem Plane Gottes.

...

Homosexualität

Die Homosexualität, welche die Person am Erreichen der geschlechtlichen Reife sowohl in sich als auch in ihren zwischenmenschlichen Beziehungen hindert, ist ein Problem, das vom Betreffenden wie vom Erzieher in aller Objektivität aufgegriffen werden muß. „Sicher muß man sich bei der seelsorglichen Betreuung dieser homosexuellen Menschen mit Verständnis annehmen und sie in der Hoffnung bestärken, ihre persönlichen Schwierigkeiten und ihre soziale Absonderung zu überwinden. Ihre Schuldhaftigkeit wird mit Klugheit beurteilt werden. Es kann aber keine pastorale Methode angewandt werden, die diese Personen moralisch rechtfertigen würde, weil ihre Handlungen als mit ihrer persönlichen Verfassung übereinstimmend erachtet würden. Nach der objektiven sittlichen Ordnung sind die homosexuellen Beziehungen Handlungen, die ihrer wesentlichen und unerläßlichen Regelung beraubt sind' (Vgl.Röm 1,26-28; vgl. auch Persona humana, AAS 68 (1976),Nr.9)."

Kongregation für das katholische Bildungswesen: Orientierung zur Erziehung in der menschlichen Liebe – Hinweise zur geschlechtlichen Erziehung. Hg. : Sekretariat der Deutschen Bischofskonferenz, Verlautbarungen des Apostolischen Stuhls, 1983,S. 36ff.

Text 6: Minimalethik von Alexander Comfort

Ethische Minimalforderungen einer menschenfreundlichen Sexualmoral von Alexander Comfort:

1. „Du sollst die Gefühle eines anderen Menschen nicht rücksichtslos ausbeuten und ihn mutwillig enttäuschenden Erfahrungen aussetzen."

2 „Du sollst unter keinen Umständen fahrlässig die Zeugung eines unerwünschten Kindes riskieren."

(Aus A. Comfort: Der aufgeklärte Eros. Plädoyer für eine menschenfreundliche Sexualmoral, Reinbek 1968, S. 78.)

Text 7: Evangelische Kirche Deutschlands zu AIDS und Sexualethik

„Sexuelle Freiheit ohne Verantwortung für den anderen ist lieblos. Gott kennt uns persönlich, darin wurzelt die eigenständige Würde eines jeden von uns. Keiner darf den anderen darum nur zu seinem eigenen Glück benützen. Wir alle sind und bleiben auf Liebe angewiesen. Liebe aber bedeutet weitaus mehr als eine Zuwendung auf Zeit. Liebe umfaßt doch wesentlich mehr und anderes als ein kurzfristiges Interesse am Körper eines Menschen." (Bischof von Keler).

Die Krankheit AIDS nötigt uns ein neues Nachdenken darüber auf, wie Liebe, Vertrauen, dauerhafte Partnerschaft, Ehe und geschlechtliche Gemeinschaft zusammengehören. Niemals haben die Menschen um Gefährdungen oder Infektionen zu vermeiden, den Intimverkehr auf dauerhafte Partnerschaften beschränkt. Deshalb kann sich die Kirche so wenig wie der Staat mit dieser ethischen Forderung zufriedengeben.

Die Veranwortung zweier Partner muß auf jeden Fall das Risiko einer Infektion vermindern, z. B. auch durch die Anwendung von Kondomen. Dabei wird es vor allem darauf ankommen, daß die Männer, die den Schutz vor Empfängnis seit der Einführung der Pille weitgehend der Frau überlassen haben, jetzt die Initiative ergreifen.

Gefordert ist auch eine größere sexuelle Verantwortlichkeit, die den Sinn der Sexualität neu entdeckt und Teil einer gelingenden und dauerhaften Partnerschaft ist. Diese Sexualität hat ihren Ort in der Ehe. Liebe, Vertrauen, Zuwendung und ganzheitliche Gemeinschaft müssen stets neu gelernt werden.

Die Kirche muß in ihrer Arbeit mit Jugendlichen und Erwachsenen diese Zusammenhänge und die Verantwortung der Partner in Erinnerung rufen. Das aber wird sie nur können, wenn sie sich selber nicht bstimmen läßt von Ängstlichkeit und Enge, von eine Überbewertung des Geistigen gegenüber dem Leiblichen. Nur wo unverkrampfte Freude an der Sexualität zum Ausdruck kommt, finden auch Hinweise auf Gefahren und Fehlformen Beachtung."

(EKD: AIDS Orientierungen und Wege aus der Gefahr, Hannover, 1988)

D 17: Sexuelle Selbstbestimmung: Selbstreflexion

Nach einer kurzen Einführung zum Thema „sexuelle Selbstbestimmung" ist eine Übung mit dem Thema „Wie erging es meiner Fähigkeit zur sexuellen Selbstbestimmung in der letzten Zeit?" sinnvoll:

In der Gesamtgruppe bilden sich Dreiergruppen, in denen 45 Minuten lang zu folgender Fragestellung geredet wird:

„Wie erging es mir im letzten halben Jahr mit der Fähigkeit zur sexuellen Selbstbestimmung? Habe ich auch als sexueller Mensch gelebt oder bin ich gelebt worden?"

Die Ergebnisse bzw. das Gespräch in den Kleingruppen muß nicht mehr in die Gesamtgruppe eingegeben werden.

Sinnvoll ist jedoch in den meisten Fällen ein kurzes Stimmungsbild im Plenum, indem jede-r sein bzw. ihr momentanes Gefühl in einem Adjektiv ausdrückt.

9. Die Situation der PädagogInnen im sexualpädagogischen Kräftefeld.

9.1 Alltag und Utopie

Um in der Praxis sexualerzieherisch arbeiten zu können, muß ein ganzes Bündel von ermöglichenden oder auch einschränkenden Bedingungen berücksichtigt werden, die als Kräftefeld wirksam sind. Es handelt sich um institutionelle Bedingungen und solche, die durch die Personen selbst gesetzt sind. So z. B. die Tatsache, daß Pädagogen und Pädagoginnen sexuelle Bedürfnisse haben, deren Verarbeitung und Befriedigung durch die biografischen Besonderheiten geprägt sind oder die Tatsache, daß die pädagogische Arbeit in einem institutionellen Rahmen mit unterschiedlichen Freiräumen und Verregelungen stattfindet.

Wenn auch Sexualpädagogik immer noch weitgehend die Privatsache von einzelnen ist, arbeiten die meisten doch im Zusammenhang mit weiteren *Kollegen und Kolleginnen,* die unabhängig von ihrem sexualpädagogischen Interesse Einfluß ausüben. Durch einige praktische Vorerfahrungen wird zudem bald deutlich, daß Eltern der Jugendlichen in der einen oder anderen Weise tangiert werden. Sie wollen vielleicht gerne mitreden, müssen zum Teil auch gefragt werden oder kommen einfach bei konfliktträchtigen Themen ins Spiel.

Der unmittelbare pädagogische Handlungszusammenhang ist weithin eingebunden in *gesellschaftlich-rechtliche Rahmenbedingungen,* die – wenn auch nicht immer real – doch wenigstens in der Phantasie der Pädagogen und der Pädagoginnen begrenzend sind.

Die Beziehungen zwischen Mitarbeitern bzw. Mitarbeiterinnen und Jugendlichen sind also beeinflußt durch eine Reihe von Kräften, die genauer angesehen werden müssen. Sie bestimmen nicht nur das aktuelle Geschehen, sondern sind schon im Vorfeld der sexualpädagogischen Arbeit wirksam. Ganz häufig machen sie Angst und verhindern den Mut, mit Sexualpädagogik überhaupt anzufangen. Viele Gutwillige bleiben schon weit vor den in die Zukunft projizierten Barrieren stehen oder geben beim kleinsten Widerstand einer Kollegin auf. Ganz besonders wirkt das beliebte Pädagogenspiel der Abwertung eigener Arbeit durch *hochgesteckte Erwartungen* – und das in vielen Varianten mit den entsprechend erworbenen Arbeitshaltungen.

Manche halten strikt an ihren Utopien gelungener Jugendsexualität fest und tragen sie wie eine Flagge durch das feindliche Land der widerstreitenden Bedingungen. Sie sind verliebt in ihre Ziele oder können von den Allmachtsvorstellungen nicht lassen. Sie arbeiten an den Bedingungen vorbei, unter denen Jugendliche leben und durch welche auch die pädagogische Situation beeinflußt wird. Die verbalisierten „emanzipativen" Ziele finden keine Entsprechung in ihrer Praxis, da die „Objekte pädagogischer Begierde" auf eine Spur gesetzt werden, der sie selbst nicht folgen wollen. Es wird weniger genau hingesehen als vielmehr ausgerichtet und – wenn die erwartete Gegenliebe ausbleibt – auch hingerichtet. Das Scheitern der gut gemeinten Bemühungen wird nämlich leicht den uneinsichtigen „Zöglingen" oder – je nach Vorliebe – den Bedingungen angelastet.

Doch es gibt auch eine gegenteilige Haltung, nämlich die bewußte oder unbewußte *Aufgabe jeder pädagogischen Utopie* als antipädagogische Grundhaltung oder als resignatives „kleine Brötchen backen". Im ersten Fall ist die Rede vom „Ende der Pädagogik", weil die Erkenntnis sehr ernst genommen wird, daß der abwesende Vater, die klammernde Mutter, das Männermagazin von RTL-Plus, der funktionalisierte Schulalltag und die verplante Freizeit das Sexualleben eines Menschen mehr prägen als pädagogische Interventionen.

Eine andere Variante besteht in der Idealisierung menschlicher *Selbstgestaltungs– und Selbstheilungskräfte,* fortschrittlich aufklärerisch garniert, von den Jugendlichen aber als zwischenmenschlicher Kältestrom erlebt. Das „So-sein-lassen" der oder des anderen kann eine Grenze zur teilnahmslosen Distanz überschreiten und wird dann nicht mehr nur antipädagogisch, sondern auch als unmenschlich erlebt.

Das „Kleine-Brötchen-backen" ist weniger bewußt gewählt als eher eine resignative Bewältigungstrategie vorangegangener Frustationserfahrungen. Man gibt sich zufrieden mit dem Wenigen, das erreicht werden kann – und das wird in der Tat immer weniger, weil die Grundhaltung eine unmutige ist. Auch die kleine Anstrengung in die Richtung wünschenswerter Zustände wird vermieden, weil die früheren Rückschläge gefürchtet sind. Die Spannung zwischen Alltag und Utopie sinkt auf den Nullpunkt und wird zur Routine.

Der Spannungsbogen bleibt erhalten, wenn Alltag und Utopie aufeinander bezogen werden. Sinnvolles Leben geschieht auch ganz unabhängig von pädagogischem Tun in der Dialektik von Vorhandenem und Möglichem. Leben heißt in Bewegung sein, manchmal auch auf der Stelle treten, aber lustvolles Leben geschieht in der Spannung zwischen dem was ist und dem, was als begehrenswertes Ziel angepeilt wird. Wenn der Spannungsbogen reißt oder die Spannung einfach `raus ist, beginnen Unzufriedenheit, aggressives oder neurotisches Agieren. Das gleiche gilt für pädagogisches Tun. Es gibt noch etwas anderes als die Lethargie der Routine oder den Verrat der Utopie, und nur das kann auf die Dauer sexualpädagogisch wirksam sein. Dazu müssen einige Bedingungen erfüllt und Haltungen vorhanden sein.

1. Es ist unabdingbar, *in Kontakt zu bleiben* mit sich selbst, den Jugendlichen, den Bedingungen und den persönlichen sowie pädagogischen Zielen.

2. *Interesse an anderen haben,* ohne sie ändern zu wollen, ist eine hilfreiche pädagogische Grundhaltung. Interessierte Distanz kann „So sein-lassen" und „Anteilnehmen". Nichts anderes meinten manche klassische Pädagogen mit dem Begriff des pädagogischen Eros. Liebe soll eine Sehende sein (Pestalozzi) und verzichtet gerade darauf, den anderen nach dem eigenen Bilde zu gestalten.

3. *Umgehen können mit Grenzen* ist eine weitere Grundqualifikation. Grenzen nicht blind überspringen, sich selbst an der Grenze nicht unbeabsichtigt zu gefährden, andererseits aber nicht vor lauter Angst weit vorher stehen bleiben, ermöglicht die kleinen Schritte über das Gewohnte hinaus. Manche vermeintliche Barriere wird dann zur sich öffnenden Schranke, die Unvorhergesehenes ermöglicht.

4. *Ent-täuschungen verarbeiten können* ist in dem beschriebenen Zusammenhang unabdingbar. Das gelingt vornehmlich auf dem Hintergrund einer Haltung, die davon ausgeht, daß sich etwas bewegen läßt, daß sich aber nicht alles in die gewünschte Richtung bewegt. Das läßt offen, wer letztendlich definiert, was gewünscht ist und was heilsam wirkt, ohne die eigene Hoffnung zu verraten und ohne untätig mit anzusehen, daß sich etwas „irgendwie" bewegt.

5. *Konflikte nutzen* meint die Erkenntnis verwerten, daß nicht alle in einer pädagogischen Situation wirkenden Kräfte an einem Strang ziehen. Sie verhalten sich zueinander vielfach widersprüchlich. Diese Widesprüche wahrzunehmen bestärkt die Erfahrung, daß letztlich nicht alles fest zementiert, sondern veränderbar ist.

6. Ganz viel realistischer pädagogischer Mut hängt mit der Sorge um die eigene Person zusammen. *Rücksichtsvoll mit sich selbst umzugehen* und lebendig zu bleiben wirkt ansteckender als organisierte pädagogische Programme.

9.2 Didaktische Anregungen

D 18: Meine sexualpädagogische Utopie und der pädagogische Alltag

Pädagogische Utopien lassen sich am ehesten durch kreative Medien ausdrücken, weil sie nie ganz konkret umrissen werden sollten.

Die TeilnehmerInnen der Fortbildung werden animiert, ihre sexualpädagogische Utopie mit Wasserfarben oder Wachsmalstiften zu Papier zu bringen. Dabei kann gegenständlich, abstrakt, symbolisch oder auch nur mit Farben gemalt werden. (45 Minuten)

In Dreiergruppen werden die Bilder gegenseitig präsentiert und miteinander besprochen (1 Stunde). Die TeamerInnen schreiben zuvor einige anregende Fragen auf eine Wandzeitung:

* Was sagt meine Utopie von sexualpädagogischer Arbeit über mein Verständnis von Sexualität aus?

* Inwiefern ist meine sexualpädagogische Utopie von meiner eigenen Lebenssituation geprägt?

* Ist es wünschenswert, wenn diese Utopie Wirklichkeit wird oder sollte sie lieber Utopie bleiben? (Welche positiven Funktionen haben schmerzliche, begrenzende, herausfordernde Faktoren der pädagogischen und sexuellen Realität?)

9.3 Pädagogen und Pädagoginnen in ihrer Altersrolle.

Jugendliche lernen weder nur von Gleichaltrigen noch nur von Erwachsenen. Die Entfaltung von Liebe, Freundschaft und Sexualität benötigt zum einen die sich gegenseitig stützenden und stärkenen Identifikationen in der Freundschaftsgruppe. Zum anderen passiert Lernen auch im Intimbereich in der Auseinandersetzung mit Erwachsenen, die durch Weitergabe der brauchbaren Anteile ihrer Erfahrungen, durch Beobachtungen und reflexive Relativierungen der momentanen Alters– und Lebenssituation notwendige Hilfestellungen leisten können. In beiden Fällen handelt es sich um mögliche und wünschenswerte Beeinflussungsprozesse, die allein unter bestimmten Voraussetzungen z.B. einer geschulten und reflektierten Arbeit zustandekommen.

So ist nämlich auch denkbar, daß „ewig jugendbewegte" ältere JugendarbeiterInnen oder LehrerInnen durch den Umgang mit Jugendlichen im Zustand des Jungseins verbleiben wollen. Die manchmal verzweifelten Versuche, noch immer „in" zu sein, sich den jugendlichen Verhaltensformen auch im Sexualbereich anzupassen, wirken dann wenig überzeugend und hilfreich. Andere Erwachsene versuchen mehr oder weniger unbewußt, die Normen und Verhaltensmuster ihrer eigenen Jugendzeit der aktuellen Situation überzustülpen.

Ebenso kann die Position des oder der jugendlichen MitarbeiterIn z. B. in der Jugendverbandsarbeit problematische Seiten enthalten. Selbst noch voll in einer sexuellen Identitätskrise steckend, werden leicht die Unsicherheit der Kinder und Jugendlichen potenziert, mit denen pädagogisch gearbeitet wird. Zudem ist er bzw. sie nicht selten so stark in das Sympathie– und Antipathie-Geflecht der Gruppe eingebunden, daß keine hilfreiche Distanz zu sich selbst und zu den Gruppenprozessen mehr möglich wird.

Bei diesen altersbedingten Barrieren für eine hilfreiche Sexualerziehung handelt es sich aber nicht um grundsätzliche Schwierigkeiten, die gegen erzieherische Intentionen Erwachsener oder gegen Jugendliche als Multiplikatoren sprechen. Selbst, wenn der Pädagoge oder die Pädagogin sich der Tatsache bewußt ist, nicht alle mit der Altersrolle zusammenhängenden Probleme zu sehen und gelöst zu haben, kann gehandelt werden. Mit dem Bewußtsein der eigenen sich eingestandenen und zugestandenen

Grenzen handelt manche-r realitätsbezogener und offener als vermeintlich „superreife" und selbstsichere Personen. Fortbildungsveranstaltungen können dazu beitragen, den Grad der Selbstsicherheit und des reflektierenden Handelns durch gemeinsamen Erfahrungsaustausch zu erhöhen. Sie müssen jedoch eine Atmosphäre der Offenheit und des gegenseitigen Vertrauens ermöglichen, um auch die meist geheimen und intimen Ängste und Schwierigkeiten bearbeiten zu können.

9.4 Didaktische Anregungen

D 19: Jugendthemen und Erwachsenenthemen zur Sexualität

Um unfruchtbare Vermischungen von Jugend– und Erwachsenensexualität zu vermeiden, sollte ab und an darüber nachgedacht werden, welche unterschiedlichen Themen, Akzente und Konflikte beide Altersgruppen charakterisieren und welche im Moment persönlich dominieren.

Die Formulierung ist bewußt vorsichtig gewählt, weil solche Unterscheidungen immer nur tendenziell richtig sind. Konkrete Personen und Situationen variieren auch die thematischen Akzente, die in die Arbeit mit Jugendlichen eingebracht werden können.

Die TeilnehmerInnen der Fortbildung denken zunächst in kleinen Gruppen darüber nach, was für Jugendliche und was für Erwachsene im Zentrum des Erlebens von Sexualität steht (eine Stunde).

Die Ergebnisse werden auf Wandzeitungen festgehalten und im Gruppenraum an die Wand geheftet.

Nacheinander erläutern die Kleingruppen sich gegenseitig ihre Jugend– und Erwachsenenthemen. Meist entsteht eine lebendige Diskussion über Abgrenzungsprobleme, da manche-r mitdiskutierende-r Erwachsene gerade in einer Konfliktsituation steht, die von einer anderen Gruppe nur Jugendlichen zugeschrieben wurde.

Zur Ausdifferenzierung der Ergebnisse läßt sich eine neue Wandzeitung mit den Spalten

a) eindeutige Jugendthemen

b) eindeutige Erwachsenenthemen und

c) sowohl Jugend– als auch Erwachsenenthemen

einrichten.

Folgende Fragen können erörtert werden:

* Welche Jugendthemen wurden in der Arbeit bisher vermieden?

* Wurden sie vermieden, weil man sie bisher nicht als solche identifizierte, weil die persönliche Nähe fehlte oder weil sie vielleicht Angst auslösten, sich zu blamieren?

* Mit welchen Erwachsenenthemen wurden die Jugendlichen bisher gelangweilt oder überfordert?

* Wie präventiv sollte Sexualpädagogik mit Jugendlichen sein? Müssen manche Erwachsenenthemen vorweggenommen werden?

* Wie können gemeinsame Themen jugendgemäß aufgearbeitet werden?

* Welches Thema könnte in der nächsten Sitzung ein gemeinsames Thema werden?

D 20: „Was ist im Moment mein Thema?"

Um offen zu sein für Themen anderer, ist das Loslassen-Können der eigenen offenen Fragestellungen und Lieblingsprobleme erforderlich. Das muß nicht immer durch langwierige Gespräche, Erfahrungen oder Therapien passieren, sondern ab und an reicht eine kurzfristige Anregung, um ein drängendes Thema erst einmal bei Seite zu legen.

Dazu kann die folgende Übung dienen:

Jede-r schreibt – möglichst in einem Satz – das ihn bzw. sie im Moment berührende Thema im Bereich Liebe, Freundschaft, Sexualität auf ein DIN-A 4-Blatt (15 Minuten) und legt das Blatt auf seinen bzw. ihren Sitzplatz. Alle gehen jetzt im Raum umher, um die einzelnen Themen zu lesen und eigene Assoziationen hinzuzuschreiben oder hinzuzumalen.

Nach ca. 30 Minuten setzt sich jede-r wieder auf den Platz und liest, was die anderen geschrieben haben.

Auswertungsfragen:

* Was verstehe ich nicht, was hat mich überrascht, gefreut, geärgert?

* Will ich wissen, wer mir was geschrieben hat?

* Welches Thema könnte zu einem Thema der folgenden Fortbildung werden?

9.5 PädagogInnen sind auch sexuelle Menschen.

Die Tatsache, daß pädagogisch Tätige ihre eigene Person in die Arbeit einbringen, ist grundsätzlich positiv zu bewerten, denn auch pädagogische Lernprozesse vollziehen sich in der Begegnung von Personen mit ihren subjektiven Möglichkeiten und Grenzen. Das gilt unabhängig von dem Grad an Nähe, der institutionell vorgegeben ist. Er variiert von der distanzierten Lehrerrolle bis zur fast familiären Situation in einem Erziehungsheim. Die Bewußtheit über die möglichen Wirkungen der eigenen rollengebundenen Handlungen kann aber auch zur Folge haben, sich nicht ganz offen und authentisch zu verhalten. *So ist es nicht immer im Sinne des solidarischen Miteinanders sinnvoll, über alle eigenen Sexual– und Intimprobleme offen zu reden, selbst, wenn die vertraute Situation dazu verführt.* Viele dieser eigenen Erfahrungen liegen vielleicht noch am Rande des Erfahrungsfeldes anderer und belasten sie eher, als daß sie Einfühlung und Verständnis wecken.

Das gleiche gilt aber auch umgekehrt. ErzieherInnen müssen sich nicht auf jedes von Jugendlichen angebotene Thema einlassen, wenn sie das – aus welchen Gründen auch immer – nicht wollen. Keine professionelle Pflicht kann dazu zwingen, über mehr oder weniger exotische Abenteuer oder Sexualpraktiken zu reden, die Jugendliche als Gesprächsanreiz einbringen. Oft steht ohnehin das Bedürfnis dahinter, die Grenzen des Zumutbaren zu testen oder die Machtfrage zu stellen. Auch sexuelle Anmache läuft über diese direkte Form der Ansprache. Manchmal sind aber auch ernst gemeinte Fragen nach konkreten Informationen oder Ratschlägen gemeint. Die Situation und mitkommunizierte Untertöne helfen, die Intentionen zu unterscheiden und entsprechend zu reagieren.

Manchem Lehrer, mancher Jugendarbeiterin, fällt das nicht so leicht, mit der Schlagfertigkeit der Jugendlichen umzugehen. Je nach Situation reicht ein Hinweis, darüber jetzt nicht reden zu wollen; möglicherweise auch das Zugeben von Unsicherheit oder Verletztsein.

Eigene – nicht verletzende – Schlagfertigkeit kann bis zu einem gewissen Grad in der MitarbeiterInnengruppe geübt werden. Der langfristige Umgang mit sexualpädagogischen Themen, gelegentliche Fortbildungen und der Umgang mit Jugendlichen erweitern mit der Zeit die eigenen Alternativen im Umgang mit sexuellen Provokationen. Erweitert werden auch die eigenen Schamgrenzen und Sprachmöglichkeiten.

Eine Verschärfung erfährt das Thema wechselseitiger Offenheit und Intimität, wenn die Frage der Aufnahme von Zärtlichkeiten und körperlich-sexuellen Kontakten mit Jugendlichen akut wird. Wenn pädagogischer Alltag nicht auf eine unerotische Pflichtveranstaltung und rein kognitive Kommunikation reduziert werden soll, muß vom Vorhandensein und der auch wünschenswerten Wirksamkeit erotischer Kräfte ausgegangen werden. *Sexualität in dem weitesten Sinne der hier gemeinten Definition spielt auch in pädagogischen Beziehungen mit einigen ihrer Ausdrucksformen eine wichtige Rolle.* Welche Aspekte gelebt werden, vor allem, welche Ausdrucksformen mit welcher Akzentuierung eine fruchtbare pädagogische Beziehung ausmachen, und welche sie gerade zerstören, hängt von ganz vielen Bedingungen und konkreten Situationen ab. Sie können nicht alle vorwegnehmend entschieden werden. Vielfach muß der bzw. die ErzieherIn unter verantwortlicher Reflexion aller überschaubaren Faktoren eine individuelle Entscheidung treffen.

Erwachsenen kann zugemutet werden, die eigene Sexualität von Kinder– und auch noch Jugendsexualität zu unterscheiden und die Grenzen in der Begegnung zu erspüren. Erwachsenen mit zusätzlichem pädagogischen Auftrag muß zugemutet werden, die Auswirkungen sexueller Kontakte auf die pädagogische Beziehung zu beachten und in das eigene Handeln einzubeziehen.

Neben den juristischen Grenzen (siehe Sielert und Marburger, 1990, S.93ff) sollten eine Reihe anderer Tatsachen reflektiert werden, die gegen sexuelle Handlungen zwischen sexualpädagogisch Tätigen und betroffenen Jugendlichen sprechen. Es ist hier bewußt von dem juristischen Begriff sexueller Handlung die Rede, weil er aus dem weiten Feld des Sexuellen – zumindest annähernd – die in diesem Fall problematischen Ausdrucksformen heraushebt. Das hört sich juristisch so an:

Unter *„sexuellen Handlungen"* fallen sowohl hetero– wie homosexuelle Handlungen. Die Handlung muß sich durch einen objektiven Bezug zum Geschlechtlichen auszeichnen, also für Dritte als solche erkennbar sein. Nur subjektiv so eingeschätzte Momente sind (juristisch) ohne Bedeutung. Beispiele für sexuelle Handlungen im juristischen Sinn sind Beischlaf, Ersatzhandlungen des Beischlafs, Entblößen und Betasten der Geschlechtsteile, gegenseitiges Onanieren. Die sexuellen Handlungen müssen außerdem in bezug auf das geschützte Rechtsgut von einiger Erheblichkeit sein. Das ist dann der Fall, wenn es sich nach Art und Intensität um eine sozial nicht mehr akzeptable Beeinträchtigung handelt (sogenanntes normatives Erheblichkeitsmerkmal). Küsse, Umarmungen, Streicheln des Körpers, Anfassen der Geschlechtsteile über der Kleidung z. B. fallen deswegen nach der gegenwärtigen Rechtsprechung nicht darunter.

Der kleine juristische Exkurs hat vielleicht etwas deutlicher gemacht, welche Ausdrucksformen von Sexualität in pädagogischen Beziehungen verboten und welche juristisch unproblematisch sind. Er löst jedoch längst nicht alle *pädagogischen* Probleme. So muß z. B. auch eine von Dritten nicht als sexuell identifizierte Handlung, die rein subjektiv aber so empfunden wird, mit ihrer Wirksamkeit in der pädagogischen Interaktion bedacht werden. Zudem ist das Anfassen von Geschlechtsteilen über der Kleidung in den meisten Fällen nicht nur pädagogisch, sondern auch regulär abzulehnendes Verhalten, weil es meist sexistische Züge trägt. *Doch eindeutig ist, daß ganz viele Formen der Zuwendung bis zu Körperkontakten nicht nur erlaubt, sondern auch ganz wichtig sind. Besonders in jenen Fällen, wo Kinder und Jugendliche vieles nachzuholen versuchen, das sie zu Hause vermissen müssen.*

In bezug auf weitergehende Kontakte gelten aber jenseits des juristisch Erlaubten noch weitere mögliche Konsequenzen. Für Lehrer gilt neben den strafrechtlichen Bestimmungen noch die Disziplinargerichtsbarkeit, die sexuelle Handlungen auch über die strafrechtlich enger gefaßten Schutzaltersgrenzen und den Amtsmißbrauch hinausgehende Bedingungen sanktioniert. Aber auch in weniger geregelten pädagogischen Bereichen haben die Erziehenden aufgrund plausibler gruppendynamischer Gegebenheiten eine herausragende Position, die sie für viele andere als Identifikationsfiguren erscheinen lassen.

Einsichtig ist auch die ganz häufige Übertragung sexueller Bedürfnisse von Jugendlichen auf Erziehende, mit denen diese verantwortungsvoll oder eigennützig umgehen können. Hilfreich ist sicher für keinen der Beteiligten, wenn eine Pädagogin oder ein Pädagoge den unbewußten Übertragungen nachgibt und sexuelle Wünsche erfüllt, die an ihn bzw. sie herangetragen werden. Die Erziehungsperson zieht damit alle unkontrollierten Bedürfnisse auf sich und verhindert die Aufnahme bewußter selbstbestimmter Liebesbeziehungen der Jugendlichen untereinander. Zudem kann die Wirksamkeit der pädagogischen Beziehung stark beeinträchtigt werden. Es entstehen neue Probleme von Vertrauensentzug, Eifersucht und Aggression, die von den Betroffenen nicht mehr überschen und bearbeitet werden können. Die genannten Bedenken treffen nicht in jeder Situation zu und ersetzen keinesfalls die eigene Entscheidung, die möglicherweise auch anders aussehen kann. Auch hier gilt der Grundsatz von sexueller Selbstbestimmung im Rahmen umsichtiger Berücksichtigung des Selbstbestimmungswillens anderer und der gegebenen situativen Bedingungen.

9.6 Didaktische Anregungen

D 21: „Müssen pädagogisch Tätige immer verzichten"?

Die richtige Einschätzung und Beurteilung von Konfliktfällen im Bereich Liebe und Sexualität zwischen Erziehenden und Jugendlichen gelingt nur durch Einfühlung in die von der jeweiligen Situation betroffenen Personen. Daher bietet sich zur Sensibilisierung für dieses Thema die Bearbeitung von realen Situationen durch Fallbesprechungen an.

Meist kennt jemand von den TeilnehmerInnen der Fortbildung einen „relevanten Fall" aus der eigenen Praxis, der zur Bearbeitung reizt. Die Gruppe sollte bei der vorgeschlagenen Form der Fallbesprechung nicht mehr als 12 Personen umfassen.

Das Beispiel wird zunächst ausführlich geschildert und die Gruppenmitglieder haben die Möglichkeit, nähere Einzelheiten zu erfragen.

Sollte kein Vorschlag aus der Gruppe kommen, können die TeamerInnen der Fortbildung ein Beispiel eingeben:

Petra ist 25 Jahre alt, Erzieherin in der Außenwohngruppe eines Heims mit sechs 15- bis 17-jährigen Jungen und Mädchen. Alle haben ihre Freunde und Freundinnen außerhalb der Wohngemeinschaft, so daß Liebesbeziehungen innerhalb der

Gruppe bisher kein Thema waren. Petra versteht sich vor allem mit den Mädchen und einem der Jungen, einem gutaussehenden Türken besonders gut. Oran ist 16 und wird noch 2 Jahre in der Wohngemeinschaft bleiben wollen. Anders als es Petra von manchen Türken gewohnt ist, achtet Oran Petra als Erzieherin und läßt sich gerne von ihr in persönliche Gespräche verwickeln, die manchmal beiden unter die Haut gehen. Des öfteren mußte sich Petra bewußt an ihre Erzieherinnenrolle erinnern, um den intensiven Gesprächen und zufälligen Berührungen nicht mehr Zärtlichkeiten folgen zu lassen.

Oran hat seit 2 Jahren eine deutsche Freundin, mit der er nach dem Heimaufenthalt auch gerne zusammenleben will. Petra ist zur Zeit solo. Wenn Petra am Wochenende Dienst hat, schläft sie in der Wohngemeinschaft im sogenannten ErzieherInnen-Zimmer.

An diesem Sonntag ist sie für einen Kollegen eingesprungen, der sich kurzfristig freigenommen hat und geht – etwas sauer über das verpatzte Wochenende – relativ früh schlafen. Sie hat seit einiger Zeit den Eindruck, daß das Leben an ihr vorbeigeht und sehnt sich wieder nach mehr Nähe und Zärtlichkeit. Nachts, wenn sie mal nicht schlafen kann, werden die Wünsche drängender und die Ängste riesengroß. Sie ist sich nicht mehr im klaren darüber, wie attraktiv sie eigentlich ist und zweifelt inzwischen an allem.

An der Schwelle zwischen bewußtem Grübeln und Halbschlaf hört sie ein deutliches Klopfen an der Tür und plötzlich steht Oran in ihrem Zimmer – spritzig, vergnügt und doch etwas verlegen, weil er Petra noch nicht im Bett vermutet hat. Er fragt, ob er einen Augenblick bleiben kann und spricht begeistert von einer Begegnung mit Krokodil, einem 26-jährigen Türken mit italienischer Staatsangehörigkeit, der jetzt in einem deutsch-französischen Club an der türkischen Südküste als Animateur arbeitet und ihn im Sommer für ein paar Wochen mitnehmen möchte. Petra ist skeptisch aber läßt sich spontan von der überschäumenden Begeisterung anstecken und blödelt mit Oran über die sommerlichen Highlights in einem türkischen Sportclub. Natürlich würde sie ihn dort besuchen, sich zum Wasserski animieren lassen und .... Da entdeckt Oran, daß Petra ganz nackt unter der Decke ist, nimmt sie in den Arm und schmiegt sich zärtlich an ihren Körper. Petra denkt blitzartig an die WG und ihren Job und die Freundin von Oran aber spürt gleichzeitig die Wärme seines Atems an ihrem Hals und die Lust in ihrem Körper – sie möchte am liebsten nur noch genießen.

Wenn jedem Gruppenmitglied die Situation deutlich ist und keine Informationen mehr benötigt werden, bittet der Teamer bzw. die Teamerin jede-n Einzelne-n, sich in die Person der Petra hineinzuversetzen und in ICH-Aussagen alles das zu formulieren, was in dem Moment in ihr vorgeht, als Oran sie in den Arm nimmt.

In einer zweiten Runde versetzen sich alle in Oran und äußern ihre Assoziationen ebenfalls in der ICH-Form.

In einer dritten Runde bleibt jeder-r bei sich selbst und sagt, wie er bzw. sie sich in dieser Situation verhalten würde.

Sollten im anschließenden Gespräch noch andere Personen ins Spiel kommen, etwa eine weitere Mitarbeiterin, die davon Wind bekommen hat oder einer der zwei anderen Jungen, kann die Identifikationsrunde noch einmal vonstatten gehen.

Fragen für die Auswertung:

* Wie gelang die Einfühlung?

* Welche unterschiedlichen Reaktionsmöglichkeiten wurden deutlich?

* Unter welchen Voraussssetzungen wurden jeweils welche Lösungen gewählt?

* Gibt es Unterschiede zwischen Männern und Frauen?

9.7: Wenn Welten aufeinander prallen: Die Einen reden vom Lieben, die Anderen vom Ficken.

Die Lebenswelten von erzieherisch Tätigen und Jugendlichen klaffen nicht selten weit auseinander. Nicht allein das Alter ist ausschlaggebend, sondern vielmehr die soziale Herkunft, der Schulbesuch und die im Cliquenmilieu geltenden Normen und Verhaltensweisen. Pädagoginnen und Pädagogen rekrutieren sich immer noch vorzugsweise aus der Mittelschicht, haben eine höhere Schule besucht, meist studiert und orientieren zumindest ihre Ansprüche an egalitären und metakommunikativen Umgangsweisen im zwischenmenschlichen, also auch sexuellen Bereich. Jugendliche aus offenen Jugendzentren, Erziehungsheimen, sozialen Brennpunkten, Haupt- und Berufsschulen sind durch andere materielle und soziale Lebenslagen geprägt, die unvermeidlich die in ihnen geltenden Umgangs- und Beziehungsformen grundlegen. Trotz aller Individualisierung der Lebenschancen und Lebensentwürfe unterscheiden sich – zumindest in den genannten pädagogischen Arbeitsfeldern – die Vorstellungen,

– wie Jungen und Mädchen sich zu verhalten haben,

– ob eine Frau berufstätig sein soll,

– wer den Zeitpunkt und die Gestaltung des intimen Zusammenseins bestimmt,

– wie über Homosexualität gedacht wird,

– in welchem Ausmaß und wie über sexuelle Wünsche und Konflikte geredet wird.

Mit den materiellen Möglichkeiten wachsen auch häufig die Verhaltenensalternativen und nehmen die Variationen des Ausdrucks vom Körperstyling über die Kleidung bis zur Beziehungsgestaltung zu. In der Kommunikation zwischen Pädagogen und Pädagoginnen einerseits und vor allem Jugendlichen aus sozial benachteiligten Schichten andererseits entstehen dadurch verschiedene Schwierigkeiten.

Zum einen neigen die Erziehenden dazu, ihre moralischen und sozialen Bewertungen sowie ihre sexuellen Identitätsvorstellungen zum Maßstab für gelungene Sexualität zu machen. Oder sie neigen zur Idealisierung des Verhaltens der Jugendlichen. Zum anderen beginnen die Jugendlichen mit der Zeit, sich an den attraktiven Teilen der Lebensgestaltung ihrer Betreuungspersonen zu orientieren.

Zu leicht vergessen Lehrer, JugendarbeiterInnen und ErzieherInnen, daß bestimmte Verhaltensweisen, Einstellungen und persönliche Ziele in den Zusammenhang einer spezifischen Lebenswelt passen müssen, wenn sie hilfreich sein sollen. Was ganz häufig mit gutwilligen Motiven auf seiten der pädagogisch Tätigen geschieht, ist die Kolonialisierung einer anderen Lebenswelt mit vielen Nebenfolgen, die auch bei politischer Kolonialisierung auftreten: Subversiver Widerstand, Zerstörung gewachsener Beziehungs– und Verständigungsformen sowie Konfliktpotenzierung bei den Kolonisierten, die ihre eigenen Probleme mit den aufgedrängten Handlungsmustern nicht mehr lösen können.

Homosexuelle werden z.B. in die Beziehungsmuster heterosexueller Zweisamkeit gepreßt. Sexuelles Experimentieren wird als Hang zur Ausbeutung gedeutet. Häufige Selbstbefriedigung als Beziehungsunfähigkeit. Der Traum vom großen Glück gilt als kleinbürgerlich, die aggressiv erlebte Jungensexualität als patriarchalische Gewaltstrategie. „Ficken" gilt als harte sexistische Vokabel, mit „vögeln" kann frau sich noch anfreunden, der Begriff „lieben" gilt als wünschenswert. Zärtlichkeit ist gut, Geilheit nur ein primitiver Zustand. Mädchen werden zum Widerstand erzogen und ihre Mütter dadurch doppelt belastet, weil der Hausherr ohnehin nichts tut. Jugendliche werden vom häßlichen Gesicht der Sexualität ferngehalten und können gerade deshalb mit erlebter Gewalt nicht umgehen.

Definitionsmacht kann inhaltlich konservativ oder progressiv anmuten. Sie liegt meist in den Händen der Erziehenden und das macht die Kolonisierten mißtrauisch. Sie wissen, daß alle ja nur ihr Bestes wollen. Doch gerade das – und Sexualität gehört als Intimstes dazu – lassen sie sich nicht gerne nehmen. Orientierung wird in den Medien oder der Clique gesucht, weil deren Definitionsmacht nicht so sanktionierend erfahren wird.

Vertrauenswürdigkeit von Erwachsenen wächst, wenn sie mit den Gestaltungsformen jugendlicher Sexualität anders umgehen. Der Umgang pädagogisch Tätiger mit den Teilkulturen Jugendlicher und ihren sexuellen Besonderheiten wirkt im positiven Sin-

- wenn Pädagogen und Pädagoginnen mehr bei sich selbst bleiben und z. B. prüfen, ob ihr Sprechen vom Sexuellen ihrer sexuellen Wirklichkeit entspricht,

- wenn sie das überzeugend leben und vertreten, was ihnen wichtig ist,

- wenn sie sich bemühen, mehrere „Sexual-Sprachen" zu sprechen,

- wenn sie nicht gleich vor dem ihnen Fremden erschrecken,

- wenn sie die Eigentümlichkeit, den Eigensinn der Jugendlichen achten,

- wenn sie nicht gleichgültig bleiben, sondern um das angemessene Verhalten streiten,

- wenn sie dabei nur in Extremfällen ihre Macht einsetzen, weil jemand in ihrer oder seiner körperlichen und seelischen Integrität gefährdet ist,

- wenn sie anderes vormachen, herausfordern, argumentieren, ihre Gefühle äußern und Alternativen anbieten, die als wohltuend, entlastend, befreiend, spannend, lustvoll – also einfach hilfreich erfahren werden.

9.8 Didaktische Anregungen

D 22: Wörterbuch der sexuellen Umgangssprache.

Viele Pädagogen und Pädagoginnen scheitern beim Verstehen jugendlicher Sexualität schon an der Sprache. Entweder wecken bestimmte Begriffe eine derartige große Abwehrhaltung, daß die Kommunikation abbricht oder es bleibt ihnen völlig unklar, was überhaupt gemeint ist.

Die TeilnehmerInnen der Fortbildung sammeln in kleinen Gruppen alle sexuellen Begriffe, die sie durch Gespräche von oder mit Jugendlichen jemals gehört haben.

Die Gruppen haben 15 Minuten Zeit und gehen arbeitsteilig vor:

* Begriffe für männliche oder weibliche Geschlechtsteile.

* Begriffe für Geschlechtsverkehr.

* Begriffe für Sexualpraktiken.

* Begriffe aus der homosexuellen Szene und über Homosexualität.

Die Ausdrücke werden im Plenum für alle sichtbar aufgeschrieben, ergänzt und erklärt.

Jede-r Einzelne sortiert jetzt auf einem Blatt in vier verschiedenen Spalten alle Begriffe nach den Kategorien:

- kann ich gut hören und rede selbst so.
- bin ich leidenschaftslos, kann ich mit umgehen.
- ist mir eher unangenehm, kann ich aber noch mit umgehen.
- finde ich scheußlich, kann ich nicht gut hören.

In kleinen Gruppen zu viert werden die Zuteilungen miteinander besprochen und begründet.

Bei lockerer Stimmung in der Gruppe kann ein kleines „Desensibilisierungstraining" angeschlossen werden. Dadurch erhöht sich die Fähigkeit, die eigenen Sprachgrenzen einen kleinen Schritt zu erweitern. Einige Begriffe aus den Spalten „ist mir eher unangenehm, kann ich aber noch mit umgehen" werden zusammengetragen und auf spielerische Art und Weise geprobt. Die Gesamtgruppe (oder ein Auswahlchor) singt nacheinander verschiedene Begriffe und variiert dabei den Rhythmus und die Tonhöhe. Durch verschiedene Stimmlagen, durch Unterteilung in eine Männer– und eine Frauengruppe, durch die Kombination verschiedener Begriffe miteinander können wahrhaft künstlerische Aufführungen zustandekommen.

9.9 Vom Umgang mit institutionellen Rahmenbedingungen.

Zur genaueren Bestimmung der Handlungssituation sexualpädagogischer Arbeit ist es unumgänglich, den institutionellen Rahmen genauer zu betrachten, um die ermöglichenden und behindernden Faktoren kennen– und einschätzen zu lernen. Jede-r weiß, daß diese Rahmenbedingungen wirken und doch beschäftigen sich die Wenigsten genauer mit ihnen, viele begnügen sich mit pauschalen Vorurteilen. Vom trägen Verwaltungsapparat, dem konservativen Vorstand oder den engen Rechtsbestimmungen ist dann die Rede, wenn der Mangel an sexualpädagogischer Arbeit beklagt wird. Das gilt interessanterweise ganz unabhängig vom tatsächlichen Organisationsgrad der jeweiligen Einrichtung. *Jeder Pädagogentyp hat seine bzw. ihre institutionelle Verhinderungslegende.* In der Schule wird gern auf den vollgepackten Lehrplan verwiesen, der angeblich keinen Raum für sexualpädagogische Aktivitäten zuläßt. Im Erziehungsheim gilt die Leitung oder der Träger als Hemmnis; MitarbeiterInnen kommunaler Jugendzentren verweisen auf die Sozialbürokratie. Je weiter ein institutionelles Gebilde vom Geschehen entfernt ist, umso undifferenzierter ist das Wissen über dessen Wirksamkeit und umso größer wird die Projektionsfläche für eigene Ängste.

Daneben gibt es die handfesten Erfahrungen mit einschränkenden Erlassen, disziplinarischen Drohungen und Nase rümpfenden HeimleiterInnen. Auch in vermeintlich institutionsfreien Räumen bewirken manchmal sehr subtile Mechanismen, daß Abweichung negativ bewertet und das Normale durchgesetzt wird.

Die Prozesse der Mitarbeiterauswahl, die Berufung auf die Autorität der gemeinsamen weltanschaulichen Grundorientierung, die Beeinflußung der MitarbeiterInnen durch Tagungen, Besprechungen und Fortbildungskurse führen auch in der verbandlichen Jugendarbeit in der Regel zu einer normativen Übereinkunft von Träger und JugendarbeiterInnen, die formelle Kontrolle und Sanktionsmechanismen nur in bestimmten Konfliktfällen erforderlich machen.

Pädagogen und Pädagoginnen würden sich zu Recht unverstanden fühlen, wenn alle ihre institutionellen Vorstellungen als „selbstgestrickte" Abwehrmechanismen interpretiert würden. Eine Strategie zur Verstärkung der unterstützenden Wirkungen des organisatorischen Rahmens und zum Abbau von Behinderungen muß also differenziert werden. Und doch ist eine bestimmte Reihenfolge der Aufmerksamkeit und des Handelns sinnvoll, die dort ansetzt, wo Veränderungen in der eigenen Macht stehen.

Institutionen können helfen, stützen, entlasten und erstarren, Kraft rauben, entmündigen. Institutionen werden von Menschen geschaffen und aufrecht erhalten. Der Glaube an die Objektivität der Organisation führt zur Resignation und Innovationsfeindlichkeit. Institutionen können „auftauen", verlebendigt werden, Strukturen können verändert werden.

Wodurch geschieht das?

Erstens müssen die Mythen über die Einrichtung aufgelöst werden. *Gerade SexualpädagogInnen sollten Mythenjäger sein.* Das klappt vielfach schon ganz gut in bezug auf Un– oder Halbwahrheiten, die Jugendliche über Sexualität verbreiten. Das funktioniert jedoch selten im Hinblick auf die eigenen Arbeitsbedingungen. Dort sind noch ganz viele Mythen lebendig:

* „Es hat sich noch nie etwas verändert"

* „Die da oben machen doch, was sie wollen"

* „Die Eltern stehen sofort auf der Matte, wenn Sexualität zum Thema wird"

* „Sexualpädagogen stehen immer mit einem Bein im Gefängnis."

Zum zweiten sollten die Auswirkungen institutioneller Verregelung in den pädagogisch Tätigen selbst ausfindig gemacht und bearbeitet werden. Die beste institutionelle Kontrolle sind die verinnerlichten Mechanismen der Selbstlähmung und der gegenseitigen Entmutigung, von denen einige im folgenden Kapitel behandelt werden. An dieser Stelle soll die Aufmerksamkeit auf einen ganz spezifischen Geheimagenten der verregelten Ordnung gelenkt werden: Die heimtückischen Erwartungen.

Es wird erwartet,

- daß die Beamtin eine staatstreue Pädagogin ist,

- daß die SchülerInnen am Ende des Schuljahres die Prozentrechnung beherrschen,

- daß ihre Aufmerksamkeit auf die Inhalte des Unterrichts konzentriert bleibt,

- daß der Biologielehrer die Sexualkunde behandelt,

- daß keine öffentlichkeitswirksamen Konflikte im Heim entstehen dürfen,

- daß die Jugendlichen über Nacht nicht Freunde und Freundinnen mit auf die Zimmer nehmen,

- daß die Mädchen keine aufreizende Kleidung tragen,

- daß homosexuelle Kontakte um jeden Preis verhindert werden,

- daß während der Ferienfreizeit keine Kondome gefunden werden,

- daß Jungen und Mädchen nur im Beisein von erwachsenen MitarbeiterInnen in einem Zelt schlafen dürfen,

- daß jedes Pornoheft sofort eingezogen wird,

- daß ....

Erwartungen sind Überreder von außen, sie sind Geheimagenten in den Menschen selbst, gegen ihre Wünsche gerichtet. Sie sind nicht immer als institutionelle Forderungen identifizierbar wie in den gesammelten Beispielen, sondern vergiften auch das Miteinander– umgehen. Oft haben sie den gleichen Inhalt wie Wünsche und doch vermitteln sie eine andere Botschaft:

„Ich erwarte, daß Du mir morgen hilfst" – „Ich wünsche mir Deine Hilfe morgen".

„Ich erwarte von den Mitarbeitern, daß sie Jungenarbeit machen" – „Ich wünsche mir von ihnen, daß Sie die Mädchenarbeit unterstützen, indem sie mit den Jungen arbeiten".

Jeweils steht eine verinnerlichte gesellschaftliche Objektivität einer subjektiv ernsten Aussage gegenüber. Es ist besser, zu wünschen, statt zu erwarten. *Wünsche beflügeln, Erwartungen kanalisieren und regulieren.* Durch Phantasie werden Wünsche erfüllt, durch Vorschriften und Regeln die Erwartungen.

Drittens muß für die Wünsche an eine gelungene sexualpädagogische Arbeit etwas getan werden. *Wünsche können Motoren sein, die das Handeln in Gang setzen.* In Supervisionssitzungen mit Pädagoginnen und Pädagogen wird immer wieder deutlich, daß ihre Wünsche sie längst verlassen haben, weil kein Einsatz spürbar ist. Durchaus beflügelnde Ideensammlungen für die praktische Arbeit werden nachträglich zur entmutigenden Erinnerungen, weil nichts von alledem umgesetzt wird. Es wird wechselseitig oder von einem undefinierten „Gruppengeist" erwartet, daß die Ziele umgesetzt werden, statt handhabbare Aufgaben zu verteilen und sich für ihre Erledigung gegenseitig zu bestärken.

Das Wünschen als Motor reicht nicht aus, wenn der Kraftstoff des Fühlens, der wechselseitigen Ermutigung, der Erotik, in den Arbeitsbeziehungen fehlt. Auch Wut kann Kraftstoff sein, etwa die Wut gegen die machtvollen Erwartungen der Vorgesetzten. Oder Trauer: Die Trauer über die Konsummentalität der Jugendlichen. Oder Lust: Die Lust an der Regelverletzung. Das alles können Kraftstoffe sein, kann Energie freisetzen für die Veränderung objektiv bestehender Barrieren.

Viertens ist das genaue Wahrnehmen und Analysieren der Behinderungen und der Grenzen unabdingbar. *Das Herangehen an die Grenze und Kontakt zu machen hilft, Projektionen von realen Begrenzungen zu unterscheiden.* Ganz viele Freiräume bleiben unausgefüllt, weil sie einfach übersehen werden. Eine wichtige Erfahrung der Organisationsberatung in sozialen Einrichtungen ist die Erkenntnis, daß die Sozialbürokratie weniger verhindert oder aktiv beschränkt, sondern einfach nichts tut. Aufgaben und Erwartungen „von oben" kommen ganz oft erst dann, wenn „von unten" zu lange auf Signale „von oben" gewartet wurde. Wenn „oben" nicht viel davon ankommt, was „unten" getan wird, werden Ziele gesetzt und Aufgaben formuliert. Der Kreislauf wechselseitiger Schuldzuschreibungen beginnt.

Fünftens: *Die kleinen Schritte „mit Kompaß" sind erfolgreich.*

Nach langer Pause auf sexualpädagogischem Gebiet stiftet die große Aktion erst einmal Verwirrung und häufig Widerstand. Zu große Schritte vergewaltigen, überrennen die Initiatoren und Initiatorinnen selbst sowie andere. Zu kleine Schritte machen ungeduldig. Mit dem Kompaß der eigenen oder gemeinsamen Utopie voranzuschreiten – beharrlich und tolerant, das verspricht Erfolg im Umgang mit institutionellen Bedingungen.

9.10 Didaktische Anregungen

D 23 : Vorurteile und Mythen über die Institution

Die TeilnehmerInnen der Fortbildung sollen sich in der folgenden mehrstufigen Übung mit den institutionellen Rahmenbedingungen ihrer Arbeit auseinandersetzen. Dazu müssen möglichst homogene Gruppen gebildet werden. Je nach Zusammensetzung der Gesamtgruppe kann das bedeuten:

a) alle LehrerInnen, JugendarbeiterInnen, ErzieherInnen,
b) alle MitarbeiterInnen, die in einer bestimmten Einrichtung arbeiten oder
c) alle MitarbeiterInnen, die in spezifischen Teilbereichen ein- und derselben Einrichtung arbeiten, gehen in eine Teilgruppe.

Nacheinander werden folgende Fragen beantwortet:

* Welche Mythen über die Möglichkeit sexualpädagogischer Arbeit geistern durch unsere Einrichtung und unsere Köpfe?

* Welche Erwartungen werden von außen an uns herangetragen?

* Welche Erwartungen haben wir selbst untereinander?

* Was haben wir noch nicht ausprobiert, welche Freiräume noch nicht erschlossen?

* Wo liegen unsere Ressourcen, unsere Kraftquellen, um sexualpädagogische Arbeit voranzubringen?

* Welche institutionellen Möglichkeiten können wir dazu nutzen?

* Was können wir uns für das kommende halbe Jahr vornehmen, in handhabbare Teilschritte zerlegen und arbeitsteilig bzw. gemeinsam anpacken?

Die Gruppenarbeitsphase benötigt mindestens zwei Stunden, da über jede Frage lange genug nachgedacht werden sollte. Oft benötigen die TeilnehmerInnen nach einer spontanen Kreativphase eine längere Zeit zur Reflexion, um die konkreten Mythen, Erwartungen, Freiräume und Kraftquellen zu entdecken, die ihnen potentiell zur Verfügung stehen.

In der Gesamtgruppe können die jeweiligen auf Wandzeitungen festgehaltenen Antworten präsentiert werden. Es reicht, die ersten sechs Themen deutlich lesbar an die Wand zu heften, damit die TeilnehmerInnen ca. 30 Minuten herumgehen und lesen können, zu welchem Ergebnis die jeweils anderen Gruppen gekommen sind. Vor jeder Gruppenzeitung sollte mindestens ein Gruppenmitglied für Nachfragen zur Verfügung stehen.

Als mündlicher Präsentationsgegenstand bleibt dann noch die Planung der Aktivitäten im kommenden halben Jahr. Die sollte relativ ausführlich geschehen, damit Zeit bleibt für konkrete Anregungen aus den anderen Gruppen. Wenn einzelne Teilbereiche aus einer Einrichtung geplant werden, ist die wechselseitige Kenntnis der Vorhaben Voraussetzung für eine Koordination und für wechselseitige Hilfestellung bei der Umsetzung der einzelnen Arbeitsschritte.

9.11: Vieles ist nur gemeinsam möglich: Sexualpädagogische Teamarbeit

In allen Einrichtungen besteht – zumindest als Anspruch – die Möglichkeit zur Zusammenarbeit angesichts gemeinsamer Probleme und Themen. Heime und Schulen kennen pädagogische Konferenzen und Projektarbeit. Jugendarbeit lebt von der Zusammenarbeit der pädagogisch Tätigen, weil viel mehr koordiniert und inhaltlich geplant werden muß als in geregelten Institutionen. Daneben kennt jede Einrichtung die informelle Ebene der freundschaftlichen Cliquen, in denen gemeinsame Ideen geboren und in die Praxis umgesetzt werden. Sexualpädagogik gilt in der Schule als Unterrichtsprinzip und wird doch nur in bezug auf die Körperaufklärung dem Biologieunterricht zugerechnet. Wenn die Aspektvielfalt der Sexualerziehung begriffen und ernst genommen wird, gibt es für fast alle Disziplinen Anknüpfungsmöglichkeiten. Zudem berührt Sexualpädagogik drängende aktuelle Lebensthemen der Schüler, die Interesse wecken und deren Bearbeitung dem Klima in einer Schule förderlich sein kann.

Ähnliches gilt für andere pädagogische Einrichtungen; immer ist Sexualpädagogik eine Aufgabe, die leichter und effektiver gemeinsam angepackt werden kann. Zusätzliche und zudem noch schwierige Aufgaben finden jedoch selten spontanes Interesse und Sexualpädagogik muß sicher in den meisten Fällen mit einer gewissen Anstrengung initiiert werden. Insofern bleibt als Initialzündung in den meisten Fällen der dringende Wunsch von Jugendlichen nach entsprechenden Angeboten oder eine informelle Gruppe von ErzieherInnen, die ein gemeinsames Projekt initiiert. Diese beiden Anlässe können sich gegenseitig verstärken, denn das geäußerte Interesse und die Begeisterung von Jugendlichen wirkt ansteckend auf die pädagogisch Tätigen und umgekehrt.

Weil langfristige Aktivitäten aber nicht nur von der Begeisterung leben können und nicht ständig Mehrarbeit verlangt werden darf, müssen kleine institutionelle Entlastungen gefordert werden, die auch eher gemeinsam als im Alleingang durchsetzbar sind.

Sexualpädagogik ist ganz oft das Hobby einzelner Pädagogen und Pädagoginnen, weil die Zusammenarbeit mit Kollegen und Kolleginnen zu diesem Thema nicht so einfach ist, wie bei anderen, weniger tabuisierten Inhalten. Die Thematisierung des Sexismus zwischen Jungen und Mädchen berührt die Frage nach sexistischen Umgangsweisen im Kollegium bzw. im MitarbeiterInnenteam. Die Bedeutung von Sympathie und Antipathie, von Erotik und Freundschaft ist auf beiden Ebenen relevant.

Das Anempfehlen von Kondomen provoziert schnell die Frage der Kolleginnen, ob der entsprechende Erzieher denn selbst mit Kondomen nicht nur umgehen kann, sondern sie tatsächlich verwendet. Mit anderen Worten: *Das Thema impliziert einen gewissen Grad an Offenheit und Gesprächsbereitschaft über Dinge, die ständig gelebt, aber nicht ausgesprochen werden oder auch über Einstellungen und Verhaltensweisen, deren öffentliche Verhandlung im Arbeitsleben nicht ganz so einfach ist.* Ein gewisses Maß an Übereinstimmung ist erforderlich angesichts sehr heikler Fragen, die zum Zwecke der reibungslosen Kommunikation lieber zur Privatsache erklärt werden.

Das Wissen um diese Besonderheit sexualpädagogischer Arbeit erklärt nicht nur die seltenen gemeinsamen Projekte von Lehrkräften bzw. pädagogischen Teams. Es macht gleichzeitig deutlich, daß diejenigen, die sich zur Zusammenarbeit entschließen, behutsam miteinander umgehen sollten, um sich selbst nicht zu überfordern. Andererseits wächst in solchen Fällen regelmäßig das Interesse aneinander und manches

Highlight im pädagogischen Alltag ist auf ein gelungenes gemeinsames Projekt zurückzuführen.

Es gibt eine Reihe von Hilfestellungen, welche die Teamarbeit fördern und die inhaltliche Arbeit voranbringen. Fachlichkeit, Selbstreflexion und didaktisches „knowhow" können durch Fortbildungen erworben werden. Zudem gibt es eine Reihe von Möglichkeiten, sich durch methodische Hilfestellungen wechselseitig zu stützen und die Selbstreflexion zu fördern.

9.12: Didaktische Anregungen

D 23: Selbstsupervision

Die Methode der Selbstsupervision nach der Themenzentrierten Interaktion (entwickelt von M. Kroeger, 1973) ist eine vorzügliche Hilfe zur gemeinsamen Reflexion von sexualpädagogischen Maßnahmen. Sie regt an, auf allen Ebenen eines pädagogischen Prozesses wahrzunehmen und mögliche Störungen ausfindig zu machen, die eine Beurteilung erfordern.

Im Anschluß an eine Seminareinheit, ein Wochenende, ein Projekttag oder auch nach einer gemeinsamen Planungssitzung fertigt jede-r beteiligte ErzieherIn fünf verschiedene Teilprotokolle an, die den komplizierten pädagogischen Prozeß in einzelne Teilkomponenten zerlegen.

Während einer Fortbildung kann die Methode im Anschluß an eine relativ beliebige thematische Einheit eingeübt werden. Jede-r der TeilnehmerInnen bekommt den folgenden Fragebogen und fünf verschiedene Blätter, um die fünf Protokolle anfertigen zu können. (ca. 45 Minuten)

Im Anschluß an die Einzelarbeitsphase werden die Beobachtungen in kleinen Gruppen besprochen (1 Stunde). Die auftauchenden Unstimmigkeiten, Störungen oder auch alle Themen, die noch einer weiteren Bearbeitung bedürfen, gehen in die Abschlußdiskussion der Gesamtgruppe ein.

Die TeilnehmerInnen sollen ermutigt werden, in ihren jeweiligen Teams des öfteren ihre Arbeit nach diesem Instrument auszuwerten. Das ist zunächst zeitaufwendig und mühsam, schärft aber das intuitive Gespür für die einzelnen Ebenen und fördert die Kommunikation untereinander. Je nach lokalisierter Störung kann an dem aufgetretenen Problem weitergearbeitet bzw. die folgenden praktischen Maßnahmen verändert werden.

Fragebogen zur Selbstsupervision.

1. Das ICH-Protokoll

Wie ging es mir vor der Einheit, bei der Vorbereitung?

Wie erging es mir während der Veranstaltung? Fühlte ich mich körperlich wohl, entspannt oder unwohl und angespannt?

Was waren meine Stimmungen, Gedanken, Gefühle und Phantasien?

Wie war mein Empfinden mit der Gruppe?

Wie erging es mir mit einzelnen aus der Gruppe?

Wie war mein Erlebnis und Gefühl mit dem Thema, dem Stoff?

Hat mich der Inhalt selbst begeistert oder gelangweilt?

Was hat das Thema bei mir ausgelöst?

Wie war mein Erlebnis und Gefühl mit der Struktur (der Sozialform, der Methode, den Medien)?

War ich selbst gern in der Struktur?
Habe ich mich als LeiterIn herausgehalten?

2. Das WIR-Protokoll

Wie habe ich die Menschen in der Gruppe erlebt? (Es geht hier nicht mehr um mein eigenes Wir-Gefühl, sondern um die intuitiv erfaßte Gruppenwahrnehmung und das Gruppengefühl der anderen TeilnehmerInnen).

Wie wirkten einzelne Personen? Fühlten sie sich wohl, abgelenkt, interessiert?

Wie sah ihr Gesichtsausdruck aus?

Wie würden einzelne die zurückliegende Einheit beschreiben?

Welche Kritik haben Einzelne geäußert oder möglicherweise auch nicht geäußert aber indirekt signalisiert? (Es hilft, sich bei diesen Fragen in einzelne TeilnehmerInnen hineinzuphantasieren).

Wie wirkte die Gesamtgruppe auf mich?

Wie wirkte die Gesamtgruppe vermutlich auf andere?

Wie sah der Gruppenschluß aus, wie die Atmosphäre?

Das ES-Protokoll

Wie lautete das Thema genau?

Wie wirkte es auf mich und die anderen in dieser Form?

Wie wurde es eingeleitet?

Wie hat es sich in der Sitzung entwickelt?

Welche Elemente kamen dabei zum Klingen, welche blieben unterbelichtet?

Was ist nicht durch Phantasie und Gefühl, sondern durch disziplinierte Arbeit anzueignen?

Was ist das Neue, der Kern der Erfahrung, den ich als LeiterIn sah und kommunizieren wollte?

Das STRUKTUR-Protokoll

War die Struktur (die Sozialformen, die Methoden und Medien) helfend, anregend, lähmend?

War die Struktur ein „Gedeihraum" für Eigenaktivität und Ich-Wachstum der TeilnehmerInnen?

Half die Struktur, die Balance zwischen dem Thema, der Gruppe und den einzelnen TeilnehmerInnen herzustellen?

Das UMWELT-Protokoll

Welche Umweltfaktoren bestimmten das Gruppengeschehen (Raum, Institution, Ereignisse in unmittelbarer Umgebung und im sozialen bzw. politischen Umfeld)? Was brachten die einzelnen TeilnehmerInnen aus der Umwelt in die Gruppe hinein?

Es hat sich bewährt, für jedes einzelne Protokoll ein DIN-A 4- oder DIN-A 5-Blatt anzulegen mit den Überschriften ICH, WIR, STRUKTUR und UMWELT.

Die einzelnen Gedanken werden auf das jeweilige Blatt geschrieben, später möglicherweise auf einem gesonderten Blatt in eine parallele Zeitstruktur gebracht.

9.13 An den Eltern kommt Sexualpädagogik nicht vorbei.

Daß pädagogisch Tätige die Eltern der Jugendlichen in ihre Überlegungen mit einbeziehen müssen, ist zunächst einmal eine juristische Notwendigkeit, die in einzelnen Arbeitsfeldern faktisch unterschiedliche Bedeutung hat. Das derzeitige Elternrecht gibt den Eltern bei der Erziehung ihrer Kinder den Vorrang, so daß Pädagogen und Pädagoginnen in jedem Fall, besonders aber in der Sexualerziehung den Willen der Eltern berücksichtigen müssen.

In Häusern der Offenen Tür kennen die JugendarbeiterInnen die Eltern jedoch kaum bzw. nehmen von Seiten der Erziehungsberechtigten nur Desinteresse an den Aktivitäten ihrer Kinder und der Einrichtung war.

In Erziehungsheimen sieht das ähnlich aus, auch wenn die Heimerziehung darauf abzielen soll, die Jugendlichen letztendlich wieder in die Familie zurückzuführen. Faktisch gelingt das aber in den wenigsten Fällen. Zudem liegt die elterliche Sorge ganz oft in der Hand eines Vormunds oder das Jugendamt fungiert als Inhaber der Personensorge für den bzw. die Jugendliche-n. In der Schule ist die Elternmitsprache verfassungsrechtlich geregelt:

„1. Die individuelle Sexualerziehung gehört in erster Linie zu dem natürlichen Erziehungsrecht der Eltern im Sinne des Artikels 6, II GG; der Staat ist jedoch aufgrund seines Erziehungs– und Bildungsauftrags (Artikel 7, I GG) berechtigt, Sexualerziehung in der Schule durchzuführen.

2. Die Sexualerziehung in der Schule muß für die verschiedenen Wertvorstellungen auf diesem Gebiet offen sein und allgemein Rücksicht nehmen auf das natürliche Erziehungsrecht der Eltern und auf deren religiöse oder weltanschauliche Überzeugungen, soweit diese für das Gebiet der Sexualität von Bedeutung sind. Die Schule muß insbesondere jeden Versuch einer Indoktrinierung der Jugendlichen unterlassen.

3. Bei Wahrung dieser Grundsätze ist Sexualerziehung als fächerübergreifender Unterricht nicht von der Zustimmung der Eltern abhängig.

4. Die Eltern haben jedoch einen Anspruch auf rechtzeitige Information über den Inhalt und den methodisch-didaktischen Weg der Sexualerziehung in der Schule.

5. Der Vorbehalt des Gesetzes verpflichtet den Gesetzgeber, die Entscheidung über die Einführung einer Sexualerziehung in den Schulen selbst zu treffen. Das gilt nicht, soweit lediglich Kenntnisse über biologische und andere Fakten vermittelt werden.

(BVerfG Beschluß vom 21.12.1977 – 1 BvL 1/75; 1 BvR 147/75. Ergangen aus Vorlagebeschluß des BVerwG NJW 1975, 1180)."

Schon für die Schule ist fragwürdig, ob sich die Trennung zwischen wertneutraler Tatsachenvermittlung und „eigentlicher" Sexualerziehung als wirklich durchführbar und pädagogisch sinnvoll erweist. Sie ist vermutlich auch im Schulbereich nicht eindeutig durchzuhalten, denn die Auswahl der Tatsachen und auch die Art und Weise der Darbietung enthalten unvermeidbar Werturteile des Lehrers und der Lehrerin. Um diese Möglichkeit jedoch gering zu halten, werden für die Schule die Ziele und Inhalte des Unterrichts durch Lehrpläne vorgeschrieben.

In der Jugendhilfe gibt es solche Lehrpläne nicht, so daß die Grenze zwischen Tatsachenwissen und Werturteilen kaum gezogen werden kann. Hinzu kommt die Vielfalt der sexualpädagogischen Vermittlungsmöglichkeiten, die nicht allein auf systematische Lernprozesse beschränkt sind, so daß eine solche Unterscheidung geradezu ausgeschlossen ist. Orientierungshilfen in der Lebenswelt Jugendlicher sind immer stark handlungsbezogen und somit tatsachen– und wertgebunden zugleich. Eine Unterscheidung zwischen diesen Bereichen der Vermittlung sexualerzieherischer Intentionen ist jedoch auch nur dann sinnvoll, wenn es darum geht, einen eigenständigen Erziehungs– und Bildungsanspruch einer bestimmten Einrichtung, in diesem Fall der Schule, abzusichern. Da jedoch Institutionen der Jugendhilfe ein solches eigenständiges Erziehungs– und Bildungsrecht entweder nicht besitzen (Jugendarbeit) oder mit der Personensorge beauftragt sind (Heimerziehung) bleiben Erziehende in diesen Bereichen entweder juristisch immer vom Willen der Personensorgeberechtigten abhängig oder sind weitgehend mit deren Befugnissen ausgestattet.

Auf der anderen Seite kann als positiver Umstand für die Jugendarbeit angemerkt werden, daß Träger der Jugendarbeit durch die Möglichkeit ihrer weltanschaulichen Parteilichkeit sogar eher das Vertrauen der Eltern besitzen als die staatlich reglementierte Schule. Von daher kann leichter von einer Übereinstimmung der sexualerzieherischen Vorstellungen zwischen den Eltern und der jeweiligen Institution der Jugendarbeit ausgegangen werden, die unter Umständen sogar weitergehende sexualpädagogische Möglichkeiten begründet, als sie der Schule zugestanden werden.

Es wäre pädagogisch jedoch zu kurzsichtig gedacht, Elternkontakt allein unter diesem juristischen Aspekt zu betrachten. Zum einen ist der Elternwille keine unveränderbare Konstante, zum anderen wird eine langfristig angelegt sexualpädagogische Arbeit nicht losgelöst vom sozialen Hintergrund und den wichtigsten Bezugspersonen der Jugendlichen vonstatten gehen. Von daher läßt sich die Notwendigkeit der Elternarbeit vielfältig begründen. Hier sind jene pädagogischen Einrichtungen im Vorteil, die den Kontakt zu den Eltern relativ „naturwüchsig" herstellen. Manche Jugendverbände z. B. können parallel zur Sexualerziehung mit den Jugendlichen auch die Eltern mit derselben Thematik konfrontieren. Das gleiche gilt für Familienbildungsstätten, aber auch für Gemeinwesenarbeit von der Volkshochschule aus und für die pädagogische Arbeit in Kirchengemeinden.

Durch Rundbriefe besteht die Möglichkeit, Eltern über sexualpädagogische Probleme zu informieren, sie mit Vorhaben des jeweiligen MitarbeiterInnenteams vertraut zu machen oder zu einem Elternabend einzuladen. Häufig kommt durch diese Form der Kontaktaufnahme eine erste Verbindung zwischen den Eltern und Pädagogen bzw. Pädagoginnen zustande.

Es geht darum, unter Berücksichtigung der bisherigen Erfahrungen und Lebenszusammenhänge die Eltern in feinfühliger und wenig provozierender Weise mit der Bedeutung von Sexualerziehung zu konfrontieren, ohne dabei übertrieben hochgesteckte Erwartungen zu haben. Selten läßt sich durch solche Kontakte die Position der Eltern verändern; was jedoch erreicht werden kann, ist der Abbau von wechselseitigen Stereotypen, die vorwiegend auf Informationsmängeln beruhen, sowie eine genauere Einschätzung der Erziehenden, welche Eltern voraussichtlich ihr pädagogisches Konzept mittragen, und welche möglicherweise starken Widerstand entgegensetzen werden. Zusammen mit den positiv eingestellten Eltern lassen sich vielleicht mehrere Elternabende organisieren, an denen bestimmte Themenkomplexe der Sexualität angeschnitten und sexualpädagogische Folgerungen erörtert werden, die sich auf das Vorhaben der MitarbeiterInnen bezieht.

Für die Schule ist eine solche intensive Elternarbeit potentiell auch wünschenswert, in der Regel aber nicht machbar, weil das wechselseitige Interesse meistens fehlt und nicht immer vorauszusehen ist, ob die Elternarbeit dem Anliegen verstärkter Sexualerziehung überhaupt förderlich ist.

Meist ist es sinnvoller, ein Minimum an notwendigen Informationen an die Eltern weiterzugeben, damit die gesetzlichen Vorschriften erfüllt sind und ansonsten das Desinteresse der Eltern zu nützen, die Arbeit mit den Jugendlichen unbeeinflußt von ständigem Mitspracheinteresse voranzutreiben.

Ganz anders sieht das Thema in jenen Einrichtungen aus, die explizit zur Eltern– oder Familienarbeit geschaffen wurden oder in solchen Zusammenhängen, in denen die Familie im Mittelpunkt sozialpädagogischer Maßnahmen steht. Eltern gehören hier nicht mehr nur als Einflußfaktoren zum sexualpädagogischen Kräftefeld, sondern bilden den Mittelpunkt der pädagogischen Bemühungen.

Sexualerziehung in der Familie unterliegt ganz spezifischen Bedingungen, die im Rahmen der didaktischen Überlegungen in diesem Buch nicht ausführlich berücksichtigt werden können. Und doch gibt es Berührungspunkte zwischen Erziehungseinrichtungen für Jugendliche und Institutionen der Familien– und Elternbildung. Das gilt vor allem für die funktionale Familienbildung z. B. in Verbindung mit Kindergärten, Kirchengemeinden, Bürgerinitiativen und der Arbeitswelt.

Veranstaltungen mit Jugendlichen und ihren Eltern sind schwierig aber können für alle Beteiligte besonders spannend und anregend werden. Wo immer es geht, sollten LehrerInnen, JugendarbeiterInnen und ErzieherInnen sich um solche Zusammenarbeitsmöglichkeiten mit PfarrerInnen, FamilienfürsorgerInnen sowie Mitarbeitern und Mitarbeiterinnen der Familienbildung bemühen.

9.14 Didaktische Anregungen

D 25: Ein Beispiel positiver Elternarbeit

Je nach Zusammensetzung der Fortbildungsgruppe sieht die Art und Weise der möglichen Elternarbeit anders aus. Da die TeamerInnen meist zuvor wissen, aus welchem Bereich die TeilnehmerInnen kommen, können sie sich auf die spezifischen Bedingungen einstellen und im voraus einige Möglichkeiten der Elternarbeit überlegen.

Fortbildungen sollten auch ermöglichen, daß die TeilnehmerInnen von den Erfahrungen und Ideen profitieren, welche die VeranstalterInnen mitbringen. Das gilt grundsätzlich für jedes Fortbildungsthema, besonders aber für solche, bei denen wenig Eigenerfahrungen vorausgesetzt werden können. Für die Elternarbeit ist das meist so. Gerade hier sollten brauchbare Praxiskonzepte vermittelt werden.

Als Beispiel wird hier eine Veranstaltungsreihe vorgestellt, die mit Eltern und ihren Jugendlichen im Alter von 13 – 14 Jahren durchgeführt werden kann. Die Praxiseinheit wurde in einer evangelischen Kirchengemeinde mit Konfirmanden und Konfirmandinnen sowie ihren Eltern erprobt.

Die Reihe besteht aus vier Nachmittagen mit den Jugendlichen, einem reinen Elternabend und einem gemischten Abend, an dem die Jugendlichen und ihre Eltern teilnehmen. Die ersten drei Nachmittage mit Jugendlichen dienen vor allem der Vorbereitung auf das Thema „Eltern und ihre Kinder im Gespräch über Liebe, Freundschaft und Sexualität". Es handelt sich um jeweils eineinhalbstündige Zusammenkünfte mit folgenden Themen und methodischen Umsetzungsmöglichkeiten:

1. Nachmittag:

Unsere Fragen zum Thema Liebe, Freundschaft, Sexualität

Die Jugendlichen schreiben mit einem Filzer je drei der wichtigsten Fragen auf drei verschiedene DIN-A 6 Kärtchen und legen sie verdeckt in die Mitte auf einen Stapel. Einer der TeamerInnen mischt die Karten gründlich und liest sie nacheinander laut vor, damit sie an der Wand gemeinsam zu miteinander verwandten Fragestellungen geordnet werden können. Die gefundenen Themenbereiche werden mit einer kennzeichnenden Überschrift versehen und nacheinander besprochen. Die beiden TeamerInnen sollten durch sondierendes Nachfragen die genaueren Hintergründe der Fragen aufdecken, spontan eigene Antworten versuchen und das eine oder andere Thema im gemeinsamen Gespräch vertiefen. Sollte eine-r der TeamerInnen den Jugendlichen noch nicht bekannt sein, kann er bzw. sie sich auf diese Art und Weise schnell in die Gruppe einführen, weil die eigenen Einstellungen deutlich werden und die Gruppe in kurzer Zeit etwas Persönliches erfährt.

Zweiter Nachmittag:

Was denken Erwachsene über Liebe, Freundschaft, Sexualität und wie verhalten sie sich gegenüber Jugendlichen?

Die TeamerInnen haben Bilder von mehreren Erwachsenen (Frauen und Männern) mitgebracht, die zunächt relativ wahllos an die Wand geheftet oder auf den Fußboden gelegt werden. Die Jugendlichen sollen aus den Einzelpersonen Ehepaare zusammenstellen und sich in einem weiteren Schritt auf zwei verschiedene Paare einigen: Ein Elternpaar, das sie keinesfalls als eigene Eltern akzeptieren würden und ein Paar, das sie sich als Ideal-Elternpaar wünschen. Je nach Gruppengröße können auch vier oder sechs Elternpaare ausgesucht werden, so daß Kleingruppen mit ca. 6 TeilnehmerInnen entstehen.

Zu den beiden Paaren werden nun verschiedene Fragen gestellt, die jede-r Jugendliche-r mit kurzen Notizen auf einem Zettel beanworten soll und die anschließend in der Kleingruppe besprochen werden. Die Jugendlichen äußern sich auf diese Art und Weise über gewünschtes und ungewünschtes Elternverhalten und gewinnen zugleich einen kleinen Einblick in die unterschiedlichen Lebenswelten und Biographien von Erwachsenen, die ein solches Verhalten bedingen können.

Fragen an die Elternbilder:

* Wie fühlen sich die beiden miteinander?

* Wie verhalten sich beide ihren Kindern gegenüber?

* Wer von beiden klärt die Kinder auf welche Art und Weise auf?

* Lassen sich die Eltern nackt vor ihren Kindern sehen?

* Wie reagieren die Eltern darauf, wenn sie erfahren, daß Du dich selbstbefriedigst?

* Wie reagieren die Eltern, wenn Du einen Freund bzw. eine Freundin mit nach Hause bringst?

* Lassen die Eltern euch ungestört zusammen auf dem Zimmer sein?

* Wie verhalten sich die Eltern Deinem Wunsch nach Verhütungsmitteln gegenüber?

* Wie reagieren die Eltern, wenn Du schwanger bist bzw. Deine Freundin ein Kind von Dir erwartet?

* Was denken diese Eltern über Homosexualität?

Am Schluß des Nachmittags werden die Jugendlichen gebeten, anonym je zwei Fragen an die Eltern der Konfirmandengruppe zu stellen, die sie gerne beantwortet haben wollen. Die Karten werden eingesammelt und am gemeinsamen Abend mit den Eltern verwandt.

Elternabend:

Thema: Meine Kinder leben und erfahren Liebe, Freundschaft und Sexualität

    Was bekomme ich davon mit?
    Was ängstigt mich?
    Was ermutigt mich?

Beim Hereinkommen bekommt jede-r ein Zuckerherz geschenkt. Der Pfarrer begrüßt alle Anwesenden und begründet das Thema. Die anderen MitarbeiterInnen stellen sich persönlich vor, die Eltern nennen reihum ihren Namen.

Mit dem Einverständnis der Jugendlichen wurden ihre Fragen vom ersten Nachmittag auf große Plakatkartons geschrieben und hängen während des Elternabends an der Wand. Den Eltern wird kurz das Zustandekommen der Fragen erklärt. Die drei TeamerInnen gehen jetzt abwechselnd auf die Fragenkomplexe ein und kommentieren sie mit dem Hintergrundwissen, das sie durch die Besprechung in der Jugendgruppe sowie darüberhinausgehene Informationen gewonnen haben.

In einem anschließenden Rundgespräch mit den Eltern geht es um folgende Fragen:

* Was kommt mir von diesen Fragen bekannt vor, welche Fragen wurden von meinen Kindern schon gestellt, was überrascht mich?

* Wie habe ich jeweils auf solche Fragen reagiert?

* Wo lagen eigene Unsicherheiten, welche Fragen konnte ich selbst nicht beantworten?

* Was ermutigt mich bei den gestellten Fragen und dem damit verbundenen Sexualverhalten der Jugendlichen?

Am Schluß werden die Eltern aufgefordert, anonym je zwei Fragen auf einzelne Kärtchen zu schreiben. Die Fragen werden anschließend eingesammelt und am gemeinsamen Abend mit den Jugendlichen und den Eltern verwertet.

Gemeinsamer Abend mit Jugendlichen und Eltern

Für den gemeinsamen Abend sollten ca. zweieinhalb Stunden vorgesehen werden.

1. Begrüßung und Warming-up

Jugendliche und Eltern werden von den TeamerInnen begrüßt und zu einem kurzen Eingangsspiel aufgefordert:

Alle gehen im Raum umher und stellen sich vor, auf einem großen Marktplatz zu sein. Zunächst sollen die Äußerlichkeiten des Marktplatzes wahrgenommen werden.

- Wir werden jetzt 90-jährige alte Menschen, begrüßen uns durch Kopfnicken und teilen uns mit, wie es uns geht.
- Wir werden jetzt 65 Jahre alt, begrüßen uns durch Handgeben und Nennung unseres eigenen Namens.
- Wir sind jetzt 50 Jahre alt, klopfen uns bei der Begrüßung auf die Schultern und machen uns ein Kompliment.
- Wir sind 30 Jahre alt und nehmen uns bei der Begrüßung unverfänglich in den Arm.
- Wir sind 18 Jahre alt, begrüßen uns per „Hallo" und nennen den Namen des Gegenübers.
- Jetzt ist jeder 14 Jahre alt, alle gehen schneller durcheinander und begrüßen sich durch Zupfen am Ohrläppchen.
- Wir sind jetzt erst sieben Jahre alt, laufen schnell durcheinander, versuchen zu berühren, ohne aber selbst berührt werden zu wollen.

2. Einleitung in das Thema und Übersicht über den Abend

Thema: „Wir leben Liebe, Freundschaft, Sexualität – ich habe Fragen an die Jugendlichen/ich habe Fragen an die Eltern – ich möchte zuhören, streiten und verstehen."

Nach dem Thema folgt eine kleine Einleitung, die sowohl inhaltlich die Bedeutung des Themas deutlich macht als auch erläutert, warum es im Austausch zwischen Jugendlichen und Erwachsenen so wichtig ist.

3. Aufteilung der Gesamtgruppe in die Eltern- und Jugendlichengruppe

Die Eltern bekommen die Fragen noch einmal in die Hand, die sie selbst den Kindern gestellt haben. Die Kinder bekommen ihre eigenen Fragen an die Eltern. Die Eltern wählen zwei Fragen für die Jugendlichen aus, die Jugendlichen wählen vier Fragen an die Eltern aus (da die Eltern oft in der Mehrzahl sind). Die Fragen werden ausgetauscht.

Die Erwachsenengruppe unterteilt sich in zwei Teilgruppen und beantwortet je zwei Fragen durch intensive Diskussion miteinander. Gleichzeitig soll überlegt werden, wie das Ergebnis den Jugendlichen vorgestellt wird (Vorschlag: Jede Elterngruppe schickt drei Vertreter in einen Innenkreis, die das Ergebnis präsentieren und begründen). Die Jugendgruppe diskutiert gemeinsam die beiden Fragen der Eltern und überlegt sich ebenfalls eine Form der Präsentation im späteren Plenum (Vorschlag: Rollenspiel).

4. Plenum:

Die sechs Vertreter der beiden Elterngruppen antworten auf die Fragen in einem Innenkreis. Die Jugendlichen stellen anschließend ihre Rollenspiele zu den zwei Fragen der Eltern vor.

Immer wenn eine Frage per Diskussion oder spielerisch beantwortet wurde, kann die jeweils angesprochene Seite, zunächst also die Jugendlichen, dann die Eltern, durch Hochheben einer roten bzw. weißen Karte signalisieren, ob die Antwort befriedigend ist oder nicht. Die jeweiligen Signale werden dann begründet und diskutiert.

5. Abschluß:

Als Abschluß soll ein kurzes Blitzlicht im Gesamtplenum dienen, bei dem jede-r einen Satz über den erlebten Abend äußern kann.

Wichtig am gesamten Begegnungsabend ist eine straffe Moderation, die sowohl auf die Zeit achtet als auch bei möglichen Unsicherheiten Hilfestellungen bietet bzw. ausufernde Auseinandersetzungen in konstruktive Bahnen lenkt. Erfahrungsgemäß wird der Abend sehr lebendig und führt zu anregenden Diskussionen in den Familien.

Als Beispiele für Fragen von Jugendlichen an ihre Eltern und Fragen von Eltern an ihre Jugendlichen folgen die beiden Fragenkataloge, die während der Erprobung der geschilderten Seminarreihe zustande kamen:

1. Fragen an die Eltern

Ich möchte euch fragen, wie Ihr euch verhalten würdet, wenn ihr erfahren würdet, daß ich sexuellen Umgang mit Mädchen/Jungen habe?

Wie war es, als ihr das erste Mal miteinander geschlafen habt? Wo?

Wie würdet ihr reagieren, wenn ich jetzt mit meinem Freund/meiner Freundin zusammenziehen wollte?

Wie habt ihr euren Eltern klargemacht, daß Ihr euch heiraten wollt?

Wie habt ihr euren Eltern erklärt (gesagt), daß ihr mit eurem Freund/eurer Freundin geschlafen habt und ein Kind erwartet?

Ich möchte gerne wissen, wie ihr damals euch kennengelernt habt und woraus eure Liebe bestand?

Wie sind meine Eltern zu dem Entschluß gekommen, für immer zusammen zu bleiben?

Ich möchte gerne wissen, wie man das seinem/seiner Freund(in) klarmacht, ohne es direkt zu sagen, wenn man denkt, daß der Freund/ die Freundin einen nicht versteht?

Wie war das damals bei euch? Habt ihr damals mit euren Eltern über Verhütungsmittel usw. geredet? Wie haben sie es aufgenommen, als ihr heiraten wolltet?

Was würdet ihr dazu sagen, wenn ihr erfahrt, daß ich schwanger wäre (... mit einem Jungen geschlafen hätte)?

Würdet ihr mir Verhütungsmittel geben?

Wie flirte ich richtig?

Wie befriedige ich mich selbst?

Habt ihr (die Eltern) damals mit Verhütungsmitteln das erste Mal zusammen geschlafen?

Ich möchte gerne wissen, wie Eltern darauf reagieren würden, wenn man mit 14 Jahren schwanger ist?

Wer kam von euch auf die Idee, mit dem anderen zu schlafen?

Kam der Gedanke zu einer bestimmten Zeit?

Ich möchte gerne von euch wissen, ob es schön ist, mit einem zu schlafen?

Ich möchte wissen, was ihr empfunden habt, als ihr wußtet, ein Kind zu bekommen?

2. Fragen an die Jugendlichen

Wie stellst du dir deine erste Liebesbeziehung vor?

Was hälst du vom Beischlaf bereits mit 14 Jahren?

Würdest du mit 14 Jahren unbedingt mit einem Mädchen/Jungen schlafen wollen?

Was würdest du sagen, wenn ich es verbieten würde?

Was erwartest du von deiner Freundin/deinem Freund?

Möchtet ihr – wenn ihr einen/eine Freund(in) habt – mit ihm (ihr) schlafen? Was macht die Freundschaft aus?

Würdest du dich in bezug auf eine(n) Freund(in) von deinen Eltern beeinflussen lassen?

Willst du, daß deine Eltern Dir in sexuellen Fragen helfen?

Möchtest du, daß Eltern auch auf dich zukommen und über Sexualität fragen oder willst du nur deine gestellten Fragen beantwortet wissen?

Warum wollt ihr schon so früh sexuellen Kontakt haben?

Könntest du dir vorstellen, in Anwesenheit deiner Eltern in der Wohnung, in deinem Zimmer, mit deinem Freund/deiner Freundin zu schlafen?

10. Texte und didaktische Anregungen zu wichtigen Themen der Sexualerziehung mit Jugendlichen.

10.1 Homosexualität

10.1.1 Text „Was ist Homosexualität?"

(Zusammengestellt in Anlehnung an die Ausführungen des belgischen Sexualforschers Jos van Ussel in seinem Buch „Intimiteit", Antwerpen 1975. Übersetzung: U.S.)

1. Uneinigkeit über den Begriff „Homosexualität"

Über das, was der Begriff „Homosexualität" meint, besteht in der internationalen Fachwelt keine Einigkeit. Daß man seit einem Jahrhundert vergeblich eine Antwort auf die Frage sucht, ob Homosexualität angeboren oder anerzogen ist, mag damit zusammenhängen, daß man noch gar nicht weiß, wann ein Mensch homosexuell genannt werden kann.

So wird ein Tourist auf Bali den Eindruck gewinnen, daß nahezu alle Männer homosexuell sind. Sie achten kaum auf Mädchen und Frauen, umarmen sich häufig und schließen tiefgehende Freundschaften. Der Balinese versteht unter Homosexualität allenfalls den Umstand, daß sich jemand der Fortpflanzung entzieht; aber man ist nicht homosexuell, wenn man vor oder während der Heirat intime Kontakte mit Geschlechtsgenossen hat. Ethnologen berichten, daß bei Arabern die Freundschaft zwischen Männern viel tiefer gehe und reicher sei als die zwischen Mann und Frau. Der intime Kontakt zwischen den Geschlechtern beschränke sich auf Fortpflanzung und Orgasmus, die für die Körperhygiene oder das Erfüllen der ehelichen Pflicht wichtig sind. Auch im Westen existieren befriedigende Freundschaftsbeziehungen immer noch häufiger zwischen Geschlechtsgenossen und weniger häufig zwischen Menschen verschiedenen Geschlechts. Mann und Frau leben aufgrund ihrer objektiven Arbeitsbedingungen und der anerzogenen Rollenmuster in je verschiedenen sozialen Zusammenhängen. Viele heterosexuelle freundschaftliche Kontakte entbehren somit gemeinsamer Gesprächs– und Lebensinhalte. Als einzige Ausfüllung dieser Leere bleibt häufig die Sexualität. So werden Beziehungen sexualisiert.

Aus dem bisher Gesagten geht hervor, daß Homosexualität nicht eine bestimmte Vehaltensform ist. Es bestehen viele Arten von Homosexualität, oder es gibt sie überhaupt nicht.

Zunächst muß die Differenziertheit von Beziehungen genauer benannt werden: Jemand kann genitalen Kontakt mit einer Person des anderen Geschlechts haben, dann ist er oder sie heterogenital. Er oder sie können zudem einen Geschlechtsgenossen anziehend finden: ihn umarmen, ihn küssen, ihn streicheln. Dann ist die Person bi– oder homosensuell. Es kann sein, daß man sich erotisch oder sehr intim duch Personen des eigenen Geschlechts angezogen fühlt: man bewundert, umschwärmt jemanden. Bei ihm oder ihr kann man vielleicht seine schwachen Seiten zeigen, oder man fühlt sich geborgener als beim Ehepartner. Dann kann man sagen, daß diese Person homoerotisch ist. Wenn man als Kamerad oder Freund mit eigenen Geschlechtsgenossen umgeht, kann man von Homophilie sprechen, wobei der Begriff „philie" in seiner etymologischen Bedeutung von Freundschaft gebraucht wird.

Größere Bereiche im Lebenszusammenhang von Mann und Frau stimmen nicht oder nur wenig überein (Arbeits– und Interessenlage). Zudem bekommen Männer und Frauen noch immer unterschiedliche soziale und kulturelle Rollen zugewiesen. Somit ist es nicht übertrieben, zu sagen, daß Mann und Frau homosozial oder sogar homokulturell sind. Emanzipationsversuche der Frau führen nicht selten zu ihrer Anpassung an die Männerwelt, so daß Frauen in unserer Gesellschaft stärker zu bikulturellen Verhaltensweisen neigen.

Der Durchschnittsdeutsche verhält sich heterogenital, hauptsächlich heterosensuell, häufig bi– oder homoerotisch, durchgehend homophil, homokulturell und vor allem homosozial.

Wenn man nun noch einmal fragt, wann ist jemand homo– oder heterosexuell, wird es schwer, eine präzise Antwort geben. Man besäße eine sehr begrenzte, oberflächliche und wenig interessante Sichtweise, wenn man etwas über den Umgang von Menschen mit Menschen aussagen wollte und dabei nur Bereich und Funktion der Geschlechtsorgane berücksichtigte.

2. Wie ein Begriff Realität wird

Der Westen hat sein eigenes Stereotyp der Homosexualität. Es ist von homosexuellem Verhalten die Rede, soweit es einige genital-sexuelle Aspekte enthält. Andere Verhaltensmöglichkeiten, die sich auf gleichgeschlechtliche Partner richten, werden nicht als homosexuell bezeichnet. Somit existiert ein klar definiertes sexualisiertes Kriterium für die Rollentrennung zwischen heterosexuellen und homosexuellen Menschen. Bipolarisation von Rollen, die auch in moralischen Regeln zum Ausdruck kommen, kann nützlich sein. Manchmal erzeugt sie jedoch mehr Unsinn als Gutes.

Mit der Homosexualität ist es ähnlich wie mit der Linkshändigkeit: Man schreibt Rechtshändigkeit vor und erzeugt damit die Problemgruppe der Linkshändigen. Man kann versuchen, diese Abweichung zu therapieren, oder man kann die freie Wahl zulassen, linkshändig, rechtshändig oder wahlweise links– oder rechtshändig zu schreiben. Da genitale Kontakte zwischen verschiedengeschlechtlichen Partnern vorgeschrieben sind, werden ebensolche Kontakte mit Partnern des gleichen Geschlechts negativ sanktioniert.

Bestände diese strikte Einteilung in „normales" (heterosexuelles) und anderes (homosexuelles) Verhalten nicht, so wäre die Mauer zwischen Hetero– und Homosexuellen niedriger, die Wahlmöglichkeiten würden sich vermehren, und desto weniger Menschen fühlten sich gezwungen, eine Vehaltensweise zu wählen, die ihnen überhaupt nicht oder nur sehr wenig gefällt. Die Probleme wären geringer und einfacher zu lösen. Durch die vorhandene, eindeutige Rollentrennung programmieren sich die Menschen selbst in die eine oder andere Richtung. Sie wollen Sicherheit in bezug auf ihre Identität. Viele Homosexuelle suchen zur Festigung ihrer Identität häufig Überkompensationen, z. B. auffallendes Verhalten. Sie betrachten ihre Situation als eine Herausforderung. In einigen Homosexuellenbars, die auch von Heterosexuellen besucht werden, führen Schwule nicht selten „Theater" auf, um Aufmerksamkeit zu wecken oder zur Verteidigung gegen die Bedrohung. So entsteht ein Milieu mit verwickelten Verhaltensweisen. Selbst die zu rechtfertigende sympathische Forderung, daß Homosexuelle sich selbst in der Öffentlichkeit aufwerten sollten, kann zur Folge haben, daß sie sich nach dem gesellschaftlich vorgegebenen sexualisierten Stereotyp verhalten und dabei ihre differenzierteren Bedürfnisse zurückdrängen.

3. Befreiung vom Stigma: Bisher ein Vorrecht der gehobenen Sozialschicht

Bisher ist es noch ein Luxus, vor allem von Intellektuellen, die Begrenztheit der Hetero– und Homosexuellenrollen zu durchschauen und zu überwinden. So gibt es Gruppen vom Homosexuellen, die sich gegenüber der sexualisierten Version ihrer zugeschriebenen Rolle kritisch verhalten. Sie betrachten z. B. ihre Beziehungen weniger unter dem Aspekt des genitalen Kontaktes. Eine Unterscheidung zwischen homosexuellem und heterosexuellem Verhalten ist für sie nicht bedeutend. Sie fühlen sich durch eine Person angezogen, haben mit ihr Kontakt und entdecken dabei die Sexualität ihres Partners: ein hinzukommendes Detail. Weiterhin äußern immer mehr Homosexuelle, daß sie, wenn sie sich frei verhalten könnten, den Weg zum anderen Geschlecht leichter finden würden. Das andere Geschlecht ist dann nicht mehr eine Bedrohung oder ein Wahlobjekt, wofür oder wogegen man sich entscheidet. Manche erkennen, daß sie selbst nicht mehr wissen, ob sie hetero-, homo– oder bisexuell sind, eine Frage, die sie aber auch nicht mehr interessiert. Eine dritte Gruppe, die freiheitlich experimentieren konnte, durchschaut die sexualisierte Version von Homosexualität etwas tiefer. Sie kämpft gegen die Verwendung der Begriffe Homo– und Heterosexualität. Menschen interessieren sich für Menschen. Eine Unterscheidung nach Geschlechtsmerkmalen trägt dem kaum Rechnung.

4. Die Ängste derjenigen, die sich als heterosexuell begreifen

Die Bipolarität zwischen den Geschlechtsrollen ist in unserer Gesellschaft groß, so daß sehr unterschiedliche Verhaltensprofile sichtbar werden. Je stärker sich die Rollen aber unterscheiden, desto größer ist die Abwehr von Homosexualität. Diese Abwehr kann auch als „Homophobie" gekennzeichnet werden. Das ist eine Angst, die zur

Leugnung oder Aggression führt, wenn jemand auf gleichgeschlechtliche Beziehungen ausgerichtete Verhaltensanteile bei sich selbst (oder bei anderen) feststellt und zwar sowohl in seinem Bewußtsein, seinem Verlangen als auch in seinem Handeln. (Für viele sich als heterosexuell begreifende Menschen wäre es ein Schock, wenn auch nur ein Viertel aller Homosexuellen sich als solche zu erkennen gäben.) Auch Gesetze gegen Homosexualität sind Ausdruck dieser Homophobie. Viele Versuche, auch in der Wissenschaft, Homosexualität als abweichendes Verhalten zu diskriminieren, sind völlig unverständlich, zumal der westliche Begriff von Homosexualität ein Kuriosum ist. Er besteht nur in der westlichen Kultur, sein Fortbestehen ist durch kein wissenschaftliches, therapeutisches oder ethisches Argument zu rechtfertigen. Letztlich sind die Entstehung, das Fortbestehen und die Lösung dieser Frage ein politisches Problem.

10.1.2 Text : „Was ist Heterosexualität?" (provokativer Gesprächsanreiz)

„Heterosexualität ist ein Zustand, in dem die Betroffenen ein zwingendes emotionales und sexuelles Interesse für das andere Geschlecht haben. Natürlich gibt es aufgrund von anatomischen, physiologischen, sozialen und kulturellen Verschiedenheiten viele Probleme zu überwinden. Und gerade dies empfinden viele Heterosexuelle als Herausforderung und gehen deshalb mit viel Scharfsinn und Enthusiasmus an diese Gegensätzlichkeiten heran. Tatsächlich kann man sagen, daß Heterosexualität in unserer Gesellschaft sogar noch belohnt wird.

Wie entsteht Heterosexualität?

These 1: Elternhaus
In den meisten Fällen des zwanghaften heterosexuellen Verhaltens erweist es sich, daß schon die Eltern darunter gelitten haben.

These 2: Kindheitstrauma
Ein schlimmes Erlebnis mit dem gleichen Geschlecht in der Kindheit kann die spätere Zurückweisung des eigenen Geschlechts zur Folge haben. Aus Angst vor dem gleichen Geschlecht sinkt das Verlangen danach ins Unterbewußte und kommt als heterosexuelle Neurose wieder zum Vorschein.

These 3: Soziale Bedingungen
Viele Heterosexuelle geben der ständigen Berieselung der Massenmedien und deren Verhaltenspropaganda nach und leben entsprechend diesen tyrannischen Klischees. Wir sollten ihnen nicht Ablehnung, sondern Verständnis und Mitleid entgegenbringen. Denn die Zurückweisung, mit der sie ihrem eigenen Geschlecht und somit auch sich selber begegnen, ist das Maß dafür, wie weit sie ihre eigene Sexualität und die Beziehung zu sich selber verloren haben.

These 4: Pathologische Bedingtheit
Viele Heterosexuelle glauben fest daran, daß sie „so" geboren sind. Unglücklicherweise unterliegen sie da einem großen Irrtum. Denn wie wir alle, sind auch Heterosexuel-

le das Produkt der Beziehung zwischen ihrer eigenen Substanz und der Umgebung, also fällt auch den Heterosexuellen eine gewisse Verantwortung für ihre Veranlagung zu.

These 5: Kulturelle Enteignung
Es hat sich erwiesen, daß die meisten Heterosexuellen aus einer Umgebung kommen, in der die Freude an ihrem Körper erbarmungslos unterdrückt wurde. Viele psychische Verwirrungen können aus der Zurückweisung des eigenen Körpers resultieren.

These 6: Angst vor dem Tod
Oft ist die Angst vor dem Tod der Grund für heterosexuelle Paarung. Viele Heterosexuelle sind vom starken Wunsch, sich fortzupflanzen, zu ihrer Veranlagung getrieben worden.

These 7: Hormonelle Störungen
Eine These geht sogar soweit zu behaupten, Heterosexualität sei hormonell bedingt. Statt einem normalen Verhältnis der zwei Haupthormone haben Heterosexuelle einen Überschuß des einen und einen Mangel des anderen Hormons, was zur Folge hat, daß sie unfähig sind, eine befriedigende Beziehung zum eigenen Geschlecht aufzubauen.

These 8: Ökonomische Gründe
Unsere Gesellschaft verspricht (notabene: v e r s p r i c h t) Prämien für heterosexuelle Paarung. Schwulsein hingegen ist teuer und viele Leute können es sich einfach nicht leisten.

(Flugblatt der IHB, Bielefeld, aus: Schwulsein heißt: sich wehren. Broschüre der homosexuellen Aktion Hamburg, o.J.)

10.1.3 Didaktische Anregungen

D 26: Planspiel „Homosexualität im Sportverband"

Planspielbeschreibung:

Als Situationsvorgabe wird allen Teilnehmern folgender Text zur Verfügung gestellt:

Nach dem Hallenhandballtraining der Jugendmannschaft (14– bis 16jährige Jungen) treffen sich einige Sportler noch in der Vereinskneipe zum obligatorische geselligen Teil der Veranstaltung. Kurz nach ihrem Eintreffen entdecken zwei Jungen, daß sie ihre Handtücher im Duschraum haben liegen lassen und kehren noch einmal um, denn erfahrungsgemäß sind die Strafpredigten ihrer Eltern schwerer zu ertragen als die Mühe eines doppelten Weges zur Kneipe. Zurück in der Halle öffnen sie die Tür zur Umkleidekabine und sehen, wie ihre beiden Sportwarte, zwei 18jährige Jungen, nackt auf der Bank liegen und sich küssen. Die beiden Beobachter sind so überrascht, daß sie die Flucht ergreifen, ohne daß die beiden Jugendleiter in irgendeiner Form reagieren können.

Die beiden Jugendlichen laufen zur Kneipe und berichten sofort den anderen von ihrer Beobachtung. Die Anwesenden reagieren unterschiedlich: einige witzeln und gibbeln, einige schweigen und scheinen peinlich berührt zu sein, einige drücken öffentlich ihre Empörung aus, während andere eine Verteidigungsposition einnehmen. Zwei anwesende Jugendleiter aus einer anderen Gruppe erreichen durch ihre Stellungnahmen zugunsten der beiden schwulen Mitarbeiter, daß viele der Jugendlichen zur Solidarität mit ihren Trainern bereit sind.

Einige Tage nach dem Vorfall gibt es kaum noch einen Vereinsangehörigen, der nicht informiert ist, obwohl nirgendwo eine offene Diskussion über das Ereignis geführt wird. Erst als einige Eltern der Handballgruppe, die von den beiden Sportwarten betreut wird, einen schriftlichen Antrag an den Vereinsvorstand richten, bricht eine heftige Diskussion aus. Der Antrag enthält die Forderung, beiden Jugendleitern ihrer Rolle als Sportwarte zu entheben, da die Jugendlichen nicht länger ihrem schädlichen Einfluß ausgesetzt werden dürften. Darüber hinaus sei zu erwägen, sie ganz aus dem Verband auszuschließen, da man ja auch an das Ansehen des Sports in der Öffentlichkeit denken müsse.

Rollenzuweisung der Untergruppen:
Die Gesamtgruppe wird (außer der Spielleitung) in sieben Untergruppen aufgeteilt: zwei Elterngruppen, je eine Gruppe Jugendliche, Sportwarte, Vorstandsmitglieder, informierte Fürsprecher und die schwulen Übungsleiter.

Die einzelnen Untergruppen haben die Aufgabe, unter Berücksichtigung der im folgenden aufgeführten Rollenzuweisungen im vorliegenden Konfliktfall zu agieren. Während die Situationsvorgabe allen Teilnehmern zur Verfügung gestellt wurde, bekommen die einzelnen Untergruppen nur die für sie bestimmte Rollenbeschreibung:

* Elterngruppe I umfaßt jene Eltern, die sich über die beiden homosexuellen Sportwarte empören, weil ein schlechter Einfluß auf ihre Kinder befürchtet wird. In einem Antrag an den Vereinsvorstand soll diese Haltung genauer begründet und die Entlassung der Jugendleiter aus dem Verband gefordert werden.

* Elterngruppe II umfaßt die schweigende Mehrheit aller Eltern mit zunächst noch unterschiedlichen Einstellungen zu dem vorgegebenen Ereignis.

* Die Jugendlichen solidarisieren sich nur zum Teil spontan mit ihren beiden schwulen Mitarbeitern, einige äußern jedoch Bedenken, weil sie eigentlich doch nichts mit „solchen Typen" zu tun haben wollen und drohen mit Austritt.

* Die Sportwarte haben sich nach längerer Diskussion mehrheitlich zu dem Entschluß durchgerungen, für ihre schwulen Kollegen einzutreten, da sie in ihrem Verhalten nichts Anstößiges sehen und nicht verstehen, warum sie auf einmal geächtet werden sollen, wo sie doch vorher so beliebt waren.

* Die Vorstandsmitglieder sind mehrheitlich dazu geneigt, dem Antrag der Elterngruppe I stattzugeben, weil sie um das Ansehen des Verbandes in der Öffentlichkeit fürchten.

* Die „informierten Fürsprecher", etwa einige Lehrer aus der Dorfschule sind genau über das Thema Homosexualität orientiert und vertreten eine tolerante Einstellung zugunsten der beiden Übungsleiter.

* Die Gruppe der Homosexuellen repräsentieren die beiden Übungsleiter. Sie sind abwartend und unsicher, wissen nicht, ob sie im Verband bleiben sollen.

Die einzelnen Gruppen lesen ihre Rollenbeschreibung, sammeln Argumente für ihre Position, bearbeiten eventuell vorhandene Unstimmigkeiten durch übliche Konfliktlösungsmechanismen (Einigung, Überstimmen, Austritt, Übertritt, Trennung usw.) und entwickeln für die strategische Durchsetzung ihrer Interessen brauchbare Ideen.

Kommunikation während des Spiels:

Die Kommunikation der Gruppen untereinander erfolgt nur auf schriftlichem Wege. Ein Durchschlag des jeweiligen Schriftstücks sowie alle möglichen Veränderungen der Gruppen (z. B. Spaltung) müssen der Spielleitung übermittelt werden.

Funktion und Aufgaben der Spielleitung:

Die Spielleitung selbst sollte sich möglichst aus Personen zusammensetzen, die mit den konkreten Verhältnissen in einem Sportverband und dessen Öffentlichkeit gut vertraut sind, ohne sich dabei möglichen Veränderungen dieser Situation zu verschließen. Sie hat die Aufgaben, den Spielprozeß durch geschickte Interventionen und Eingaben zu strukturieren und zu dynamisieren, z. B. durch Einschalten des Landessportbundes, der Presse, einer kämpferischen Schwulengruppe oder anderer Kräfte. Eine weitere Aufgabe besteht darin, den gesamten Spielprozeß zu dokumentieren, um ihn für die anschließende Auswertung zur Verfügung zu stellen.

Rahmenbedingungen des Spiels:

Das Planspiel wird einschließlich Auswertung einen ganzen Tag in Anspruch nehmen. Für die einzelnen Gruppen müssen genügend Räume zur Verfügung stehen, in denen ungestört gearbeitet werden kann. Als Materialien stehen Schreibpapier, Kohlepapier, eine oder mehrere Schreibmaschinen und eventuell ein Vervielfältigungsgerät bereit.

Kriterien für die Auswertung:

* Nachzeichnen der Ausgangsposition aller Gruppen, des Spielverlaufs bis zum Beschluß über den Verbleib oder Nichtverbleib der homosexuellen Übungsleiter.

* Wie haben sich die Entscheidungsprozesse innerhalb der einzelnen Gruppen gestaltet?

* Haben sich Gruppen gespalten? Sind Mitglieder ausgetreten oder zu einer anderen Gruppe übergegangen (dies ist z. B. bei den Eltern denkbar)? Welche Gründe lagen vor?

* Welche Gruppe konnte sich mit welchen Mitteln am erfolgreichsten durchsetzen?

* Wie schwer oder leicht fiel es den Mitspielern, sich in ihre jeweilige Rolle hineinzuversetzen und sie durchzuhalten?

* In welchen Teilen stimmte das Spiel mit der möglichen Realität überein, welche Prozesse würden vermutlich anders verlaufen?

* Haben sich durch das Spiel bei den Mitspielern Meinungen differenziert oder verändert?

10.2 : Geschlechterkampf – Geschlechterliebe unter Jugendlichen

10.2.1 Thesen über die Beziehungen zwischen Jungen und Mädchen – sowie Jungen und Mädchen „unter sich".

Die theoretischen Anregungen zu diesem Themenkomplex werden in Thesenform gegeben. Zum einen möchte ich eine ausführlichere Darstellung vermeiden, da das bereits an anderer Stelle geschehen ist (Klees,R. u.a. bzw. Sielert,U. Praxishandbuch Jugendarbeit, Weinheim 1989). Zum anderen können die Thesen als Diskussionsanreize in der Aus– und Fortbildung von MultiplikatorInnen benutzt werden.

1. Grundsätzliches:

* Das Vorhandensein von Geschlechtsrollen, von spezifischen Erwartungen an Jungen und Mädchen und das entsprechende Verhalten sind sattsam bekannt.

* Bekannt und im sozialwissenschaftlichen Bereich anerkannt ist auch das Wissen darum, daß die jeweiligen Rollen ein Produkt gesellschaftlicher Entwicklung und der Erziehung sind, daß die Menschen anthropologisch überwiegend bisexuell bzw. androgyn veranlagt sind.

* Strittig ist, wie tief die Geschlechtsrollen in der menschlichen Psyche verankert sind. Offenbar ist nicht alles per Erziehung konditioniert und kann auch nicht so einfach verändert werden. Nicht nur gesellschaftliche Bedingungen stehen dem entgegen, sondern männliche und weibliche Identität sind vermutlich tief im kollektiven Unbewußten, in den Mythen und Phantasien der Menschen als männliches und weibliches Prinzip verwurzelt.

* Die Zukunft wird erweisen, wie sehr Jungen und Männer in der Lage sind, das sogenannte „weibliche Prinzip" (also jene Eigenschaften, die bisher Frauen zugeschrieben werden) bei sich selbst zu aktivieren und wieviele Frauen in der Lage sind, das sogenannte „männliche Prinzip" (jene Eigenschaften, die bisher Männern zugeschrieben werden) selbst zu leben.

* Psychische Gesundheit wird inzwischen nicht mehr nur als Identifikation mit der eigenen Geschlechtsrolle begriffen. Weiblichkeit und Männlichkeit sind zwei sich ergänzende Teile einer wünschenswerten stark androgyn orientierten Persönlichkeit.

* Im allgemeinen Bewußtsein hat sich der Anspruch nach Gleichberechtigung von Jungen und Mädchen weitgehend durchgesetzt (Recht auf Ausbildung, Beruf, gleiche Bezahlung, Selbstbestimmung, gleichberechtigte Verteilung der Hausarbeit, Balance zwischen Gefühlsausdruck und Kopfarbeit).

* Die Beurteilung der gesellschaftlichen Realität ist je nach Standort widersprüchlich. Engagierte Feministinnen behaupten, es habe sich in der letzten Zeit nichts geändert. Viele männliche Politiker meinen, die Emanzipation der Frau sei schon zu weit gegangen; vieles sei zumindest in den letzten Jahren anders geworden. Die Wahrheit liegt wie so oft in der Mitte: Die Ansprüche haben sich stark verändert, das Bewußtsein bereits etwas weniger, das Vehalten nur in Ansätzen. In manchen Bereichen hat sich strukturell etwas geändert, während Bewußtsein und Verhalten hinterher hinken. In anderen Bereichen ist das Bewußtsein weiter, die institutionellen Veränderungen jedoch noch nicht erfolgt. Alles ist noch einmal unterschiedlich zu sehen je nach sozialer Schichtzugehörigkeit oder nationaler bzw. kultureller Herkunft.

2. Mädchen haben einen Sprung nach vorn gemacht, Jungen sind verunsichert.

* Empirische Studien zeigen, daß eine Mehrheit der Jugendlichen sich vom traditionellen Rollenbild wegbewegt.

* Bewußtsein, Erwartungen und reales Verhalten von Mädchen haben sich schneller verändert als das von Jungen.

* Qualitative Studien zeigen, daß ein großer Unterschied besteht zwischen Einstellungen und realem Verhalten. Insbesondere Jungen versuchen, sich fortschrittlich zu geben, ihren Machtbereich aber trotzdem mit subtileren Mitteln aufrechtzuerhalten. Oder sie sind so verunsichert, daß sie ihre Vormachtstellung mit mehr Gewalt beibehalten wollen.

* Als Vorurteile können die beiden oft gehörten Sätze bezeichnet werden: „Die Mädchen sind wieder in das Hausmütterchendasein zurückgefallen" – „Die Jungen sind chauvinistischer wie nie zuvor."

3. Jungen unter sich, Mädchen unter sich: Wichtige Freundschaften.

* Mädchen bleiben bis zur Pubertät in ihrer Clique und stützen sich dabei.

* Mädchencliquen lösen sich im Jugendalter weitgehend auf, die einzelnen orientieren sich an „ihrem Freund" und seiner Clique.

* Erst durch pädagogische Impulse oder andere Auslöser für emanzipatives Bewußtsein schließen sich die Mädchen zeitweilig wieder zusammen.

* Jungen halten ihre Männerfreundschaften (Kumpels) selbstverständlicher, nehmen die Mädchen oft mit in die Clique hinein.

* Homosexualität ist weiterhin stark tabuisiert; auch dann, wenn sich auf der Einstellungsebene eine tolerantere Haltung zeigt. Die Angst vor Homosexualität verhindert emotionale Regungen zwischen Männern.

4. Geschlechterkrieg: Wird das Verhältnis gewalttätiger?

* Gewalt gegen Mädchen und Frauen ist sowohl strukturell als auch persönlich alltäglich.

* Jugendsexualität und die Geschlechterbeziehungen werden nicht allgemein gewalttätiger. Es findet eher eine Spaltung statt zwischen den beiden Polen Partnerschaft, Ausgewogenheit, Verständnis, Solidarität und Zärtlichkeit einerseits und Gewalt, Kampf, Feindseligkeit, Sexismus auf der anderen Seite.

* Die Trennung vollzieht sich tendentiell zwischen einzelnen Jugendkulturen, oft auch in ein und derselben Person.

5. Der Wunsch nach Ganzheitlichkeit äußert sich unterschiedlich.

* Ergebnis aller empirischen Untersuchungen ist, daß sowohl Jungen als auch Mädchen überwiegend die Utopie von Ganzheitlichkeit als Ideal angeben: Sexualität soll in Liebesbeziehungen mit Dauer und Ausschließlichkeitscharakter integriert sein.

* Dieser Utopie hält der Alltag der Jugendlichen (wie der Erwachsenen) nicht stand. Ähnlich den Erwachsenen erleben Jugendliche Beziehungen mal als Partnerschaft, Freundschaft, sexuelle Leidenschaft – und das durchaus mit unterschiedlichen Personen.

* Jungen trennen aufgrund dieser Erfahrung häufiger Liebe und Sexualität: „Ein Mädchen für`s Bett kannst Du leicht haben – aber eine Partnerschaft ist was ganz anderes.

* Mädchen werden dagegen abgewertet, wenn sie flüchtige sexuelle Kontakte haben.

6. „Geschlechtererziehung" ist in der offenen Arbeit nötig und möglich.

* Mädchenarbeit ist schon zum Teil konzeptionell und durch praktische Erfahrungen entwickelt worden. Jungenarbeit fehlt bisher und sollte in Zukunft verstärkt betrieben werden.

* Geschlechtsspezifische Anstrengungen schließen eine koedukative Grundlinie nicht aus, sondern machen sie erst real. Ein gleichberechtigtes Miteinander ist erst möglich, wenn durch geschlechtsspezifische Arbeit die jeweiligen Defizite der Mädchen und Jungen bearbeitet wurden.

* Kommunikation zwischen den Geschlechtern ist unabdingbar. Wechselseitiges Einfühlen und Lernen voneinander können nicht durch überwiegende Geschlechtertrennung erreicht werden.

7. Es wird schwierig, wenn die Ansprüche umgesetzt werden sollen.

* Geschlechtsspezifische Arbeit ist die Angelegenheit aller MitarbeiterInnen.

* Geschlechtsspezifische Arbeit darf sich nicht in Gruppenarbeit erschöpfen. Der gesamte Alltag von pädagogischen Einrichtungen muß mit den Augen von Jungen und den Augen von Mädchen betrachtet werden und bei den praktischen Intentionen eine Rolle spielen.

* Vorsicht vor der „Missionars-Position": Die MitarbeiterInnen sind Teil der Problematik, nicht exotische Heiler, jenseits von Gut und Böse.

* Feinde geschlechtsspezifischer Jugendarbeit sind: Die Überdimensionierung des Problems, Panikmache, revolutionäre Großentwürfe.

10.2.2 Didaktische Anregungen:

Ein Fortbildungswochenende für Pädagogen und Pädagoginnen.

Samstagnachmittag:

D 26: Hinführung zum Thema Geschlechterkampf – Geschlechterliebe: Ankommen– Bewegung – Kennenlernen

* Alle gehen im Raum herum und nehmen die Umgebung war.

* Männer gehen jetzt als typische Männer, Frauen als typischeFrauen.

* Frauen gehen als typische Männer, Männer als typische Frauen.

* Alle begrüßen sich, wie das typischerweise Männer tun.

* Alle begrüßen sich, wie Frauen das typischerweise tun.

* Auf ein Zeichen bleiben je zwei voreinander stehen und sagen sich gegenseitig was männlich bzw. weiblich an ihnen ist.

Die Gesamtgruppe wird in vier Gruppen aufgeteilt. Jede Gruppe begibt sich in eine Ecke des Raumes. Zu dem Thema „Frauen sind..." sammeln alle Gruppen genau eine Minute lang Eigenschaften, die mit dem Buchstaben B anfangen.

Anschließend werden die gesammelten Begriffe verlesen und eine unabhängige Spielleitung bewertet die Gruppen nach Quantität und Originalität der gefundenen Begriffe. Das gleiche wiederholt sich jeweils eine Minute zu anderen Anfangsbuchstaben sowie zu dem Thema „Männer sind...". Die Gruppen bekommen für jedes Thema und jeden Buchstaben einen eigenen Plakatkarton sowie genügend Stifte.

Die Gesamtgruppe setzt sich in einen Kreis und reihum nehmen alle zu der Frage Stellung: Wie heiße ich und wie erging es mir während der Bewegungsphase? Anschließend kann das Programm des Wochenendes vorgestellt werden.

D 28: Vor– und Nachteile ein Mann/eine Frau zu sein.

Die Gesamtgruppe teilt sich in eine Frauen– und eine Männergruppe. Die Frauengruppe sammelt die Vor– und Nachteile ein Mann zu sein und die Männergruppe sammelt die Vor– und Nachteile eine Frau zu sein.

Die beiden Listen werden anschließend in der Gesamtgruppe vorgestellt. Fragestellung für die Diskussion: Stimmen Selbst– und Fremdwahrnehmung überein?

Samstagabend

D 29: Beobachtungen zu „Geschlechterliebe und Geschlechterkampf in der Einrichtung

Thema   Ich lebe und erlebe Geschlechterkampf und Geschlechterliebe in meinem Team, unter den Jugendlichen, zwischen MitarbeiterInnen und Jugendlichen.

Alle TeilnehmerInnen der Fortbildung bekommen einen Zettel mit folgendem Schema:

	Geschlechterliebe	Geschlechterkampf
Team		
Jugendliche untereinander		
Zwischen MitarbeiterInnen und Jugendlichen		

Alle TeilnehmerInnen der Fortbildung sammeln in dem Schema Situationen aus ihrem Alltag. Die Begriffe Liebe bzw. Kampf sind nur symbolische Begriffe. Mit „Liebe" sind alle jene angenehmen Kommunikationen zwischen Jungen und Mädchen bzw. Männern und Frauen gemeint, mit dem Begriff „Kampf" alle Konflikte zwischen Mädchen und Jungen bzw. Frauen und Männern.

In Kleingruppen zu drei bis vier Personen werden die Beobachtungen miteinander ausgetauscht und besprochen.

In der Gesamtgruppe wird folgendes Thema besprochen:
Wir haben konkrete Situationen ausgetauscht –
Was ärgert mich, was ermutigt mich und wie gehe ich damit um?

D 30: Informeller Abend mit thematischen Anregungen.

Der gemeinsame Abend kann durch eine Reihe von nonverbalen Übungen eingeleitet werden oder die einzelnen Übungen werden – je nach Atmosphäre – in den Abend eingestreut, der von Gespräch, Tanz, Filmen und anderem geprägt ist.

* Es stehen jeweils zwei Personen voreinander und machen Drohgebärden.
* Es stehen wiederum zwei Personen voreinander und versuchen, sich gegenseitig an die Wand zu drücken.
* Die Männer stellen sich Schulter an Schulter in einen Kreis und die Frauen versuchen, in diesen Kreis einzubrechen (umgekehrt dasselbe).
* Alle gehen im Raum herum. Zwei PartnerInnen treffen sich und beschäftigen sich intensiv mit ihren Händen. Es geht darum, später genau diese Hände wiederzufinden, wenn alle mit geschlossenen Augen im Raum herumgehen.
* Zwei PartnerInnen stellen sich Rücken an Rücken und versuchen, sich gemeinsam hinzusetzen, ohne den Kontakt zu verlieren.
* Wechselseitige Rückenmassage.
* Burg öffnen: Ein Partner legt sich auf den Boden und rollt sich zusammen, der/die andere öffnet die Burg ohne Gewalt.

* Die Männer und Frauen stellen sich als Gruppe gegenüber. Eine Gruppe ruft „ja“, die andere Gruppe „nein“. Die Begriffe „Ja“ und „Nein“ können durch Stimmenmodulation und Lautstärke unterschiedlich artikuliert werden.

* Das Ja-Nein-Spiel kann auch als Paar-Übung durchgeführt werden Erweiterungsmöglichkeiten: „Gib mir einen Kuß“ – „Nein!“

Sonntagvormittag

D 31: Bearbeitung einer Konfliktsituation aus der pädagogischen Praxis.

Die Gruppe erinnert sich an die Konfliktsituationen, die am Vortag mit Hilfe des ausgeteilten Schemas gesammelt und besprochen wurden. Verschiedene Konfliktsituationen werden im Plenum benannt und die Gruppe entscheidet sich für eine, an der möglichst viele TeilnehmerInnen der Fortbildung Interesse haben.

Im Rollenspiel wird die Situation zunächst gespielt, ohne die Lösung mitzuliefern.

Die Gruppe versucht nun, mit Hilfe einer Einfühlungsübung, den Handlungshintergrund der im Konflikt beteiligten Personen zu verstehen:
Die Gruppenmitglieder fühlen sich nacheinander in die beteiligten Personen ein und äußern ihre Gefühle und Gedanken in Form von „Ich-Aussagen“. In einer letzten Runde sagt jede-r wie sie bzw. er sich als Pädagoge/Pädagogin in der jeweiligen Situation verhalten würden.

Ein oder mehrere Rollenspiele dienen als Abschluß der Variation von Konfliktlösungsmöglichkeiten.

D 32: Referat über „Geschlechterkampf und Geschlechterliebe im Jugendalter“

Die TeamerInnen der Fortbildung können die oben beschriebenen Thesen zur Hilfe nehmen und mit eigenen Thesen und Beispielen erläuternd vorstellen.

Rückblick auf das Wochenende:

* Was hat mir gut getan, was hat mir wenig gefallen?

* Beobachtungsaufgabe: Was nehme ich mir vor, was will ich in meinem Arbeitsbereich beobachten?

* Welchen kleinen Schritt will ich in meiner Praxis in die gewünschte Richtung tun?

* Was wünsche ich mir für ein weiteres Fortbildungswochenende?

10.3 Sexualpädagogik und „das andere Gesicht der Sexualität"
Über den Umgang mit Sexualität, Aggression und Gewalt

10.3.1 Text: Thesen zum Thema „Sexualität, Aggression und Gewalt"

1. Einführung

Die folgenden Thesen sind auf dem Hintergrund der Erkenntnis formuliert, daß es wenig Sinn macht, die verschiedenen Facetten des sogenannten „anderen Gesichts der Sexualität" (Pornographie, Gewalt gegen Mädchen und Frauen, Prostitution, Perversionen) zu verleugnen, zu verdrängen oder auf jene zu projizieren, die mit einem entsprechenden Makel behaftet sind oder verhaltensauffällig werden. Es war immer pädagogisch und politisch erfolglos, die verschiedenen Legierungen zwischen Gewalt und Sexualität zu verbieten oder auf sie einzuschlagen. Überall, wo die „Fratze des Sexuellen" verdrängt wurde, zeigte sie sich am anderen Ort zu einer anderen Zeit.

2. Sexualität ist „Einheit des Widersprüchlichen".

* Sexualität ist sowohl zärtlich, romantisch, liebevoll, weich als auch aggressiv, heftig, schweißig, geil.
* Sexualität lebt von einer spannungsreichen Dialektik der Nähe und Distanz: Sowohl das Bekannte und Kontinuierliche als auch das Fremde und Kurzlebige halten sie lebendig.
* Sexualität lebt von der Spannung zwischen „bei mir sein" und „außer mir sein".
* Bewußtheit und Kontrollverlust, „sich nehmen" und „sich hingeben", Lust und Schmerz sind Ambivalenzen, die das Sexuelle verlebendigen.

3. Sexualität und Aggression sind eng verwandt.

* Die klassische Psychoanalyse des „späten Freuds" kennt neben der Libido, der sexuellen Energie, den Destruktionstrieb.
  Libido drängt in die Richtung des Lebens; drängt danach, imme größere Einheiten herzustellen, ist auf Bindung bezogen. Der Destruktionstrieb drängt darauf, Zusammenhänge aufzulösen, das Lebende in anorganischen Zustand zu überführen. Nach Freud wirken in den biologischen Funktionen beide Grundtriebe gegeneinander oder kombinieren sich miteinander. So ist der Sexualakt eine Aggression mit dem Ziel der innigsten Vereinigung. Freud: „Veränderungen im Mischungsverhältnis der Triebe haben die greifbarsten Folgen. Ein stärkerer Zusatz zur sexuellen Aggression führt vom Liebhaber

zum Lustmörder, eine starke Herabsetzung des aggressiven Faktors macht ihn scheu und impotent (Freud 1953, Seite 12)."

* Neopsychoanalytiker deuten Aggression als eine dem Menschen innewohnende Disposition und Energie, welche die sexuellen Triebe ergänzt, sich mit ihnen vermischt oder ihnen entgegengesetzt sein kann. Das kann sich in verschiedenen Formen ausdrücken: Von der Aktivität, Initiative bis zur Zerstörung, offenen und strukturellen Gewalt (Hacker 1971).

* Nach dem amerikanischen Psychoanalytiker Stoller werden in der Sexualität Kindheitserfahrungen aktualisiert. Vor allem sind das Traumata (Verletzungen). Sie werden in Lust verwandelt, Niederlagen gehen in Siege über. In der Sexualität passieren symbolische Konfliktlösungen. Angst, Gefahr, Risiko gehören zur lustvollen, befriedigenden Sexualität dazu. Die individuelle Biographie bestimmt die Intensität und Ausprägung der sexuellen Motivation (Stoller 1979).

* Die Tatsache, daß Gewaltphantasien heute weit verbreitet sind, läßt sich zum Teil auch auf die zunehmende Prägung unser Kultur durch Rationalität und Individualismus sowie den spürbaren Mangel an Zuwendung und Anerkennung im täglichen Miteinander zurückführen. Gegenwärtig hat sich der Prozeß der Privatisierung und Vereinzelung derart zugespitzt, daß dem keine Kontinuitätserfahrung mehr gegenübersteht. Die rigide Isolation wird durch religiöse Erfahrungen nicht mehr aufgefangen. Grenzüberschreitungen können auch gewaltsam vorgenommen werden. Sadomasochistische Darstellungen verheißen Entgrenzung, ohne deren beängstigende Realisierung in Kauf nehmen zu müssen. Gewalt und Gewaltbedürfnisse sind auf dem Hintergrund dieser Theorie pervertierte Formen der Hingabe. (Benjamin 1985).

3. Das andere Gesicht: „Ein Eintopf"

* Die dunkle Seite, das „andere Gesicht" der Sexualität ist meist eine Mischung

  - aus authentischen und verbogenen Bedürfnissen (Pornographie: Schaulust und gleichzeitige Abwertung der Frau)
  - aus konstruktiven und destruktiven Aggressionen (Heftigkeit und Gewalt)
  - aus spezifischer individueller Sozialisation (erfahrener Gewalt in der Familie)
  - Profitökonomie (Pornographieindustrie)
  - Verdrängung und Genuß.

* Wenn jemand versucht, diesen Eintopf zu entflechten, ist es hilfreich, um die Widersprüchlichkeit des Sexuellen zu wissen. Konstruktive bzw. sozial unschädliche Aggressionen können dann von destruktiver Gewalt geschieden werden.

* Es fehlt in unserer Gesellschaft an Grundlagenforschung zu diesem Thema.

4. Zwischen Verdrängung und Entgleisung

* Es spricht einiges dafür, daß die verdrängten Teile der Sexualität nicht unwirksam bleiben, sondern insgeheim weiter wirken und zu Entgleisungen führen können.

* Besser ist das Ansehen des „anderen Gesichts", um es beurteilen, integrieren oder sich gegen einzelne Akzente entscheiden zu können.

5. Probleme der Sexualerziehung mit der dunklen Seite von Sexualität

* Sexualerziehung trat ursprünglich an, das „andere Gesicht" der Sexualität zu bekämpfen und geriet dabei in die Lustfalle: Die Benennung des Bösen war notwendig, um es zu sanktionieren. Gleichzeitig wurde dadurch Begierde geweckt.

* Heute mogelt sich Sexualerziehung an der Lustfalle vorbei. Das Thema wird dem Jugendschutz zugeschoben. Sexualerziehung neigt zu Veredelung, zur zärtlichen Dimension von Sexualität, um nicht mit der dunklen Seite in Verbindung gebracht zu werden.

6. Möglichkeiten des Umgangs mit dem „anderen Gesicht".

* Pädagogik muß zwischen Extremen handeln: – Verdrängen ist dumm und kontraproduktiv. – Verfrühte unvorbereitete Konfrontation mit extremen Entgleisungen kann bei Kindern und Jugendlichen Angst auslösen.

* Dabei ist zu bedenken, daß „verfrühte Konfrontation" öfter vom realen Leben, als von Sexualerziehung ausgeht.

* Sexualerziehung kann den „Panzer der Selbstkontrolle" lockern, indem sie hilft, die Bedürfnisvielfalt wahrzunehmen, mit der auch schon Jugendliche Sexualität erleben.

* Wenn Nacktheit, Schweiß, Hingabe und auch heftige Sexualität erlaubt sind, müssen Menschen weniger angstlustbesetzt auf die vermarkteten Entgleisungen starren.

* Wichtig sind mehr Aufklärung, Körperkontakt, gelebte Sexualität, damit die Energie, die Vorstellungen und Phantasien der Menschen nicht allein über Bilder, Muster, Vorurteile genährt oder gewaltsam ausgelebt werden.

* Wichtig ist der Umgang mit der Angst: – Atmosphäre schaffen, damit Angst geäußert werden kann – Arbeit gegen die Angst vor Moralverstößen – Arbeit gegen die Angst vor Hingabe, Kontrollverlust, damit nicht der Wunsch genährt wird, zur Hingabe gezwungen werden zu wollen bzw. das Bedürfnis lebt, sich mit Gewalt zu nehmen, was nicht mehr freiwillig erfahren werden kann.

* Sich-anfreunden mit den eigenen homosexuellen Anteilen macht Menschen friedfertiger.

Literatur zum Thema: Schorsch E. 1985, Smitow 1983, Hacker, S. 1971, Norretranders, T. 1985, Freud, Fischer-Buch 6043.

10.3.2 Didaktische Anregungen:

Eine Fortbildungswoche für Pädagogen und Pädagoginnen zum Thema: Wird Sexualität gewalttätiger?

1. Tag

D 33: Erwartungen an das Thema „Sexualität und Gewalt"

1. Ankunft der Teilnehmer. Zimmereinteilung. Vorstellung der TeamerInnen und Organisatorisches in der Gesamtrunde.

2. Kennenlernen:
„Peter Porno und Siggi Sado". Die TeamerInnen und TeilnehmerInnen nennen reihum ihren Vornamen und einen Begriff aus dem Zusammenhang von Sexualität und Gewalt, der mit dem gleichen Anfangsbuchstaben anfängt wie der eigene Vorname.

3. Erwartungen an das Seminar: Jeder Teilnehmer/jede Teilnehmerin schreibt zwei inhaltliche Erwartungen oder Fragen zum Thema auf je eine Karte. Die Karten werden anschließend eingesammelt, gemischt und nacheinander von einem Teamer/einer Teamerin vorgelesen. Jede Erwartungskarte wird an eine Pinnwand geheftet und mit Hilfe kurzer Gespräche anderen Erwartungen bzw. Fragen zugeordnet. Auf diese Art und Weise wird das Gesamtthema entfaltet und die konkreten Erwartungen und Wünsche der TeilnehmerInnen bewußt.

4. Die TeamerInnen vergleichen in einer gesonderten Besprechung ihren Seminarplan mit den geäußerten Erwartungen und versuchen einen Interessenausgleich. Der entgültige Seminarplan wird zu Beginn des 2. Tages im Plenum vorgestellt.
5. Der Abend wird durch verschiedene Eingaben der TeamerInnen als „gemütliches Beisammensein" angeregt: Ein gemütlicher Raum wird mit Kerzen, Musik und einigen Spielen ausgestaltet.

2. Tag

Beginn im Plenum: Vorstellung des Programms für die kommenden Tage. Die Präsentation geschieht anhand einer Wandzeitung.

D 34: Assoziationen zum Thema Aggression und Sexualität

Die Gesamtgruppe teilt sich in Fünfergruppen. Jede Kleingruppe erhält einen Papierbogen und je fünf Filzstifte.

Thema: Assoziationen zum Thema Aggression und Sexualität.

Methode: Schweigediskussion (Die Gruppe diskutiert schriftlich miteinander auf dem großen Papierbogen.) Anschließend sehen sich alle GruppenteilnehmerInnen die schriftlichen Äußerungen an und reden darüber. Am Schluß wird das Hauptthema bzw. die Hauptfragestellung der Gruppe gesondert aufgeschrieben.
Im Plenum werden die Papierbögen ausgehängt, so daß jede-r sie lesen kann. In der gemeinsamen Auswertung wird ein kurzer Prozeßbericht aus den Gruppen gegeben sowie die Hauptfragestellung und möglicherweise gegebene Antworten vorgestellt.

D 35: Thema: Meine Sexualität

Methode: Jede-r malt mit Hife von Wachsmalstiften zum Thema ein gegenständliches oder symbolisches Bild. Wichtig ist der Hinweis, daß allein mit bestimmten Strukturen und Farben gearbeitet werden kann und kein Kunstwerk entstehen muß.

In Vierergruppen geschieht der Austausch zu den Bildern und im Plenum die Gesamtauswertung. Die Gesamtauswertung enthält keine Detailschilderungen der Bilder mehr sondern nur noch ein Gespräch zu den Fragen:

* Wie gelang die Darstellung der eigenen Sexualität mit Hilfe des Mediums „Malen"?
* Was war ähnlich, was war unterschiedlich bei der Gegenüberstellung unserer „Sexualität"?

D 36: Teamreferat über Theorien zu Aggression, Gewalt und Sexualität

Methode: Vorstellung einzelner Thesen unter Beteiligung des gesamten Teams sowie Diskussion nach jeder These im Gesamtplenum.
Das Teamreferat muß vorbereitet werden. Die Thesen zu Beginn dieses Kapitels können dabei zur Hilfe genommen werden. Es ist ratsam, weitere Literatur hinzuziehen und die einzelnen Aussagen durch möglichst plastische Beispiele zu erläutern.

D 37: Übungen zum Thema Aggression, Gewalt, Sexualität und Zärtlichkeit

Einzelne Übungen werden hier nicht konkret dargestellt, Anregungen enthält die didaktische Hilfestellung zum Thema „Geschlechterliebe und Geschlechterkampf". Im übrigen gibt es inzwischen genügend Methodenbücher mit verbalen und nonverbalen Übungen zur Sexualität, die auch zu diesem Thema Brauchbares enthalten (z.B.:Mittermair 1985, Kurzleb u.a. 1977, Philipps 1989).

D 38: Filme zu „Gewalt und Sexualität"

Am Abend kann möglicherweise ein Film gezeigt werden.

Beispiele:

Gewalt allgemein
– Wer Gewalt sät..GB 1971, 16mm 115 Min, Regie Sam Peckinpah
– Klassenfeind, BRD 1982/83, 16 mm, 125 Min., Regie P.Stein
– Die Farbe Lila, USA, 1986, 154 Min. Regie Steven Spielberg
– If.... GB 1968, 16 mm, 115 Min., Regie L. Anderson

Sexueller Mißbrauch
– Das schreckliche Geheimnis, BRD 1984, 45 Min. Regie: Sabine Zurmühl
– Gunders Vater, BRD, 90 Min., Regie Michael Verhoeven
– Gesucht: Lieber Vater und liebe Mutter, NL 187, 74 Min. Regie Sarah Marijnissen und Agna Rudolph

Vergewaltigung
– Über Vergewaltigung, A 1983, 30 Min., Regie: Dassinger,I. u.a.
– Vergewaltigung: Interviews, BRD, 1978, 30 Min., Notrufgruppe Berlin
– Extrimities, USA, 1985 VHS, 90 Min. Regie: R.M. Young – Angeklagt, USA, 1988 VHS

Prostitution
– Zwei Seiten einer Klappe, BRD 1981. 18 Min.
– Working Girls, USA 1986, VHS, 93 Min. Regie Lizzie Borden

3. Tag:

D 39: Thema: Pornographie

Methode: Ein Video-Zusammenschnitt mit Ausschnitten aus verschiedenen Porno-filmen (Softporno mit Handlung und ästhetischem Gesamtrahmen, Gewaltporno und einen Ausschnitt aus „Porno-Privat").

In getrennten Männer– und Frauengruppen wird zunächst spontan über die Filme geredet und anschließend über folgende Fragen:

- Wie wirkt Pornographie normalerweise auf mich?

- Kenne ich Unterschiede zwischen Kopf und Gefühl in der Bewertung von Por-nographie?

- Was zieht mich an, was stößt mich ab?

- Gibt es einen Unterschied, ob ich den Film hier in der Gruppe oder alleine für mich ansehe?

- Gibt es „gute" Pornographie und wie müßte die meiner Ansicht nach aussehen?

In der Gesamtgruppe sollten sich zunächst Paare bilden aus je einem Mann und ei-ner Frau. In diesen Paaren werden die Erfahrungen aus den Gruppen ausgetauscht. In der Gesamtgruppe könnte das Team Informationen zur Pornographie mit ver-teilten Rollen eingeben.

Literaturhilfe: Pornographie – ein Thema für das Team und die Arbeit mit Jugend-lichen in: Sielert/Marburger 1990 A Seite 89 – 94.

D 40: Wo, wie erlebe ich Aggressionen, Sexualität und Gewalt bei Jugendlichen?

Methode: Strukturiertes Gruppengespräch mit Moderation durch eine-n TeamerIn. Der bzw. die TeamerIn regt zu Beginn der Sitzung an, über mögliche Situationen nachzudenken, in denen Jugendsexualität als aggressiv und gewaltsam erfahren wurde: Geschwister, Jugendzentrum, Schule, U-Bahn ....

Gleichzeitig regt der bzw. die TeamerIn an, verschiedene Ausdrucksformen von Aggression und Gewalt zu bedenken: Sprache, Gesten, Brachialgewalt....

Reihum werden die Einfälle geäußert und das Gespräch beginnt. Anschließend sucht jede Gruppe einen bestimmten Konflikt heraus und versucht, ihn spielerisch darzustellen.

D 41: Umgang mit Aggressionen und Gewalt Jugendlicher

Methode: Rollenspiele

Die einzelnen Gruppen spielen nacheinander ihre Szenen vor, ohne jedoch eine Lösung anzudeuten.

Jede Gruppe zieht sich daraufhin erneut zurück und bearbeitet einen Konfliktfall aus einer anderen Gruppe. Ein oder zwei Lösungsmöglichkeiten werden besprochen und gespielt. Im Plenum präsentiert jede Gruppe den anderen den bearbeiteten Konfliktfall spielerisch einschl. einer Lösungsmöglichkeit sowie einer Alternative.

4. Tag

D 42: Selbstbehauptung und Hingabe

Methode: Jeder Teilnehmer/jede Teilnehmerin bekommt eine Kopie des Aufsatzes von Verena Karst: „Begegnung zwischen Selbstbehauptung und Hingabe" in: M. Mai (HRG) Stuttgart, 1985.

Anschließend wird in drei Gruppen über den Aufsatz gesprochen. Die TeamerInnen stehen als Moderatoren bzw. Moderatorinnen zur Verfügung und sollten sich entsprechend vorbereiten.

D 43: „Du bist ja pervers!"

Perversion wird von vielen Jugendlichen als Abgrenzung zum Normalen bestimmt. Insofern lohnt es sich auch als pädagogisch Tätige-r, einmal genauer zu erfragen, was jede-r unter „normal" versteht.

In Kleingruppen sammeln die TeilnehmerInnen auf Wandzeitungen, was sie unter pervers bzw. normal verstehen.

Im Plenum werden die Zeitungen an die Wand geheftet. Die Gesamtgruppe stellt Übereinstimmungen und Abweichungen fest und diskutiert folgende Fragen:

* Ist alles normal, was üblich ist?

* Ist normal, was gut ist?

* War früher das, was heute normal ist, vielleicht pervers?

* Wie können bei Jugendlichen Toleranz gefördert und Ausgrenzungsbedürfnisse verhindert werden?

* Ist bei den Jugendlichen, mit denen wir zu tun haben, etwas pervers, was für uns als Erwachsene ganz normal ist?

D 44: Arbeit gegen Gewalt in der Sexualität

In Kleingruppen sammeln die TeilnehmerInnen auf dem Hintergrund des bisher erarbeiteten Hintergrunds konkrete Möglichkeiten für ihre Praxis, gegen Gewalt zu arbeiten.
Im Plenum werden die Ergebnisse auf einer Gesamtwandzeitung festgehalten und mit Erläuterungen versehen.

D 45: Nur noch genießen

Am Abend wird als Gegenpol zur bisherigen Arbeit zum Thema „Sexualität und Gewalt" das Schöne, das Genießen zum Mittelpunkt gemacht.
In entsprechend gestalteter Atmosphäre leiten die TeamerInnen zu verschiedenen Paar– und Gruppenmassagen an.

Literaturempfehlung: J,L.Rosenberg: Bewegen und Erregen ... oder wie man den Verstand verliert. Vorschläge für Entdeckungsreisen in eine neue Sinnlichkeit. Tanner+Staehlin Verlag, Wildbachstr. 62 CH-8034 Zürich, 1985

Verzeichnis der didaktischen Anregungen

D 22 Wörterbuch der sexuellen Umgangssprache
D 23 Vor-Urteile und Mythen über die Institution
D 24 Selbstsupervision
D 25 Ein Beispiel positiver Elternarbeit
D 26 Planspiel „Homosexualität im Sportverband"
D 27 Hinführung zum Thema Geschlechterkampf – Geschlechterliebe
D 28 Vor– und Nachteile ein Mann / eine Frau zu sein
D 29 Beobachtungen zu „Geschlechterliebe und Geschlechterkampf" in der Einrichtung
D 30 Informeller Abend mit Anregungen zum Thema „Kampf und Liebe"
D 31 Bearbeitung einer Konfliktsituation aus der pädagogischen Praxis
D 32 Referat über „Geschlechterkampf und Geschlechterliebe im Jugendalter (Text in Kapitel 11.2.1)
D 33 Erwartungen an das Thema „Sexualität und Gewalt"
D 34 Assoziationen zum Thema „Aggression und Sexualität"
D 35 Thema: „Meine Sexualität"
D 36 Teamreferat übr Theorien zu Aggression, Gewalt und Sexualität (Text in Kapitel 11.3.1)
D 37 Übungen zum Thema Aggression, Gewalt und Sexualität (Anregungen in D 30)
D 38 Filme zu „Gewalt und Sexualität"
D 39 Thema: Pornographie
D 40 Wo, wie erlebe ich Aggressionen, Sexualität und Gewalt bei Jugendlichen?
D 41 Umgang mit Aggressionen und Gewalt Jugendlicher: Rollenspiele
D 42 Selbstbehauptung und Hingabe : Textbesprechung
D 43 „Du bist ja pervers"
D 44 Arbeit gegen Gewalt in der Sexualität
D 45 Nur noch genießen!

Literaturverzeichnis

Aigner, J. C.: Anmerkungen zur Liberalisierung des Sexuallebens, in: ders. Von der Last der Lust – Sexualität zwischen Liberalisierung und Entfremdung.Wien 1986
Allensbach: AIDS-Informationsstand. Kommunikation und Reaktion der Bevölkerung. 1988
Amendt, G.: Sexfront. Berlin 1970 und Hamburg 1990.
Apel, K. O.: Transformation der Philosophie Bd II, Frankfurt a.M. 1973.
Barkow, R.: Die Sexualpädagogik von 1980 - 1945. (Diss.) Münster 1980
Bartholomäus, W.: Glut der Begierde – Sprache der Liebe.
Unterwegs zur ganzen Sexualität. München 1987.
Benjamin, J.: Herrschaft – Knechtschaft, die Phantasie von der erotischen Unterwerfung; in: Snitow,A. u.a.: Die Politik des Begehrens. Sexualität, Pornographie und neuer Puritanismus in den USA. Berlin 1985
Böhm, A. und R.Rohner: Sexualverhalten von Studenten und AIDS. In: Zeitschrift f. Sexualforschung I, S.222-230. 1988
Bruckner, S. u. a.: Lesbisch – Schwul – Heterosexuell. Konzeptionelle Überlegungen zur Bildungsarbeit mit Jugendlichen und Erwachsenen. Senatsverwaltung für Jugend und Familie, Referat für gleichgeschlechtliche Lebensformen. Berlin 1992.
Bundeszentrale für gesundheitliche Aufklärung: Boys and Girls. Was du über Aids wissen solltest. Köln 1988
Clement, U.: Sexualität im sozialen Wandel. Stuttgart 1986

Comfort, A.: Der aufgeklärte Eros, Plädoyer für eine menschenfreundliche Sexualmoral. Reinbek 1968.

Dannecker, M.: Sexualität und AIDS, in: Zeitschrift für Sexualforschung, Heft 1, 1.Jg. 1988

Deutsche Bischofskonferenz: Erklärung zur AIDS-Anzeigenkampagne 1987.

Deutsche Bischofskonferenz, Sekretariat: Verlautbarungen des Apostolischen Stuhls zur Erziehung in der menschlichen Liebe – Hinweise zur geschlechtlichen Erziehung v. 1.Dez.1983

Drießenbacher, H. und A. Müller: Wissenschaftstheorie und Sozialpädagogik, in: Handbuch der Sozialpädagogik/Sozialarbeit, h.g. v.H. Eyferth, H.U. Otto und H.Thiersch, Neuwied 1984

EKD (Evangelische Kirche Deutschlands): AIDS – Orientierungen und Wege aus der Gefahr. Hannover 1988

Foucault, M.: Sexualität und Wahrheit. Der Wille zum Wissen. Frankfurt 1983

Fricker, Lech: Zur Theorie der Sexualität und der Sexualerziehung. Weinheim und Basel 1976

Frey, Ch.: Brauchen wir eine neue Sexualethik? In: Positiv? Negativ? AIDS als Schicksal und Chance, hg. v. J. Miksch und P.Niemann. Gütersloh 1988

Freud, S.: Abriß der Psychoanalyse. Das Unbehagen in der Kultur. Frankf .a.M. 1953 Fischer (TB 6043)

Gamm, H.J.: Kritische Schule. München 1970

Gamm, H.J.: Reflexionen zur Sexualpädagogik, in: ders. u.a. (Hg.): Bilanz der Sexualpädagogik. Frankf. a.M. 1977

Giesecke, H.: Pädagogik als Beruf – Grundformen pädagogischen Handelns. München 1987

Glück, G. und H.J. Schliewert: Forschungsmethoden der Sexualpädagogik, in:N.Kluge(hg.): Handbuch der Sexualpädagogik, Düsseldorf 1984

Glück, G., A. Scholten, G. Strötges, Heiße Eisen in der Sexualerziehung – Wo sie stecken und wie man sie anfaßt. Weinheim 1990

Grewel, H.: Leitlinien verantwortlich gelebter Sexualität. Düsseldorf 1987.

Haag, F. u.a.: Aktionsforschung – Forschungsstrategien, Forschungsfelder und Forschungspläne. München 1972

Hacker, F.: Aggression. Die Brutalisierung der modernen Welt. Wien 1971

Hanswille, R.: Liebe und Sexualität. Ein Buch für junge Menschen. München 1987

Hanswille, R.: Fragen zum Sex. Antworten für junge Leute. München 1989

Heinze, Th. u.a.: Handlungsforschung im pädagogischen Feld. München 1975

Horn, K. (Hg.) Aktionsforschung – Balanceakt ohne Netz? Frankfurt 1979

Kentler, H. (Hg.): Texte zur Soziosexualität. Opladen 1973

Kentler, H.: Sexualerziehung. Reinbek 1970

Klees, R., H. Marburger, M.Schumacher: Praxishandbuch Jugendarbeit Teil 1 – Mädchenarbeit. München 1989

Kluge, N.: Sexualpädagogik als Teildisziplin der Erziehungswissenschaft, in: ders.(Hg.): Handbuch der Sexualpädagogik Düsseldorf 1984

Kluge, N.: Einführung in die Sexualpädagogik. Darmstadt 1978

Kluge, N.(Hg.): Handbuch der Sexualpädagogik. Düsseldorf 1984

Koch, F. und K.H. Lutzmann: Stichwörter zur Sexualerziehung. Weinheim 1989

Kerscher, I.: Emanzipatorische Sexualpädagogik und Strafrecht. Darmstadt 1973

Kroeger, M.: Themenzentrierte Seelsorge. Stuttgart 1983

Kutzleb, U. u. a.: Zeit für Zärtlichkeit. Spielerische Übungen für Liebe und Partnerschaft. Ein neuer Zugang zur Sexualpädagogik. Wuppertal 1977.

Marburger, H. und U. Sielert: Sexualerziehung in der Jugendarbeit. Frankfurt 1980

Mai, M.(Hrsg.): Zärtlichkeit läßt Flügel wachsen. Für eine neue Lebensweise. Stuttgart 1985

Maskus, R.: Kommentarz zur Kentlers Grundsatzthesen der Sexualerziehung, in: Medien und Sexualpädagogik 2 (1974) H.4

Maskus, R.: Kritische Anmerkungen zu Kentlers Sexualerziehung. Kommentar zu einer Erwiderung, in: Medien und Sexualpädagogik 3 (1975) H.2

Maskus, R.: Geschlechtserziehung im Meinungsstreit. Zu Kentlers Widersprüchen und Ungereimtheiten, in: Medien und Sexualpädagogik 4 (1976) H.1

Meile,B. und K.Widmer: Sexualität und Jugend, Bd I – III, Verlag Huber, Frauenfeld 1976

Mittermair, F.: Körpererfahrung und Körperkontakt – Spiele, Übungen und Experimente für Gruppen, Einzelne und Paare. München 1985

Moser, H.: Aktionsforschung als kritische Theorie der Sozialwissenschaften. München 1975

Nass, G.: Weder Opfer noch Täter durch richtige Sexualerziehung. Wiesbaden 1967

Neubauer, G.: Jugendphase und Sexualität. Eine empirische Überprüfung eines sozialisationstheoretischen Modells. Stuttgart 1990

Norretranders, T.: Hingabe. Über den Orgasmus des Mannes. Reinbek 1988

Oestereich, H.: Sexualpädagogik der gemäßigten Mitte. Köln 1970

Pagenstecher, L.: Die halbierte Sexualität, oder: Männer machen (Sexual)-Geschichte, in: S.R.Dunde: Wenn ich nicht lieben darf, dürfen's andere auch nicht – Vom Umgang der Männer mit sich und anderen. Reinbek 1987

Philipps, I.: Körpersprache der Seele – Übungen und Spiele zur Sexualität. Wuppertal 1989

Pohl, H.E.: Ziele und Auswirkungen progressistischer Sexualpädagogik, in: Medien und Sexualpädagogik 1 /1973) H.3

Pro Familia und Universität Dortmund (Hg.): „Trotz Aids– Gib Sexualpädagogik eine Chance! Hg. v. Landesverband NRW der Pro Familia und dem Institut für Sozialpädagogik der Universität Dortmund. Tagungsdokumentation. Dortmund 1987

Prohaska,L.: Geschlechtsgeheimnis und Erziehung. Wien und Freiburg i.Br. 1964

Reich, W.: Die Funktion des Orgasmus. Köln 1987

Rosenberg, J.L.: Bewegen und Erregen... oder wie man den Verstand verliert. Vorschläge für Entdeckungsreisen in eine neue Sinnlichkeit. Thanner und Staehlin, Zürich 1985

Scarbath,H.: Geschlechtserziehung – Motive, Aufgaben und Wege. Heidelberg 1969.

Sielert, U. und H.Marburger: Sexualpädagogik in der Jugendhilfe. Neuwied 1990

Sielert, U.: Jungenarbeit. Praxishandbuch für die Jugendarbeit Teil 2. Weinheim und München 1989

Sielert, U.:Sexualerziehung in der Jugendarbeit: Orientierungshilfen zur Identitätsfindung und Beziehungsfähigkeit, in: Prestig u.a.: Erziehungskonflikte und Beratung. Weinheim 1987

Sielert, U. u.a.: Modellprojekt „Erarbeitung und Erprobung sexualpädagogischer Materialien für die Jugendarbeit", unveröffentlichter Projektbericht. Dortmund 1990

Sigusch, V.: Vom Trieb und von der Liebe. Frankfurt a.M. 1984

Sigusch, V.: Was heißt kritische Sexualwissenschaft? In: Zeitschrift für Sexualforschung, Heft 1, 1. Jhg. 1988

Smitow, A. u. a. (Hg.): Die Politik des Begehrens. Sexualität, Pornographie und neuer Puritanismus in den USA. Berlin 1985

Sölle, D.: Lieben und Arbeiten. Eine Theologie der Schöpfung. Stuttgart 1985

Stoller, R. J.: Perversionen, die erotische Form von Haß. Reinbek 1979

Straver, C.: Von der Faszination zur Beziehung. Notizen zur sexuellen und relationalen Sozialisation von Jugendlichen Unveröffentlichtes Manuskript 1986

Schmidt, G.: Hauptsache gesund! Die schöne neue Welt der Gesundheits-Autisten, in: Psychologie heute Juli 1989

Schmidt, G.: Sexualität. in: Handbuch psychologischer Grundbegriffe Hg. v. Th. Herrmann u.a.. München 1977

Schmidt, G.: Motivationale Grundlagen sexuellen Verhaltens, in: Enzyklopädie der Psychologie, Bd.2, hg. v. H.Thomae.Göttingen 1983

Schmidt, G. u. E. Schorsch: Sexuelle Liberalisierung und Emanzipation, in: Schorsch, E. und G.Schmidt (Hg.): Ergebnisse zur Sexualforschung. Frankfurt a.M. 1976

Schmidt, G. u. a.: Veränderungen der Jugendsexualität zwischen 1970 und 1990. In: Zeitschrift für Sexualforschung, Jg. 5 Heft 3, 1992.

Schorsch, E.: Sexualität und Gewalt, in: Chr.Wulf (Hg.): Lust und Liebe. Wandlungen der Sexualität. München 1985

Thiersch, H.: Hermeneutik und Erfahrungswissenschaft. Zum Methodenstreit in der Pädagogik, in: Die Deutsche Schule H.1 1966

Ussel, J. v.: Sexualunterdrückung. Geschichte der Sexualfeindschaft. Gießen 1977

Vroome, E.: Posterpräsentation im Mai 1989 beim STD Kongreß der Dutch Foundation for STD-Controll

Wyss,D.:Lieben als Lernprozeß. Göttingen 1981